Wolfram Letzner

Die 50 bekanntesten archäologischen Stätten Deutschlands

Impressum:
208 Seiten mit 53 Abbildungen
und einer Karte

Titelbild: Trier, Porta Nigra;
Goseck, Sonnenobservatorium;
Haitabu, Wikingerschwert

Bibliografische Information der
Deutschen Nationalbibliothek
Die Deutsche Nationalbibliothek
verzeichnet diese Publikation in der
Deutschen Nationalbibliografie;
detaillierte bibliografische Daten
sind im Internet über
http://dnb.d-nb.de abrufbar.

ISBN 978-3-943904-02-4

Gestaltung und Druckvorstufe:
Komplus GmbH

Lektorat: Frauke Itzerott

Gestaltung des Titelbildes:
Komplus GmbH

Printed in Germany by
Nünnerich-Asmus Verlag & Media

Abbildungsnachweis:
Titelbild: Berthold Werner, Wikimedia Commons, gemeinfrei; Einsamer Schütze, Wikimedia Commons, lizensiert unter den Creative Commons-Lizenzen Namensnennung-Weitergabe unter gleichen Bedingungen 3.0 nicht portiert, 2.5 generisch, 2.0 generisch und 1.0 generisch, http://creativecommons.org/licenses/by-sa/3.0/legalcode, http://creativecommons.org/licenses/by-sa/2.5/legalcode, http://creativecommons.org/licenses/by-sa/2.0/legalcode, http://creativecommons.org/licenses/by-sa/1.0/legalcode; Keeshu, Wikimedia Commons, lizensiert unter Creative Commons Attribution-Share Alike 3.0 Unported, 2.5 Generic, 2.0 Generic and 1.0 Generic license, http://creativecommons.org/licenses/by-sa/3.0/legalcode, http://creativecommons.org/licenses/by-sa/2.5/legalcode, http://creativecommons.org/licenses/by-sa/2.0/legalcode, http://creativecommons.org/licenses/by-sa/1.0/legalcode; Karte S. 10: Komplus GmbH; Abb. 1: Wikinger-Museum Haitabu; Abb. 2: Archäologisches Landesamt Schleswig-Holstein; Abb. 3, 15: A. Selent; Abb. 4: Landesamt für Kultur und Denkmalpflege, Dezernat Archäologie, Foto Sabine Suhr; Abb. 5: J. Dräger M.A., Universität Greifswald; Abb. 6: Umzeichnung W. Letzner nach J. Herrmann (Hrsg.), Archäologie in der Deutschen Demokratischen Republik (1989) Abb. S. 437; Abb. 7: Pudelek, Wikimedia Commons, lizensiert unter Creative Commons Attribution-Share Alike 3.0 Unported license, http://creativecommons.org/licenses/by-sa/3.0/legalcode; Abb. 8: Lvova Anastasiya, Wikimedia Commons, lizensiert unter Creative Commons-Lizenz Namensnennung-Weitergabe unter gleichen Bedingungen 3.0 Unported, http://creativecommons.org/licenses/by-sa/3.0/legalcode; Abb. 9: Bullenwächter, Wikimedia Commons, lizensiert unter Creative Commons Attribution-Share Alike 3.0 Unported license, http://creativecommons.org/licenses/by-sa/3.0/legalcode; Abb. 10: Lysippos, Wikimedia Commons, lizensiert unter Creative Commons-Lizenz Namensnennung-Weitergabe unter gleichen Bedingungen 3.0 Unported, http://creativecommons.org/licenses/by-sa/3.0/legalcode; Abb. 11, 20, 22: Landesamt für Denkmalpflege und Archäologie Sachsen-Anhalt, Foto Juraj Lipták; Abb. 12: Michael Fiegle, Wikimedia Commons, lizensiert unter Creative Commons-Lizenz Namensnennung-Weitergabe unter gleichen Bedingungen 3.0 Unported, http://creativecommons.org/licenses/by-sa/3.0/legalcode; Abb. 13: Wikswat, Wikimedia Commons, lizensiert unter Creative Commons Attribution-Share Alike 3.0 Unported, http://creativecommons.org/licenses/by-sa/3.0/legalcode; Abb. 14, 23, 24, 27, 28, 31, 41: W. Letzner. Abb. 16: Th. Schwarz, NLD Bezirksarchäologie Braunschweig; Abb. 17: Landkreis Osterode am Harz – Kreisarchäologie; Abb. 18: Corradox, Wikimedia Commons, lizensiert unter Creative Commons Attribution-Share Alike 3.0 Unported license, http://creativecommons.org/licenses/by-sa/3.0/legalcode; Abb. 19: P. Pfarr NLD, Wikimedia Commons, lizensiert unter Creative Commons-Lizenz Namensnennung-Weitergabe unter gleichen Bedingungen 3.0 Deutschland, http://creativecommons.org/licenses/by-sa/3.0/de/legalcode; Abb. 21: Landesamt für Denkmalpflege und Archäologie Sachsen-Anhalt, Foto Gert Pie; Abb. 25: Hartmann Linge, Wikimedia Commons, lizensiert unter Creative Commons-Lizenz Namensnennung-Weitergabe unter gleichen Bedingungen 3.0 Unported, http://creativecommons.org/licenses/by-sa/3.0/legalcode; Abb. 26: Neozoon, Wikimedia Commons, lizensiert unter Creative Commons Attribution-Share Alike 3.0 Unported, http://creativecommons.org/licenses/by-sa/3.0/legalcode; Abb. 29: Umzeichnung W. Letzner nach Stadt Ingelheim am Rhein – Forschungsstelle Kaiserpfalz (Hrsg.), Historischer Rundweg durch das Kaiserpfalzgebiet, Kaiserpfalz Ingelheim 3(2010); Abb. 30: R. Kreiner, Aachen; Abb. 32: GDKE, Landesarchäologie Mainz; Abb. 33: Mediatus, Wikimedia Commons, lizensiert unter Creative Commons-Lizenz Namensnennung-Weitergabe unter gleichen Bedingungen 3.0 Unported, http://creativecommons.org/licenses/by-sa/3.0/legalcode; Abb. 34: Berthold Werner, Wikimedia Commons, gemeinfrei; Abb. 35: Römerkastell Saalburg; Abb. 36: Gotibald86, Wikimedia Commons, gemeinfrei; Abb. 37: Claus Ableiter, Wikimedia Commons, lizensiert unter Creative Commons Attribution-Share Alike 3.0 Unported, 2.5 Generic, 2.0 Generic and 1.0 Generic license, http://creativecommons.org/licenses/by-sa/3.0/legalcode, http://creativecommons.org/licenses/by-sa/2.5/legalcode, http://creativecommons.org/licenses/by-sa/2.0/legalcode, http://creativecommons.org/licenses/by-sa/1.0/legalcode; Abb. 38: Alexander Spät, Wikimedia Commons, lizensiert unter Creative Commons Attribution-Share Alike 3.0 Unported license, http://creativecommons.org/licenses/by-sa/3.0/legalcode; Abb. 39: Umzeichnung W. Letzner nach Kulturstiftung Merzig-Wadern, Römische Villa Borg; Abb. 40: Haselburg-Müller, Wikimedia Commons, lizensiert unter Creative Commons Attribution-Share Alike 3.0 Unported license, http://creativecommons.org/licenses/by-sa/3.0/legalcode; Abb. 42: Taxiarchos228, Wikimedia Commons, lizensiert unter Creative Commons Attribution-Share Alike 3.0 Unported license, http://creativecommons.org/licenses/by-sa/3.0/legalcode; Abb. 43: Harke, Wikimedia Commons, gemeinfrei; Abb. 44: Detlef Meissner, Wikimedia Commons, lizensiert unter Creative Commons Attribution-Share Alike 3.0 Unported license, http://creativecommons.org/licenses/by-sa/3.0/legalcode; Abb. 45: Schlafmuetze, Wikimedia Commons, lizensiert unter Creative Commons-Lizenz Namensnennung-Weitergabe unter gleichen Bedingungen 3.0 Unported, http://creativecommons.org/licenses/by-sa/3.0/legalcode; Abb. 46: LepoRello, Wikimedia Commons, lizensiert unter Creative Commons-Lizenz Namensnennung-Weitergabe unter gleichen Bedingungen 3.0 Unported, http://creativecommons.org/licenses/by-sa/3.0/legalcode; Abb. 47, 49, 50: J. Eingartner; Abb. 48: F. Schäfer/M. Weiß; Abb. 51: Kulturamt – Archäologie der Stadt Kempten (Allgäu); Abb. 52, 53: W. David

Wolfram Letzner

Die 50 bekanntesten archäologischen Stätten Deutschlands

Nünnerich-Asmus
Verlag & Media

ABBILDUNGSNACHWEIS 2
VORWORT 8

SCHLESWIG-HOLSTEIN

[01] HAITHABU – EINE FRÜHMITTELALTERLICHE HANDELSMETROPOLE IM HOHEN NORDEN DEUTSCHLANDS MIT WELTERBESTATUS 12
[02] DAS DANEWERK – NICHT NUR DIE RÖMER BAUTEN BEFESTIGTE GRENZEN 15

MECKLENBURG-VORPOMMERN

[03] GROSS RADEN – EIN EINDRUCKSVOLLES FREILICHTMUSEUM 17
[04] PLATE–PECKATEL (LKR. LUDWIGSLUST-PARCHIM) – EIN GRAB MIT EINEM BESONDEREN FUND 20
[05] DAS TOLLENSETAL – ARCHÄOLOGIE EINES SCHLACHTFELDES AUS DER BRONZEZEIT 22

BRANDENBURG/BERLIN

[06] SEDDIN – EIN KÖNIGSGRAB? 25
[07] VETSCHAU – SLAWENBURG IN RADDUSCH, DER ZERSTÖRUNG ENTKOMMEN 28

BREMEN

[08] BREMEN – DIE DOMGRABUNG 31

HAMBURG

[09] HAMBURG – WANDERN AUF DEN SPUREN DER VORZEIT 33

SACHSEN

[10] DRESDEN-COSCHÜTZ – DIE „HEIDENSCHANZE“ 34

THÜRINGEN

[11] GROSSBODUNGEN – EIN SCHATZFUND BESONDERER ART 36
[12] OBERDORLA – ARCHÄOLOGISCHES FREILICHT-MUSEUM OPFERMOOR VOGTEI 38
[13] WESTGREUSSEN – DIE „FUNKENBURG", EINE GERMANISCHE SIEDLUNG 41

NIEDERSACHSEN

[14] BRAMSCHE/KALKRIESE – EINE SCHICKSALSSTUNDE DER DEUTSCHEN? 44
[15] HEESEBERG – EIN STRATEGISCHER PUNKT ÜBER JAHRTAUSENDE 48
[16] NORTHEIM: HARZHORNSCHLACHT – GEHEIMOPERATION SCHLACHTFELDARCHÄOLOGIE 51
[17] OSTERODE – DIE LICHTENSTEINHÖHLE 54
[18] PESTRUP – NICHTS ALS GRÄBER 56
[19] SCHÖNINGEN – AUSGRABUNG UNTER EXTREMBEDINGUNGEN 57

SACHSEN-ANHALT

[20] GOMMERN – RÖMISCHER LUXUS FÜR EINEN GERMANISCHEN FÜRSTEN IM 3. JH. N. CHR. 60
[21] GOSECK – DER ÄLTESTE MONUMENTALBAU IN EUROPA MIT ASTRONOMISCHEM BEZUG 63
[22] NEBRA – ES BEGANN MIT EINEM KRIMINALFALL 66

NORDRHEIN-WESTFALEN

[23] HALTERN AM SEE – WAR DAS RÖMISCHE LAGER DAS LANGE GESUCHTE ALISO? 69
[24] KÖLN – SEIT MEHR ALS 2000 JAHREN STADT 72
[25] KREFELD – GRÄBER MACHEN EINE STADT BEKANNT 82
[26] METTMANN (NEANDERTHAL) – HIER IRRTE VIRCHOW 86
[27] XANTEN – DIE EINZIGE NICHT ÜBERBAUTE RÖMISCHE STADT DEUTSCHLANDS 89

[28] ZÜLPICH – BADELUXUS IN DER PROVINZ 97

RHEINLAND-PFALZ

[29] INGELHEIM – DIE KAISERPFALZ 100
[30] MAINZ – HAUPTSTADT EINER RÖMISCHEN PROVINZ 106
[31] BAD NEUENAHR-AHRWEILER – VOM LUXUSANWESEN ZUM FRIEDHOF 117
[32] TRIER – RESIDENZ RÖMISCHER KAISER UND ÄLTESTE STADT DEUTSCHLANDS 120

HESSEN

[33] BAD HOMBURG – DIE SAALBURG 135
[34] WALDGIRMES – EINE RÖMISCHE STADT, DIE ES EIGENTLICH NICHT GEBEN DÜRFTE 138

SAARLAND

[35] BLIESBRUCK-REINHEIM – PARC ARCHÉOLOGIQUE EUROPÉEN/EUROPÄISCHER KULTURPARK 140
[36] PERL (LKR. MERZIG) – VILLA BORG: ANTIKE ERLEBEN! 144

BADEN-WÜRTTEMBERG

[37] AALEN – EIN BEDEUTENDES KASTELL AM LIMES 147
[38] BADENWEILER – EIN ORT MIT BADETRADITION 150
[39] BREISACH – KELTEN UND RÖMER AUF DEM MÜNSTERBERG 154
[40] DITZINGEN-HIRSCHLANDEN – DIE ÄLTESTE FREISTEHENDE GROSSSKULPTUR MITTELEUROPAS 157
[41] EBERDINGEN-HOCHDORF – EIN JAHRHUNDERTFUND ZUR GESCHICHTE UND KUNST DER KELTEN 159
[42] HECHINGEN-STEIN – RÖMISCHES LANDHAUS ODER RASTSTÄTTE? 164

[43] HERBERTINGEN (HEUNEBURG) – DIE STADT PYRENE DES HERODOT? 168
[44] LADENBURG/LOPODUNUM DIE GRÖSSTE RÖMISCHE STADT BADEN-WÜRTTEMBERGS? 175
[45] OSTERBURKEN – DIE MASSIVE FRONT DES UNESCO WELTKULTURERBES AM LIMES 179

BAYERN

[46] AUGSBURG – MEHR ALS 2000 JAHRE GESCHICHTE 182
[47] FAIMINGEN – DER GRÖSSTE RÖMISCHE TEMPEL SÜDDEUTSCHLANDS 187
[48] KEMPTEN – VON DER KELTENSIEDLUNG ZUR RÖMERSTADT 190
[49] MANCHING – EINE FRÜHGESCHICHTLICHE GROSSSTADT AN DER DONAU 198
[50] OBERSTIMM – EINES DER ÄLTESTEN KASTELLE RAETIENS 203

LANDESMUSEEN 205

GLOSSAR 207

VORWORT

In den letzten Jahrzehnten ist die Archäologie als Fachwissenschaft in ihrem ganzen Facettenreichtum durch Fernsehsendungen und begleitende Publikationen überaus populär geworden; diese haben das Interesse an der Vergangenheit und ihrer Erforschung jenseits von Indianer Jones und artverwandten Charakteren geweckt. Aus der subjektiven Sichtweise des Autors heraus scheint es aber so, als stelle man überwiegend archäologische Stätten mit beeindruckenden Baudenkmälern und spektakulären Funden in fernen Ländern vor. Dabei ist doch auch Deutschland reich an archäologischen Fundstätten, die bisher nur zu einem geringen Teil erforscht wurden. Allein durch die Luftbildarchäologie, einer mit Beginn der Fliegerei entstandenen Prospektionsmethode, konnten bisher in der Bundesrepublik rund 100.000 Fundstätten erfasst werden.

Von den ausgegrabenen archäologischen Orten oder erhaltenen Denkmälern Deutschlands zählt eine Reihe zum UNESCO Weltkulturerbe, die unbedingt in eine Publikation über bekannte archäologische Stätten gehört. Aber dies muss nicht zwangsläufig heißen, dass das, was nicht zum Welterbe zählt, unbekannt oder unbedeutend ist. Hinsichtlich des Bekanntheitsgrades wird man zum einen differenzieren müssen, was überregional bekannt ist und so Eingang in diesen Band finden konnte, und zum anderen, was nur regional im Bewusstsein einer breiten Öffentlichkeit verankert ist, aber dennoch so wichtig ist, um hier berücksichtigt zu werden.

Bei der Auswahl der archäologischen Stätten spielte aber noch ein ganz anderer Aspekt eine Rolle: Viele Orte, von denen man gefühlsmäßig glaubt, hier gäbe es bedeutende Ausgrabungen, erweisen sich bei näherem Hinsehen als wenig ergiebig. Ein Beispiel dafür ist etwa Regensburg, das römische Castra Regina. Hier liegt der römische Ort unter der Altstadt, die mit mehr als 1000 Gebäuden, die aus dem Mittelalter und der Frühen Neuzeit stammen, zum Weltkulturerbe der UNESCO zählt.

Neben diesen Auswahlkriterien war es von Relevanz, eine quantitativ ausgewogene Auswahl hinsichtlich der geografischen Lage innerhalb Deutschlands zu treffen. Natürlich kommt so den Flächenländern ein größerer Anteil zu als den „Stadtstaaten" Berlin, Bremen und Hamburg.

Eine andere Frage bei der Auswahl war, welcher Zeitraum überhaupt berücksichtigt werden sollte. Nach gründlicher Überlegung schien es geraten, eine abschließende zeitliche Grenze im frühen Mittelalter, also im 9 Jh. n. Chr. zu ziehen, weil wir für das Hochmittelalter und die Zeit danach große intakte Denkmäler besitzen, die eher in den Bereich der Kunstgeschichte als in den der Archäologie gehören.

Eine spannende Frage für den Autor war es auch, wie er Ausgrabungen und ihre Ergebnisse darstellen sollte, weil Archäologie in vielen Fällen zugleich auch Zerstörung bedeutet oder das Ausgegrabene für den Laien nur schwer zu erschließen ist. Glücklicherweise sind die Funde in den Museen zugänglich und viele Fundorte in den letzten Jahrzehnten museal so aufgearbeitet worden, dass der Besucher die Faszination der Ausgrabungsstätte nachvollziehen kann. Weitaus leichter und noch anschaulicher darstellen kann man dies mit Rekonstruktionen an Ort und Stelle, die sich unter dem großen Begriff der Freilichtmuseen subsummieren lassen. Diese Einrichtungen gibt es in Deutschland schon seit mehr als 100 Jahren; in diesem Zusammenhang sei das „Saalburgmuseum" bei Bad Homburg (s. S. 135ff.) genannt, das auf die Initiative und mit der Förderung Kaiser Wilhelms II. (1888–1918) entstand.

SCHLESWIG-
HOLSTEIN
MECKLENBURG-
VORPOMMERN
NIEDERSACHSEN
BRANDENBURG
SACHSEN-
ANHALT
NORDRHEIN-
WESTFALEN
SACHSEN
THÜRINGEN
HESSEN
RHEINLAND-
PFALZ
SAAR-
LAND
BAYERN
BADEN-
WÜRTTEMBERG
1
2
3
4
5
6
7
8
9
10
11
12
13
14
15
16
17
18
19
20
21
22
23
24
25
26
27
28
29
30
31
32
33
34
35
36
37
38
39
40
41
42
43
44
45
46
47
48
49
50

NORDDEUTSCHLAND

SCHLESWIG-HOLSTEIN

1 Haitabu *Seite 12*
2 Danewerk *Seite 15*

MECKLENBURG-VORPOMMERN

3 Groß-Raden *Seite 17*
4 Plate-Peckatel *Seite 20*
5 Tollensetal *Seite 22*

BRANDENBURG/BERLIN

6 Seddin *Seite 25*
7 Vetschau *Seite 28*

BREMEN

8 Bremen *Seite 31*

HAMBURG

9 Hamburg *Seite 33*

SACHSEN

10 Dresden-Coschütz *Seite 34*

THÜRINGEN

11 Großbodungen *Seite 36*
12 Oberdorla *Seite 38*
13 Westgreußen *Seite 41*

NIEDERSACHSEN

14 Bramsche/Kalkriese *Seite 44*
15 Heeseberg *Seite 48*
16 Northeim *Seite 51*
17 Osterrode *Seite 54*
18 Pestrup *Seite 56*
19 Schöningen *Seite 57*

SACHSEN-ANHALT

20 Gommern *Seite 60*
21 Goseck *Seite 63*
22 Nebra *Seite 66*

NORDRHEIN-WESTFALEN

23 Haltern am See *Seite 69*
24 Köln *Seite 72*
25 Krefeld *Seite 82*
26 Mettmann *Seite 86*
27 Xanten *Seite 89*
28 Zülpich *Seite 97*

SÜDDEUTSCHLAND

RHEINLAND-PFALZ

29 Ingelheim *Seite 100*
30 Mainz *Seite 106*
31 Neuenahr-Ahrweiler *Seite 117*
32 Trier *Seite 120*

HESSEN

33 Bad Homburg *Seite 135*
34 Waldgirmes *Seite 138*

SAARLAND

35 Bliesbruck-Reinheim *Seite 140*
36 Perl *Seite 144*

BADEN-WÜRTTEMBERG

37 Aalen *Seite 147*
38 Badenweiler *Seite 150*
39 Breisach *Seite 154*
40 Ditzingen-Hirschlanden *Seite 157*
41 Eberdingen-Hochdorf *Seite 159*
42 Hechingen-Stein *Seite 164*
43 Herbertingen *Seite 168*
44 Ladenburg *Seite 175*
45 Osterburken *Seite 179*

BAYERN

46 Augsburg *Seite 182*
47 Faimingen *Seite 187*
48 Kempten *Seite 190*
49 Manching *Seite 198*
50 Oberstimm *Seite 203*

Wer als Besucher noch vor rund 40 Jahren an das in ländlicher Idylle am Haddebyer Noor gelegene Haithabu kam, fand kaum mehr vor als den großen Wall und er vermochte sich kaum vorzustellen, dass hier im 8. Jh. n. Chr. der wichtigste Handelsplatz Nordeuropas existierte, der bis in das 11. Jh. hinein Bestand hatte. Neben den archäologischen Befunden zeichnen vor allem aber auch schriftliche Quellen wie die im Jahr 965 entstandene Beschreibung des arabischen Reisenden und Diplomaten Ibrahim ibn Yaqub oder die 1076 entstandene Chronik Adams von Bremen ein lebhaftes Bild der Stadt am Noor.

[01] HAITHABU – EINE FRÜHMITTELALTERLICHE HANDELSMETROPOLE IM HOHEN NORDEN DEUTSCHLANDS MIT WELTERBESTATUS

Schleswig-Holstein

Die Erforschung – vom vergessenen Ort zum Weltkulturerbe

So wie bei vielen Stätten hatte sich im Laufe der Jahrhunderte jegliche Erinnerung an den Standort Haithabus verflüchtigt. Die komplizierte Geschichte zwischen Dänemark und dem Norddeutschen Bund bzw. Preußen mit zwei Kriegen im 19. Jh. erleichterten eine Erforschung sicherlich nicht. Erst 1897 war es ein dänischer Archäologe, Sophus Müller, der die erhaltenen Wallanlagen mit Haithabu verband. Seine Vermutung wurde in den folgenden Jahren durch Ausgrabungen verifiziert, die jedoch bald nach Beginn des Ersten Weltkrieges zum Erliegen kamen und erst 1930 wieder aufgenommen werden konnten. Nach einer erneuten Kriegsunterbrechung konnte man ab 1959 umfangreiche Ausgrabungen durchführen, die in mehreren Abschnitten erfolgten und die Grundlage für das Freilichtmuseum Haithabu lieferten. Man wird sich aber immer wieder vor Augen führen müssen, dass bislang nur etwa fünf Prozent der Siedlungsfläche intensiv erforscht wurden.

Geschichte der Stadt

Eine ausführliche Darstellung der Geschichte Haithabus ist an dieser Stelle nicht möglich, weil die vielen Fakten und Details für den Leser nur wenig hilfreich sind. Aus diesem Grund ist geraten, sich auf die Grunddaten zu beschränken.

Ursprünglich waren Teile Norddeutschlands von Angeln und Sachsen besiedelt, von denen aber große Bevölkerungsteile im Laufe der Völkerwanderung nach England auswanderten und dort ihre Königreiche errichteten. Diese Wanderbewegung bot nun anderen germanischen Stämmen, den Dänen und Jüten, in der ersten Hälfte des

8. Jhs. die Möglichkeit zum Nachrücken bis zur Schlei und zur Eckernförder Bucht.

Natürlich brauchten die Menschen Plätze, an denen sie siedeln konnten. Ein solcher Platz bot sich am Haddebyer Noor, einer Bucht, die fast vollständig von der Ostsee abgetrennt war und heute gänzlich zu einem Binnensee geworden ist. Solche Plätze boten seefahrenden Völkern einen sicheren Hafen für ihre Schiffe und Waren.

Spätestens um 770 – so glaubt man in der Forschung – wurde Haithabu von Dänen gegründet. Im 9. Jh. entstanden in unmittelbarer Nähe zur Erstgründung zwei weitere, abgesetzte Siedlungsbereiche, von denen aber schon gegen Ende des 9. Jhs. zwei aufgegeben wurden, während der dritte, fortbestehende Siedlungskern in das Danewerk, einem Befestigungswerk mit sehr komplexer Baugeschichte (s. S. 15 f.), eingebunden wurde.

Diese Neuordnung des Siedlungsplatzes Haithabu lässt sich vielleicht mit der Zerstörung des slawischen Handelsortes Reric in der Nähe von Wismar durch die Dänen im Jahr 808 erklären. Die dort ansässigen Kaufleute wurden nämlich entweder freiwillig, was das Wahrscheinlichere ist, oder zwangsweise nach Haithabu umgesiedelt.

Ein Bedeutungsgewinn für den Ort dürfte auch der Umstand gewesen sein, dass ab 811 die nahe Eider zum Grenzfluss zwischen dem Frankenreich und dem Reich der Dänen wurde, sodass Haithabu Umschlagplatz für den bilateralen Handel werden konnte.

Die nächsten Jahrhunderte, die von Auseinandersetzungen zwischen dem Heiligen Römischen Reich Deutscher Nation und Dänemark um den Besitz von Schleswig bestimmt waren, vermochten es nicht, Haithabu als Handelsplatz von europäischer Bedeutung zu beschränken.

Wie muss man sich Haithabu in seiner Blütezeit vorstellen? In den lange andauernden Ausgrabungen ließ sich ein differenziertes Bild gewinnen und im 26 ha großen Freilichtmuseum Haithabu darstellen. Erhalten hat sich der große Halbkreiswall, der die Siedlung seit dem 10. Jh. zur Landseite hin abschirmte. Von der Innenbebauung hingegen fanden sich naturgemäß nur noch Spuren. Die Ausgrabungen zeigten, dass das typische Haus in Haithabu das Hallenhaus war. Wie es scheint, gab es zwei unterschiedliche Größen, die im Wesentlichen hinsichtlich ihrer Breite variierten. Der schmalere Typus war bei einer Länge von 17 m 3,5 m breit, während der breitere Typus eine Breite von 7 m aufwies und 17,5 m lang war. Sie bestanden aus Holz oder Flechtwerk. Bei der Eindeckung der Häuser geht man von Reet oder Stroh aus, das über Jahrhunderte hinweg die Dachlandschaften Norddeutschlands prägte. Aufgrund dieser Ergebnisse entschloss man sich, insgesamt sieben Häuser zu rekonstruieren und für den Besucher zugänglich zu machen. Während der Winterzeit aber sind diese Häuser nicht zugänglich.

Abb. 1
Haitabu, Museum. Schiffsfund aus dem Hafen, Rekonstruktion.

Im Hafenbereich, der zu den besterforschten mittelalterlichen Häfen zählt, konnte dessen Infrastruktur untersucht werden. Innerhalb des Hafens kamen wichtige Funde ans Tageslicht. Besondere Bedeutung kam dabei einem Schiffsfund zu, der geborgen und jetzt im Haithabu-Museum ausgestellt ist. Um die Bedeutung des Hafens zu zeigen, wurden einige Hafenanlagen rekonstruiert. (Abb. 1)
Aufgrund der schriftlichen Quellen war schon zu vermuten, dass die Siedlung einen kosmopolitischen Charakter besaß. Tatsächlich spiegelten die Nekropolen die Anwesenheit von Menschen unterschiedlicher Herkunft wider.

Wikinger Museum Haithabu

Am Haddebyer Noor 2, 24866 Busdorf, Tel. 04621-813 222, www.schloss-gottorf.de/haithabu/das-museum/haithabu

Der Besucher einer Ausgrabungsstätte will heute in der Regel mehr sehen als einige Relikte im Gelände. Diesem Wunsch kommt das Haithabu-Museum mit seinem Freigelände und den Ausstellungsräumen nach. Die Architektur betreffend greift der Museumsbau die Form wikingerzeitlicher Schiffshäuser auf.
Die Ausstellungskonzeption von 1985 wurde 2010 den veränderten Anforderungen angepasst. In fünf Räumen werden unterschiedliche Themen dargestellt. Mit dem reichen Fundmaterial aus den Ausgrabungen in Verbindung mit den unterschiedlichsten Medien wird ein anschauliches Bild der Stadt gezeichnet, angefangen mit der Darstellung des täglichen Lebens über den Handel bis hin zum Hafen und seinen Funden. Hier nimmt besonders das 1979 geborgene und konservierte Kriegsschiff einen zentralen Punkt ein.

Literatur
U. Drews, Fernhandelsbeziehungen zwischen den Welten. Neue Dauerausstellung im Museum der wikingerzeitlichen Siedlung Haithabu, AW 42/1, 2011, 85–87; B. Maixner, Haithabu – Fernhandelszentrum zwischen den Welten. Begleitband zur Ausstellung (2010).

Das größte Bodendenkmal Norddeutschlands liegt in Schleswig-Holstein. Dabei handelt es sich um das Danewerk, das vom frühen Mittelalter bis zum Deutsch-Dänischen Krieg von 1864 immer wieder seine Funktion als Verteidigungsanlage erfüllte.

[02] DAS DANEWERK – NICHT NUR DIE RÖMER BAUTEN BEFESTIGTE GRENZEN

Der Verlauf

Das Danewerk ist kein durchgehendes Verteidigungs- oder Grenzsystem. Ein großer Streckenabschnitt erstreckt sich über rund 30 km von Hollingstedt bis nach Haithabu. Eine Verlängerung sowohl nach Osten als auch nach Westen war aufgrund der Topografie nicht nötig.
Ein anderer Abschnitt, der „Ostwall", ist zwischen dem Windebyer Noor und der Schlei verortet. Weil ihm aber später keine Bedeutung mehr zugemessen wurde, verfiel er und ist nur noch an wenigen Stellen zu sehen.

Chronologie und Befund

Eine zentrale Frage ist natürlich, wann dieses System entstand und wie es letztendlich aussah. Folgen wir den historischen Fakten, so zeichnet sich eine Entstehung des Danewerks in mehreren Bauphasen ab, die eine äußerst komplexe Abfolge von Baumaßnahmen widerspiegeln. Neuere Forschungen vertreten die Ansicht, es habe bereits vor dem 7. Jh. Vorläufer gegeben.
Zu den unterschiedlichen Wallphasen lässt sich feststellen, dass es sich immer wieder um Holz-Erdwerke unterschiedlicher Breite und Höhe handelte, denen zumeist Gräben vorgelegt waren. Daneben fanden an der Wallfront aber auch reguläre Mauern aus Feldstein und später aus Ziegeln Verwendung.
Die wichtigsten Phasen lassen sich mithilfe der Dendrochronologie – darunter versteht man eine Methode zur Altersbestimmung, die auf der Zählung von Jahresringen bei Bäumen basiert – datieren und mit historischen Erfordernissen verbinden. So entstand der Wall der Bauphase I 737 und lässt sich als Sperrwerk gegen sächsische und slawische Expansionsversuche verstehen.
Die darauffolgende Hauptbauphase gehört aufgrund von C14-Untersuchungen in die Jahre um 800. Ihre Entstehungszeit erklärt sich vor allem aus der veränderten politischen Lage in Norddeutschland. Karl der Große hatte in den vorangegangenen Jahren die Sachsen unterworfen und das fränkische Reich war nun unmittelbarer Nach-

bar der Dänen geworden, sodass ein größerer Konflikt zunächst nicht ausgeschlossen werden konnte.

Gut 160 Jahre später – genauer gesagt im Jahr 968 – wurde der Wall wieder massiv verändert, vor allem was Breite und Höhe betraf. In Dänemark sorgten nämlich die Gebietserweiterungen unter dem römisch-deutschen Kaiser Otto I. (936–973) im Bereich der Ostsee für Unruhe.

Die letzte große Ausbauphase fällt in die Jahre um 1170. Die „Waldemarsmauer“ (Abb. 2), von der man z. B. ein Stück in der Nähe der Gemeinde Dannewerk sehen kann, war 7 m hoch und 2 m breit; dahinter lag wieder ein Erdwall. Von großer Bedeutung ist dieser 3,7 km lange Mauerbau, weil es sich um das älteste profane Bauwerk aus Ziegelsteinen in Norddeutschland handelt.

Zu Beginn des 13. Jhs. verlor der Wall an Bedeutung und verfiel, da die Beziehungen zwischen Dänen und Deutschen sich harmonischer gestalteten.

Auf eine Frage ist aber noch einzugehen: War das Danewerk ein undurchdringliches Sperrwerk? Diese Frage ist mit Sicherheit zu verneinen, auch wenn es nur einen Durchlass gab. Dabei handelt es sich um das „Wieglesdor“, das an einem alten Handelsweg, dem Ochsenweg, lag. Mit dem Bedeutungsverlust des Danewerks wurde seine Funktion im 12. Jh. hinfällig. Erst im Jahr 2010 wurde es wiederentdeckt und ausgraben.

Literatur
C. v. Carnap-Bornheim, Der Danewerk-Atlas (2008); H. H. Andersen, Das Danewerk: zur Wehr des ganzen Reiches (1996); W. Kramer, Die Datierung der Feldsteinmauer des Danewerks. Vorbericht einer neuen Ausgrabung am Hauptwall, AKorrBl 14, 1984, 343–350 Taf. 42.

Abb. 2 Groß-Dannewerk, Danewerk. Abschnitt der Waldemarsmauer.

In der idyllischen Landschaft der Sternberger Seen stößt der interessierte Besucher auf eine archäologische Besonderheit: die Rekonstruktion des slawischen Tempelortes am Groß Radener See. Damit entstand ein eindrucksvolles Museum, das z. B. durch die Ausstattung einzelner Gebäude Einblicke in das Leben eines slawischen Ortes vor dem Jahr 1000 gewährt.

[03] GROSS RADEN – EIN EINDRUCKSVOLLES FREILICHTMUSEUM

Mecklenburg-Vorpommern

Die Grabungsgeschichte

Etwa ein Kilometer nordöstlich des Dorfes Groß Raden, unweit von Sternberg, liegt ein Binnensee, der in der Literatur als Sternberger oder Groß Radener See bezeichnet wird. Sicherlich wäre der See heute einer von vielen in Mecklenburg-Vorpommern, hätte nicht schon im Jahr 1842 der Archivar und Leiter der Großherzoglichen Sammlungen in Schwerin, George Christian Friedrich Lisch (1801–1883), von einem Bodendenkmal, einem auf einer flachen Insel gelegenen slawischen Burgwall mit einem Durchmesser von 50 m, berichtet. Im Jahr 1905 entging der Wall nur knapp der Vernichtung und systematische archäologische Untersuchungen erfolgten erst zwischen 1973 und 1980. Dabei kamen erstaunliche Ergebnisse zum Vorschein, die schon 1983 dazu führen sollten, dass an dieser Stelle ein Freilichtmuseum errichtet wurde.

Ausgrabungen und Ergebnisse

Bei den archäologischen Untersuchungen wurden nur etwa 50 Prozent der Siedlung – das entspricht rund 7000 m² oder etwa der Größe eines Fußballfeldes – ausgegraben. Die Bedingungen, die die Archäologen vorfanden, kann man als ideal bezeichnen, weil hier nie Ackerbau betrieben wurde und der feuchte Untergrund auch erwarten ließ, dass organisches Material zu finden sei.

Bei den Ausgrabungen zeigte sich vor allem auch eine Veränderung in der Landschaft: Als die slawische Siedlung entstand, gab es eine Halbinsel, der eine Insel vorgelagert war. Heute stellt sich die Situation anders dar. Der Bereich zwischen der Halbinsel und der Insel ist im Laufe der Jahrhunderte verlandet. Um den ursprünglichen Zustand wieder herzustellen, musste man bei der Anlage des Museums mittels „Kanälen“ die Anmutung einer Insel schaffen.

Die Archäologen stellten bei ihren Ausgrabungen fest, dass zunächst im 9. Jh. eine Siedlung auf der Halbinsel entstand, die durch einen Graben und eine Palisade mit Wehrgang gesichert war. Der Zugang erfolgte über eine heute rekonstruierte Brücke, die zum einzigen Tor führte.

Archäologisches Freilichtmuseum Groß Raden, Kastanienallee, 19406 Groß Raden, Tel. 03847-2252, www.freilichtmuseum-gross-raden.de

Innerhalb des so begrenzten Siedlungsgebietes vermuteten die Ausgräber 40 Häuser, die eng beieinander standen. Es handelte sich dabei um recht einfache Gebäude mit einer Grundfläche von 20 m², die aus Holz und einer Art Fachwerk errichtet waren. Exemplarisch sind einige dieser Häuser wieder errichtet worden.
Das Besondere an der Siedlung war aber, dass ihr ein Plan zugrunde lag. Nachgewiesen werden konnte dies, da man einen heute wieder vorhandenen Bohlenweg fand, der die Siedlung durchschnitt und zu einem Brückenbau führte, dessen Länge mit 100 m angegeben wird und der die Verbindung zur Insel darstellte. Zu beiden Seiten des Bohlenwegs standen die Häuser.
Eine Antwort auf die Frage, warum in dieser Phase eine Brücke zur Insel geschlagen wurde, lässt sich vermuten. Auf der Insel konnten nämlich Reste von Gebäuden nachgewiesen werden, die in der Forschung als Speicherbauten gedeutet werden.
Blickt man auf den Plan der Siedlung, so erkennt man im südwestlichen Teil Groß Radens ein Gebäude, dass innerhalb der Siedlung isoliert ist und zu dem ebenfalls ein Bohlenweg führte. Dieser 7 x 11 m große Bau war mit einigem Aufwand errichtet worden, weil seine Wände aus einer doppelten „Stabbohlenwand" bestanden. Außerdem war er von Pfosten umgrenzt, die in regelmäßigen Abständen nachgewiesen werden konnten. Bei den äußeren Bohlen glaubt man, in deren oberen Abschlüssen stilisierte Menschendarstellungen erkennen zu können. An den Schmalseiten des Gebäudes ließen sich Lücken nachweisen, die auf jeweils einen Eingang hindeuten. Ob das Gebäude überdacht war, ließ sich bei den Ausgrabungen nicht eindeutig ermitteln. In der Rekonstruktion hat man sich dafür entschieden, ein Walmdach zu bauen.
Wie aber ist der Bau zu interpretieren? Weil man in der Nähe der Eingänge Pferdeschädel gefunden hatte, entstand die Vermutung, es handele sich um einen Tempel. Gestützt wird diese Vermutung durch Beschreibungen slawischer Tempel in mittelalterliche Quellen, wie etwa in der Gesta Danorum des Chronisten Saxo Grammaticus (ca. 1140–1220).
Interessante Einblicke in die Wirtschafts- und Sozialgeschichte des Ortes bot ein kleiner Werkplatz, der von den Wohnhäusern getrennt angelegt war. Der Grund dafür konnte die Archäologie liefern: Man grub hier eine Reihe von Kuppelöfen aus, die zur Keramikherstellung und zum Backen von Brot dienten. Von ihnen ging eine latente Gefahr aus, die die ganze Siedlung hätte zerstören können. Oft genug sind im Mittelalter ganze Städte abgebrannt.
Weiter konnte in der Siedlung eine differenzierte Wirtschaft durch die Funde dokumentiert werden: Schmiede, Böttcher und andere Handwerke ließen sich beobachten.
Etwa um das Jahr 930 veränderte sich offenbar die Sicherheitslage in Groß Raden, denn die Insel erhielt einen Holz-Erde-Wall. Nur ein

Literatur
D. Jantzen, Das Archäologische Freilichtmuseum Groß Raden. Altslawischer Tempelort des 9. und 10. Jahrhunderts. Ein Führer durch das Freigelände ²(2012).

Zugang war vorhanden, den man aufgrund seiner Konstruktion als Tunneltor bezeichnet.
Nur wenige Jahre später, um 950, wurde die Siedlung einschließlich der Inselbebauung vollständig zerstört. In der Forschung denkt man daran, hier eine Verbindung mit einem Feldzug des späteren römisch-deutschen Kaisers Otto I. im Jahr 955 gegen die hier ansässigen Slawen zu ziehen. Allerdings – auch das legen die Befunde nahe – scheint ein ausreichendes Bevölkerungspotential in Groß Raden verblieben zu sein, da ein schneller Wiederaufbau erfolgte.
Wesentliche Veränderungen gegenüber der ersten Siedlungsphase bestanden in einer veränderten Wohnarchitektur. Die Häuser wurden größer und in Blockbauweise angelegt. Auf einen Wiederaufbau des Tempels verzichtete man, vielleicht weil die Einwohner des Ortes den Kult auf die Insel verlegten.
Die Insel erhielt einen neuen, größeren Kreiswall mit einem Innendurchmesser von 25 m und einer Höhe von mindestens 8 m. Entlang des Walls entstanden Gebäude, die bislang nicht gedeutet werden konnten. Wie bei seinem Vorgänger erfolgte der Zugang durch ein Tunneltor, das 2009 rekonstruiert wurde. (Abb. 3)
In einer letzten Phase wurde der Wall nochmals verstärkt, doch reichte dies nicht aus, um die Siedlung Groß Raden im 10. Jh. vor dem endgültigen Untergang zu bewahren.

Abb. 3
Groß Raden, Freilichtmuseum (Slawische Siedlung). Blick auf die Insel mit dem Ringwall. Im Vordergrund die Brücke, die die Siedlung auf der Halbinsel mit der Befestigung verbindet.

Im 19. Jh. war Plate-Pekatel Ort eines sonderbaren Fundes, der in der Forschung seit seiner Auffindung reichlich Anlass zur Deutung bietet. Aus einem bedeutenden Grabhügel der Bronzezeit kam ein merkwürdiges Objekt zum Vorschein, das die Frage „Kult- oder Tischgerät?“ aufwirft.

[04] PLATE-PECKATEL (LKR. LUDWIGSLUST-PARCHIM) – EIN GRAB MIT EINEM BESONDEREN FUND

Mecklenburg-Vorpommern

Im 19. Jh. gab es in Peckatel vier Grabhügel, die in einer Niederung lagen. Sie erweckten das Interesse von George Christian Friedrich Lisch (1801–1883), der in den Jahren 1843 und 1845 zwei der Hügel ausgraben konnte. Der dritte Hügel wurde durch den Eisenbahnbau 1888 zerstört und der letzte fiel den Interessen des Eigentümers zum Opfer.

Glücklicherweise hatte Lisch die Hügel soweit aufgenommen, dass wir heute ihre Größe kennen. Sie hatten etwa einen Durchmesser von 30 m und ihre Höhe schwankte zwischen 1,5 und 3 m.

Der Hügel I war mit einer Steineinfassung aufwendiger konstruiert als Hügel II. Bei den Bestattungen in beiden Hügeln handelte es sich sowohl um Körper- als auch Brandbestattungen.

Interessant war aber aufgrund der Beigaben Hügel I. In ihm fand man zahlreiche Gegenstände aus Bronze. Dazu zählten ein Messer, ein Griffzungenschwert, ein Tüllenbeil und eine Fibel. Herausgehoben waren aber ein Armring aus Gold und ein seltsames Gefäß aus Bronze, das auf ein Gestell mit vier Rädern montiert war: ein Kesselwagen. Ein genauerer Blick auf diesen und seine Bestandteile zeigt, dass das Objekt selbst eine Höhe von 35,5 cm hat. Die schon erwähnten Räder haben einen Durchmesser von 10,7 cm und sind wie die Achsen gegossen. Diese sind über geschmiedete Gestänge mit einem Fußelement verbunden, das den eigentlichen Kessel aus getriebenem Bronzeblech mit einem Buckeldekor trägt. Vier tordierte Griffe sind am Gefäßrand angebracht. (Abb. 4)

Gesichert ist somit, dass hier jemand beigesetzt worden war, der in seiner Heimat eine bedeutende Rolle gespielt hatte. Aber wie war dieser Kesselwagen zu deuten? Diese Frage musste sich auch der Ausgräber gestellt haben, der den Fund zunächst als singulär betrachten musste. Inzwischen hat sich zwar der Denkmälerbestand etwas erweitert, doch einer präzisen Deutung entziehen die Kesselwagen sich weiterhin. In der Forschung finden sich zwei Deutungsvarianten: Einmal könnte es sich um Tischgerät gehandelt haben, weil die meisten dieser Objekte aus Gräbern geborgen wurden. Die

Literatur
S. Hansen, Archäologische Funde aus Deutschland (2010) 50 f. Abb.; G. Rennebach, C 2 Peckatel, in: J. Herrmann (Hrsg.). Archäologie in der Deutschen Demokratischen Republik (1989) 435 f. Abb. S. 436.

andere Lesart sieht in diesen Gegenständen eher Kultgerät, wobei ein großer Bogen von Griechenland bis in den Nahen Osten geschlagen werden muss. Dabei stützt man sich auf Münzbilder aus dem griechischen Kranon oder verweist auf derartige Wagen im Tempel von Jerusalem. Aufgrund der Funde können wir heute den Grabhügel in die späte Bronzezeit datieren. Damit kommen wir in die Jahre von 1200 bis 1000 v. Chr.

Abb. 4
Schwerin, ehemals Museum für Vor- und Frühgeschichte. Kesselwagen aus Peckatel.

In der idyllischen Landschaft am Flüsschen Tollense stießen in den 1990er-Jahren Hobby-Archäologen auf Funde aus der Bronzezeit, deren nähere Untersuchung ein vorgeschichtliches Drama ans Tageslicht brachte. Seit 1996 werden nun archäologische Untersuchungen und begleitende Forschungen, durch die Deutsche Forschungsgemeinschaft gefördert, durchgeführt. Sie belegen eindrucksvoll, dass das Leben in der Bronzezeit keineswegs immer friedlich war.

[05] DAS TOLLENSETAL – ARCHÄOLOGIE EINES SCHLACHTFELDES AUS DER BRONZEZEIT

Mecklenburg-Vorpommern

Was führte dazu, dass an der Tollense so intensiv geforscht wird? Zu den ersten Entdeckungen gehörten eine Holzkeule und ein menschlicher Oberarmknochen, in dem eine Pfeilspitze steckte. Diese Funde erweckten das Interesse der Archäologen des Landesamtes für Kultur und Denkmalpflege Mecklenburg-Vorpommerns und der Kollegen der Universität Greifswald.
Die ersten Ausgrabungen brachten Skelettreste von Menschen und Pferden in nicht korrekter anatomischer Lage ans Tageslicht. Darunter befand sich auch ein eingeschlagener Schädel. Diese Funde deuteten darauf hin, dass es sich um Opfer einer gewalttätigen Auseinandersetzung handelte. Zusätzliche Bedeutung besaß der Fund, weil man auch Material fand, das durch C14-Analysen in die Zeit von 1300 bis 1110 v. Chr. datiert werden konnte. Damit bot sich die Deutungsmöglichkeit, hier den Schauplatz einer größeren kriegerischen Auseinandersetzung in der Bronzezeit zu sehen. Diese Interpretation verdichtete sich, als im Jahr 1999 eine zweite Holzkeule und weitere Skelettreste gefunden wurden.
Im Laufe der Jahre hat sich das Projekt inhaltlich entwickelt. Neben weiteren Ausgrabungen an verschiedenen Stellen, auch unter Wasser, erfolgten Begehungen, die Pfeilspitzen aus Bronze und Feuerstein zum Vorschein brachten. Daneben richtet sich das Interesse auf die Erforschung der bronzezeitlichen Landschaft und die Rekonstruktion der damaligen Bevölkerung durch naturwissenschaftliche Methoden wie Isotopenuntersuchungen, Paläogenetik sowie die Anthropologie.
Der Leser wird an dieser Stelle fragen, warum sich an der Tollense die organischen Funde so gut erhalten haben. Dies erklärt sich durch die geologischen Bedingungen. Im Laufe der letzten Jahrtausende sorgte der Anstieg des Meeresspiegels der Ostsee durch den daraus resultierenden Rückstau für die Anhebung des Wasserspie-

gels an den Flüssen des Hinterlandes. Dies trug zur Torfbildung entlang der Flüsse bei, die eine Schicht mit einer Stärke von teilweise mehr als 4 m ausbildete. Und der Torf ist es, der organische Materialien durch Luftabschluss und durch die im Boden befindlichen Gerbstoffe konserviert.

Hatte man schon zu Anfang der Untersuchungen erkannt, dass es sich hier um Opfer von Gewalt handelte, verdichtete sich mit der zunehmenden Zahl von Skelettfunden die Deutung dahingehend, dass nun von einem Schlachtfeld gesprochen werden kann (Abb. 5); man konnte die Skelettreste mehr als 100 Menschen zurechnen.

Deren Alter lag zwischen 20 und 40 Jahren. Es handelte sich überwiegend um Männer. Hier gefundene Skelettreste von Frauen und älteren Kindern sprechen nicht zwangsläufig gegen eine Schlachtfeldtheorie, da sie als Beteiligte und Opfer durchaus in Frage kommen.

Abb. 5
Tollensetal, Blick über eine Ausgrabungsfläche. Im Vordergrund sind deutlich Skelettreste erkennbar.

Bei den bisherigen Untersuchungen kam man zu dem Ergebnis, dass der Fundort nicht unbedingt auch Tatort gewesen sein muss. Darauf deuten die ungeordneten und nicht im anatomischen Zusammenhang liegenden Skelettreste hin; die Leichen müssen vor ihrer endgültigen Ablagerung im Wasser getrieben und dort zerfallen sein.

Die Fundsituation entspricht nicht der einer Begräbnisstätte, zumal keine Grabbeigaben gefunden wurden. Eine Opferstätte anzunehmen wäre spekulativ.

Das Tollenstal war noch für weitere Überraschungen gut. Im Uferprofil des Flusses konnten an einer neuen Fundstelle weitere Skelettreste unterhalb der Wasserlinie geborgen werden. Ein Fund inmitten der Knochen war außergewöhnlich; man entdeckte einen goldenen Spiralring. Ein ähnliches Stück war bereits im Vorjahr an anderer Stelle im Tollensetal gefunden worden.

Derartiger Schmuck stammt in Mecklenburg-Vorpommern sonst überwiegend aus Gräbern und Depotfunden.

Neben einem Oberschenkelknochen entdeckten die Archäologen an derselben Fundstelle zwei dunkel gefärbte, spiralförmig gewundene Ringe, deren Material als Zinn identifiziert werden konnte. Weil sich Gegenstände aus Zinn nur sehr schlecht im Boden erhalten, gibt es nur wenige Funde aus der Vorgeschichte.

Denken wir heute an Zinn, so fällt uns zunächst ein, dass dieses Material über viele Jahrhunderte hinweg in besseren Haushalten für Teller, Tassen und andere Gefäße genutzt wurde. Aber im Lauf der Menschheitsgeschichte kam dem Material eine ganz andere Bedeutung zu: Zinn war ein Rohstoff, ohne den die Bronzezeit nicht denkbar gewesen wäre; Bronze entsteht durch die Verbindung von Kupfer und Zinn, einem seltenen und daher kostbaren Rohstoff, der über weite Strecken gehandelt wurde.

Will man die Funde bewerten, so kann man der Interpretation der dort tätigen Archäologen folgen: „Der Nachweis eines Gruppenkonflikts der Bronzezeit von bislang ungeahntem Ausmaß verleiht den Fundstellen im Tollensetal überregionale Bedeutung. Mit dem Auftreten von Gold und Zinn bekommt die Deutung des Konflikts eine zusätzliche Dimension."

Literatur
D. Jantzen – T. Terberger, Gewaltsamer Tod im Tollensetal vor 3200 Jahren, AiD 2011/4, 6–11.

Von der Pleite zum Superfund! Unter diesem Motto könnte der Grabhügel von Seddin stehen, der im späten 19. Jh. aus wirtschaftlichen Gründen von den damaligen Eigentümern ausgebeutet werden sollte. In der Gegend gab es neben dem „Königsgrab" zahlreiche andere Grabhügel, die durchweg im 19. Jh. abgetragen wurden, da man das Steinmaterial der Grabkammern (Findlinge) und anderes Geröllmaterial aus den Hügeln gut für den Straßenbau verwenden konnte.

[06] SEDDIN – EIN KÖNIGSGRAB?

Brandenburg • Berlin

Wer heute das „Königsgrab" von Seddin, wie es in der Literatur immer noch genannt wird, besuchen will, muss sich zunächst an der Ortsangabe Groß Pankow, Ortsteil Wolfshagen, orientieren. Schon vor langer Zeit war Seddin dem Ort Wolfshagen zugeschlagen worden. Die Grabanlage findet sich etwa 2 km südwestlich des Ortskerns von Seddin und ist über die K 7017 zu erreichen, von der man rechts abbiegt.

Der Grabhügel und seine Funde

Ein Hügel, der einen Durchmesser von etwa 90 m und eine Höhe von 11 m aufwies und ein Volumen von rund 30.000 m^3 – das entspricht etwa dem Fassungsvermögen von 100 Transportcontainern – besaß, zeichnete sich im 19. Jh. noch deutlich im Gelände ab. Im Jahr 1888 erweckte er das Interesse des Grundeigentümers, der, so heißt es, große wirtschaftliche Schwierigkeiten hatte. In der lokalen Überlieferung wurde der Hügel mit der Grablege eines Riesen in Verbindung gebracht, der in einem goldenen Sarg beigesetzt sei. Schatzsuche war also das Motiv und von einer wissenschaftlichen Ausgrabung konnte daher auch keine Rede sein. (Abb. 6)
Nachdem der Besitz seinen Eigentümer gewechselt hatte, sollte die wirtschaftliche Ausbeutung weitergehen, nun aber mit realistischen Plänen: Statt nach Gold zu suchen, ging es nun um die Gewinnung von Steinmaterial aus dem Hügel. Im Herbst 1899 stieß man bei der Steingewinnung in der Mitte des Hügels auf einen Steineinbau, bei dem es sich nur um eine Grabkammer handeln konnte. Diese Kammer, deren Höhe und Durchmesser später mit 2 m angegeben wurde, besteht in seinem Grundriss aus einem Neuneck aus aufrecht stehenden Steinblöcken; die Abdeckung ist ein falsches Gewölbe, d. h. Steinplatten wurden so übereinander gelegt, dass die jeweils folgende ein kleines Stück vorsprang. Die Steinblöcke wiesen einen Lehmverputz auf, der wohl bemalt war.

Im ersten Moment gewann offenbar der Schatzsucherinstinkt die Oberhand. Ohne fachliche Anleitung und ohne Dokumentation wurde die Kammer geöffnet und die wertvollen Funde geborgen. Entweder hatte man die Befürchtung, der Wert des Ausgegrabenen könne durch Gerüchte an die zuständigen Behörden gelangen, oder der Finder war zur Einsicht gekommen, was er auf seinem Grund gefunden habe, müsse doch gemeldet werden.

Die Funde wurden nun von Seiten des Staates gesichert und zunächst in das Märkische Provinzialmuseum nach Berlin gebracht. Nach 1945 gelangten die Funde, soweit sie die Wirren des Zweiten Weltkrieges überstanden hatten, in das Museum für Vor- und Frühgeschichte zu Berlin. Mit der Einrichtung des Brandenburgischen Landesmuseums im Jahr 2008 wurden sie dorthin abgegeben. Zeitgleich mit der Sicherung der Funde erfolgte die Unterschutzstellung des Grabhügels. Im Zuge dieses Verfahrens wurde die Grabkammer zugänglich gemacht; dieser Zustand ist noch heute aktuell.

Die Funde verteilen sich auf mehrere Bestattungen. Die Hauptbestattung war die eines etwa 30- bis 40-jähren Mannes, dessen Leichenbrand (Asche und Knochenreste) in einer reich verzierten, aus mehreren Teilen gefertigten Urne aus Bronzeblech beigesetzt wurde. Die Urne selbst fand sich in einem rund 0,5 m hohen Tongefäß; ob kultische Gründe für diese Art der Aufbewahrung verantwortlich waren oder ob man die kostbare Urne vor Schäden schützen wollte, lässt sich nicht beantworten.

Neben der Hauptbestattung fanden sich zwei Nebenbestattungen, die vom Material der Urnen deutlich bescheidener waren. Es handelte sich um Tongefäße, in denen jeweils der Leichenbrand einer 20 bis 30 Jahre alten Frau gefunden wurde.

Das Inventar des Grabes erwies sich als überaus reich, weil es neben der Urne der Hauptbestattung zahlreiche Bronzeobjekte enthielt. Darunter befanden sich u. a. ein Schwert, ein Messer, ein Rasiermesser, ein Tüllenbeil, zwei Schalen, Schmuck und eine gegossene Tasse. Aufsehenerregend waren aber zwei Nadeln aus Eisen, die zu dieser Zeit besonders wertvoll waren.

Die kostbare Ausstattung des Grabes und die beiden Nebenbestattungen – die Forschung sieht in ihnen Witwenopfer – deuten darauf hin, dass es sich hier um die Grablege einer hochrangigen Persönlichkeit gehandelt haben muss. In gewisser Weise spiegelt sich dies auch in der Bezeichnung des Grabhügels als „Königsgrab“ wider.

Bei der Datierung des Grabes ging man lange Zeit davon aus, dass es um 800 v. Chr., also in der späten Bronzezeit, angelegt wurde. Archäologische Untersuchungen im Jahr 2003 erbrachten Fundmaterial, welches sich für eine C14-Analyse eignete. Dabei kam man auf das Datum 829 v. Chr.; allerdings muss man bei dieser Methode hinsichtlich ihrer Genauigkeit doch einige Abstriche machen. Bei weiteren Untersuchungen in der Nähe des Grabhügels fand man

Literatur

J. May – T. Hauptmann, „König Hinz“ kommt in die Jahre. Neues vom Königsgrab Seddin, Lkr. Prignitz, in: Archäologische Gesellschaft in Berlin und Brandenburg e.V. – Brandenburgisches Landesamt für Denkmalpflege – Archäologisches Landesmuseum und Landesdenkmalamt Berlin (Hrsg.), Archäologie in Berlin und Brandenburg 2003 (2005) 54–56; E Probst, Deutschland in der Bronzezeit (1999) 337. 341. 345 Abb. S. 351; H. Wüstemann, C 4 Seddin, in: J. Herrmann (Hrsg.), Archäologie in der Deutschen Demokratischen Republik (1989) 437 f. Abb. S. 437.

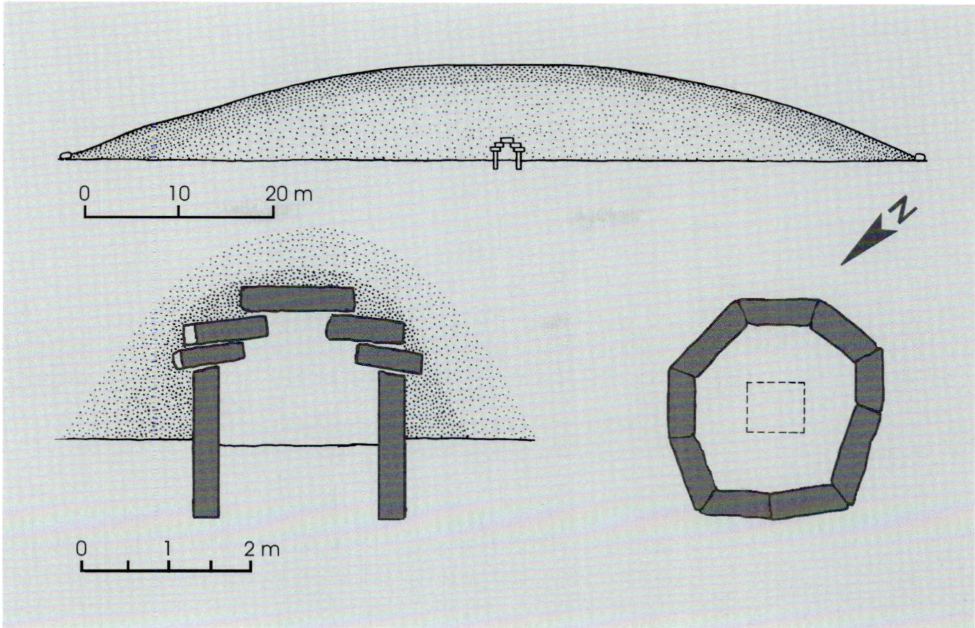

mehrere Feuergruben, deren Inhalte ebenfalls C14-Analysen erlauben. Hier erhielt man Daten, die zwischen 1101 und 904 v. Chr. liegen. Damit stellt sich die Frage, ob diese Gruben mit dem Grab in Verbindung stehen.

Abb. 6 Seddin, Königsgrab. Zeichnerische Rekonstruktion (Schnitt durch den Grabhügel und Grundriss der Grabkammer).

Schloss-Museum Wolfshagen Prignitz

Im Schloss-Museum, das mit den ersten Räumen im Jahr 1998 eröffnet wurde, wird im Wesentlichen eindrucksvoll die Wohnkultur des märkischen Adels dargestellt, die während der Zeit der ehemaligen DDR weitgehend vernachlässigt, wenn nicht gar zerstört wurde. Ein Raum ist jedoch den Funden aus dem „Königsgrab" von Seddin gewidmet. Schon das Museum für Vor- und Frühgeschichte in Berlin hatte dem jungen Museum Kopien von Funden zur Verfügung gestellt, sodass ein Besucher heute nicht zwangsläufig nach Brandenburg an der Havel fahren muss, um im dortigen Landesmuseum die Originale zu sehen.

Putlitzer Straße 16, 16928 Groß Pankow (Ortsteil Wolfshagen), Tel. 038789-61063, www.schlossmuseum-wolfshagen.com

Zur Zeit der ehemaligen DDR bestand ein großer Bedarf an einheimischen Energieträgern. Vorzugsweise wurde die im Tagebau gewonnene Braunkohle benötigt. Daher entstand auch der Tagebau Seese-Ost südlich von Lübbenau in der Lausitz, der jedoch nach den Ereignissen vom Herbst 1989 und der Wiedervereinigung Deutschlands eingestellt wurde. So entging die Slawenburg der endgültigen Vernichtung und erlebte sogar eine Wiederauferstehung.

[07] VETSCHAU – SLAWENBURG IN RADDUSCH, DER ZERSTÖRUNG ENTKOMMEN

Brandenburg • Berlin

Unweit von Vetschau hatte man schon im 19. Jh. eine Fundstelle entdeckt, die sich als slawische Wallburg erwies, von deren Typ bis heute in der Region rund 40 Anlagen nachgewiesen wurden. Rudolf Virchow, der große Mediziner, Jurist und Altertumsforscher des 19. Jhs., hatte 1880 die Anlage erstmals erwähnt und 1957 war sie unter Denkmalschutz gestellt worden. Als sich die Realisierung des Tagebaus Seese-Ost abzeichnete, begann man 1984 mit einer Rettungsgrabung, bei der die ganze Anlage untersucht werden konnte. Auf die Ausgräber kam allein aufgrund der zu bewegenden Erdmassen eine gewaltige Arbeit zu.

Slawenburg Raddusch,
Zur Slawenburg 1,
03226 Vetschau,
OT Raddusch,
Tel 035433-55522,
www.slawenburg-raddusch.de

Von der Ausgrabung zum Museum

Im Lauf der archäologischen Untersuchungen ergab sich eine komplexe Baugeschichte, die sich in drei Phasen gliedern ließ. Vom Entwurf her handelte es sich immer um Kreisanlagen, die von einem Holz-Erde-Wall mit einem großen vorgelegten Graben umgeben waren. Für die früheste Befestigung, die auch als Vorbild für die Rekonstruktion diente, geht man von einem äußeren Durchmesser von 56 m und einem Inneren von etwa 36 m aus. Für den Wall wurde eine Höhe von etwa 7 m erschlossen. Das benötigte Holz wurde in der unmittelbaren Umgebung geschlagen, sodass eine Landschaft mit freiem Sichtfeld entstand. Das benötigte Erdmaterial konnte aus dem Grabenaushub gewonnen werden. (Abb. 7)

Zur Burganlage gehörte auch eine „Vorburg“, die wohl eher Siedlungscharakter gehabt haben dürfte. Als man sie untersuchte, fand man allerdings keine verwertbaren Spuren, weil die Landwirtschaft im Laufe der Zeit alle Spuren vernichtet hatte.

In der Burg wurden auch zwei Toranlagen gefunden, die man aufgrund ihrer Bauform als Tunneltore bezeichnet. Ein Tor befand sich im Nordwesten. Der andere Zugang konnte im Osten nachgewiesen werden. An den Innenseiten des Walles waren Unterkünfte eingerichtet, die an Kasematten erinnern. Außerdem fanden die Ausgräber im Bereich des „Burghofes" Spuren von Gebäuden, bei denen es sich sowohl um Pfostenbauten als auch um Blockbauten handelte, von denen einige Öfen aufwiesen. Der Wasserversorgung dienten vier Brunnen.

Abb. 7
Raddusch, slawische Befestigung. Der Nachbau wird heute als Museum genutzt.

Allgemein geht man davon aus, dass diese slawischen Befestigungsanlagen als Fluchtburgen genutzt wurden. Da aber eine Innenbebauung nachgewiesen wurde, stellt sich die Frage, ob hier nicht die Angehörigen einer Oberschicht einen dauerhaften Wohnsitz besaßen. Diese Frage lässt sich aber nicht zweifelsfrei beantworten.
Die Datierung der Anlage von Raddusch wie auch die der slawischen Befestigungsanlagen in der Lausitz beläuft sich auf das 9. und 10. Jh. und reizt damit das in diesem Buch vorgesehene Zeitfenster aus. Als Grund für die umfangreichen Befestigungen wird gerne angeführt, in dieser Phase habe das junge Heilige Römische Reich Deutscher Nation zunehmend in Richtung Osten expandiert und die hier siedelnden Slawen massiv unter Druck gesetzt.

Die Rekonstruktion der Burg als Museum

Nachdem der Tagebau Seese-Ost eingestellt worden war, kam für die Region die Frage auf, wie es wirtschaftlich weitergehen sollte. Tourismuskonzepte spielten dabei in den 1990er-Jahren eine bedeutende Rolle. So wurde ab 1992 die Idee entwickelt, in Raddusch die Slawenburg wieder aufzubauen. Damit sollte ein Ort entstehen, an dem die Archäologie der gesamten Region präsentiert werden konnte. Im Jahr 2003 wurde schließlich die Slawenburg als Museum eröffnet.

Bedingt durch die zusätzliche Nutzung entstand eine Idealrekonstruktion im äußeren Erscheinungsbild, die sich in den Dimensionen an der ersten Bauphase orientierte. Nach außen ist die Anlage mit einer Verkleidung aus Eichenholz und Lehm versehen, während das Wallinnere aus einer Ringkonstruktion aus Beton besteht, in der sich heute die Ausstellungsräume und die touristische Infrastruktur befinden.

Die ständige Ausstellung hat die Zielsetzung, die archäologischen Funde aus der Niederlausitz zu präsentieren. Sie umfasst dabei alle zeitlichen Perioden. Natürlich finden sich hier auch viele Funde, die in Raddusch gemacht wurden. Ein Stück, das besondere Aufmerksamkeit verdient, ist der „Götze von Raddusch", die Darstellung eines slawischen Gottes; diese Bildnis wurde in einem der Brunnen geborgen und wird um die Mitte des 10. Jhs. datiert.

Im Umfeld des Museums, einem etwa 111 ha großen Freigelände, wurde versucht, die historische Landschaft nachzubilden, so wie sie sich im 9. oder 10. Jh. darstellte. Darüber hinaus errichtete man einen „Zeitsteg", auf dem die Natur und die lokalen Kulturen in verschiedenen Zeitaltern dargestellt werden.

Literatur
M. Ullrich, Slawenburg Raddusch – Eine Rettungsgrabung im Niederlausitzer Braunkohleabbaugebiet (2003); M. Ullrich, F 46 Raddusch, in: J. Herrmann (Hrsg.), Archäologie in der Deutschen Demokratischen Republik (1989) 651 f.

Als Karl der Große kam, entdeckten die Ur-Bremer das Christentum. Diese Geschichte findet ihren baulichen Niederschlag im St. Petri-Dom, dessen älteste bauliche Überreste bis in diese Zeit zurückreichen. Während der letzten Renovierungen konnten unter der Kirche wichtige Funde gemacht werden, die heute im Dom-Museum ausgestellt sind.

[08] BREMEN – DIE DOMGRABUNG

Wenn wir uns in Bremen und Bremerhaven in einem Zeitfenster bewegen wollen, dass bis zum frühen Mittelalter reicht, stehen wir im Hinblick auf Ausgrabungen weitgehend auf verlorenem Posten. Dies liegt vor allem daran, dass beide Städte erst mittelalterliche Gründungen sind. Mit dem Fund der „Kogge von 1380" im Jahr 1962 bei Baggerarbeiten im Bremer Hafen, die sich heute im Deutschen Schifffahrtsmuseum in Bremerhaven befindet, gibt es einen für den hier abgesteckten Zeitrahmen leider etwas zu späten Sensationsfund. Die mittelalterliche Gründung bedeutet aber nicht, dass an dieser Stelle vorher nie Menschen siedelten. An der Weser sind Siedlungen bekannt, die zwischen dem 1. Jh. n. Chr. und dem 8. Jh. entstanden sind. Eine von ihnen ist durch den aus Alexandria stammenden Geografen Claudius Ptolemaeus um die Mitte des 2. Jhs. n. Chr. namentlich überliefert worden.

Wollen wir uns der frühen Geschichte Bremens zuwenden, so kommen wir schnell zur Rolle der Kirche, die ihr Missionswerk 782 begann, und der Erhebung der Stadt zum Bischofssitz um 787 durch Karl den Großen. Und dieser bedarf einer entsprechenden Kirche, dem heutigen St. Petri-Dom, der nun seit mehr als 1200 Jahren in unterschiedlicher Ausführung Bestand hat. (Abb. 8)
Aber auch Kirchen bedürfen im Lauf der Zeit umfangreicher Restaurierungen, die oft mit archäologischen Untersuchungen verbunden sind. Da der Dom aber wieder für den Gottesdienst genutzt werden sollte, war es unmöglich, die archäologischen Befunde in situ darzustellen. Zum Abschluss der letzten Renovierungsarbeiten richtete man daher im Dom selbst das Dom-Museum ein, das in den Räumen neben dem Hochchor gelegen ist.

Das Dom-Museum im St. Petri-Dom

Für das hier bestimmte Zeitfenster dürften vor allem die konservierten Fundamentreste einer Apsis und zwei Kleinfunde interessant sein, die sich in das 9. Jh. datieren lassen. Dabei handelt es sich um

www.stpetridom.de/index.php?id=40

einen silbernen Denar und einen Schwertgurt aus Bronze. Darüber hinaus kann der Besucher anhand einer Fotodokumentation die Baugeschichte des Domes verfolgen.

Aber die Ausgrabungen haben natürlich auch Funde aus späterer Zeit ans Tageslicht gebracht, die entsprechend präsentiert werden. Spektakulär sind etwa die Funde aus sieben mittelalterlichen Bischofsgräbern, die Textilien, Bischofsstäbe und Sakralgeräte enthielten. Weil die Textilien besonders lichtempfindlich sind, ist der Ausstellungsraum stark abgedunkelt. Inzwischen wurde ein weiterer Raum für Textilien eingerichtet. Ergänzt wird die Museumssammlung durch sakrale Kunst, Urkunden, Siegel u. Ä.

Abb. 8
Bremen, St. Petri-Dom. Der Sakralbau ist über Jahrhunderte hinweg entstanden. Während der letzten Renovierungsarbeiten wurden auch archäologische Untersuchungen durchgeführt; die Funde werden im Dom-Museum (im Dom selbst) ausgestellt.

Literatur
I.Weibezahn, Das Dom-Museum in Bremen (2007).

Für den Besucher stellt sich die Freie und Hansestadt Hamburg als weltoffene Metropole, die viele Interessen bedient, dar. Wer aber nach archäologischen Spuren in der Stadt sucht, muss sich in die Peripherie begeben.

[09] HAMBURG – WANDERN AUF DEN SPUREN DER VORZEIT

Der Wanderweg

In den 1970er-Jahren kamen Wanderpfade aller Art in Mode. Dieser konnte und wollte sich das Helms-Museum nicht verschließen und errichtete in der Fischbeker Heide, im Stadtteil Hamburg-Neugraben gelegen, einen archäologischen Wanderpfad. Diese Gegend bot sich an, weil hier zahlreiche ur- und frühgeschichtliche Denkmäler zu besichtigen sind. Der Pfad, im Jahr 2002 nochmals überholt, ist mit Informationstafeln ausgestattet und weist insgesamt elf Besichtigungspunkte auf.

Bei diesen Besichtigungspunkten handelt es sich um Gräber, die vom Neolithikum über die Bronzezeit bis hin zur vorrömischen Eisenzeit reichen. (Abb. 9)

Bei einigen der Gräber konnte während der archäologischen Untersuchungen auch Keramik des frühen Mittelalters gefunden werden. Diese steht nicht mit den Bestattungen in Verbindung. Die Archäologen glauben vielmehr, dass hier alte heidnische Kulte weiter praktiziert wurden, als das Christentum schon zwangsweise durchgesetzt wurde.

Ein rekonstruierter Grabhügel, der nicht zum originalen Bodendenkmal gehört, mag den Besucher irritieren. Es handelt sich dabei um ein bronzezeitliches Grab aus Lüllau, das an seinem ursprünglichen Standort nicht erhalten werden konnte.

Fischbeker Heideweg 43, 21149 Hamburg, Tel. 040-7026618, www.hamburg.de/info-fischbek/147470/start-info-fischbek.html

Informationshaus „Schafstall“

Ergänzende Information zu den archäologischen Funden am Wanderpfad erhält der Besucher durch eine kleine Ausstellung, die durch das Archäologische Museum Hamburg eingerichtet wurde.

Literatur
B. Sielmann, Archäologischer Wanderpfad in der Fischbeker Heide (1975).

Abb. 9
Hamburg, Archäologischer Wanderpfad „Fischbeker Heide“. Der Wanderweg führt an verschiedenen Grabhügeln vorbei, so an diesem Hügel aus der Bronzezeit.

Auf einem Bergsporn oberhalb der Weißeritz, etwa 300 m nordwestlich des alten Dorfkerns von Coschütz, liegt eine gewaltige vorgeschichtliche Befestigungsanlage, die Heidenschanze, die nur knapp der vollständigen Zerstörung entging.

[10] DRESDEN-COSCHÜTZ – DIE „HEIDENSCHANZE"

Sachsen

Forschungsgeschichte

Schon im 18. Jh. hatte man auf dem Bergsporn die ersten Funde gemacht. Aber wirkliches Forschungsinteresse weckte die Heidenschanze erst im Jahr 1851 mit den ersten Ausgrabungen. Systematische Untersuchungen erfolgten in den 1930er- und 1950er-Jahren. (Abb. 10)

Die Heidenschanze barg aber für die Archäologen einige Probleme, weil hier ein Steinbruch existierte, der erst 1954 geschlossen wurde. Durch dessen Ausbeutung ging ein Teil der Anlage, die einmal mindestens 4 ha groß gewesen sein dürfte, für die Forschung verloren.

Die Befunde

Was ergaben die Forschungen? Schon bei den Ausgrabungen der 30er-Jahre zeigte sich, dass die Heidenschanze zunächst eine unbefestigte Siedlung der Lausitzer Kultur war und zwischen 1200–1000 v. Chr. existierte. Aber schon in dieser Phase errichteten die Bewohner eine Befestigung, die etwas vereinfacht gesagt aus einer etwa 2 m starken Konstruktion aus Holz, Erde und Steinen bestand. Um das Jahr 1000 v. Chr. brannte diese Befestigung ab und wurde durch eine neue ersetzt, die ca. 20 m vor der älteren Anlage errichtet wurde. Sie war in den Maßen des Walles mächtiger und verfügte außerdem über zwei Gräben, die den Sporn abriegelten. Mit der neuen Befestigung etablierte sich hier auch eine neue Kultur, die Billendorfer Kultur, die von ca. 700–500 v. Chr. datiert wird.

Interessant waren aber auch die Befunde im Inneren der Heidenschanze, weil man nämlich mehrere Siedlungsschichten beobachten konnte, in denen Hausgrundrisse, Abfall- und Vorratsgruben gefunden wurden. Vor allem anhand der Keramikfunde ließ sich eine Siedlungskontinuität feststellen, die von etwa 1200–500 v. Chr. reichte. Danach wurde der Platz verlassen und erst wieder in den Jahren um 900 n. Chr. durch slawische Siedler besetzt.

Besonders die Ausgrabungen aus den 1950er-Jahren beleuchteten die wirtschaftliche Situation in der Heidenschanze. Es wurden Werkstätten gefunden, die auf eine größere Keramikproduktion und Metallverarbeitung hindeuteten. Weil durch die Nutzung als

Steinbruch Teile der Heidenschanze verloren gingen, rechnete die Forschung die wenigen Werkstattfunde hoch und kam zu dem Ergebnis, dass der Heidenschanze wohl eine wichtige Rolle in Produktion und Handel und daher eine zentrale Funktion zugekommen sei, die über die Rolle eines Rückzugspunktes hinausgegangen sei.
Die Forschungen erlaubten aber auch einen Blick auf die Speisekarte der Einwohner, indem man die Knochenfunde statistisch auswertete. An der Spitze der Fleischproduzenten standen Rind und Schwein, während Schaf und Ziege nur einen relativ geringen Anteil ausmachten. Daneben wurde in der Siedlung der Heidenschanze auch Wild aller Art gegessen.

Literatur
W. Coblenz, C 34 Dresden-Coschütz, in: J. Herrmann (Hrsg.), Archäologie in der Deutschen Demokratischen Republik (1989) 479–481.

Abb. 10
Dresden, Ortsteil Coschütz. Blick auf die vorgeschichtliche Befestigung/Siedlung „Heidenschanze".

Ein Zufallsfund aus Großbodungen ist ein eindrucksvoller Zeuge zu den germanischen Angriffen auf das Römische Reich während der Völkerwanderungszeit. Ein Angehöriger der Oberschicht versteckte im 5. Jh. einen Teil seiner Beute aus einem der Raubzüge, konnte diese aber nie wieder bergen. War er selbst Opfer eines Angriffs geworden?

[11] GROSSBODUNGEN – EIN SCHATZFUND BESONDERER ART

Thüringen

Die Funde aus Großbodungen werden voraussichtlich ab Ende 2014 wieder im Landesmuseum für Vorgeschichte in Halle (Saale) zu besichtigen sein. www.lda-lsa.de/landesmuseum_fuer_vorgeschichte/

Im thüringischen Landkreis Eichsfeld liegt der kleine Ort Großbodungen, der mittlerweile zur Gemeinde Am Ohmberg gehört. An historischen Denkmälern ist eine mittelalterliche Burg erhalten, die hier aber nicht unser Interesse findet. Dieses gilt vielmehr einem Schatzfund, der schon im Jahr 1936 gemacht wurde.

Wie so oft führte keine systematische Suche zu dem Fund; vielmehr war es ein fleißiger Bauer, der beim Kartoffelhacken im Bereich der Wüstung Reichsdorf fündig wurde. Gewissenhaft wurde der Fund gemeldet und das Museum in Halle führte eine Untersuchung der Fundstelle durch. Es zeigte sich dabei, dass es sich hier um einen Depotfund handelte, weil sich weder Grab- noch Siedlungsspuren nachweisen ließen.

Aufgrund der Funde war auch schnell die zeitliche Stellung des Fundes klar. Er wurde in der frühen Völkerwanderungszeit – im 1. Drittel des 5. Jhs. – niedergelegt und muss als Beutegut eines germanischen Adligen interpretiert werden.

Woraus erklärt sich diese Deutung? Der glückliche Finder hatte einen „Silberklumpen" mit einem Gewicht von 808 g gefunden. Als die Restauratoren in Halle diesen „Klumpen" in mühseliger Arbeit auflösten und die einzelnen Elemente glätteten, wurde zunächst einmal klar, dass hier verschiedene Gegenstände mit roher Gewalt zerteilt worden waren, ein Verfahren, mit dem Germanen ihr Beutegut aufteilten.

Betroffen von diesem Aufteilungsverfahren waren etwas Zierrat aus Silber, eine Silberplatte, die ursprünglich einen Durchmesser von 26 cm hatte und aufgrund ihres Motivs – dargestellt war ein Kaiser mit seinen Begleitern – als Kaiserplatte bezeichnet wurde, sowie ein handwerklich hervorragender Silberkessel mit Reliefverzierung und weitere Silbergefäße. Daneben waren auch noch Bruchstücke von zwei Bronzegefäßen aufgetaucht. (Abb. 11)

Außerdem gehören 21 Goldmünzen zu dem Schatzfund, die zwischen 350 und 423 n. Chr. geprägt wurden. Diese Funde sind es vor allem, die eine entsprechende Datierung des Hortfundes ermöglichen.

Literatur
B. Schmitz, E 33 Großbodungen, in: J. Herrmann (Hrsg.), Archäologie in der Deutschen Demokratischen Republik (1989) 562 f. mit Lit.

Abb. 11
Sammelaufnahme des Schatzfundes von Großbodungen.

Nach dem Zweiten Weltkrieg begann man damit, zwischen den Orten Ober- und Niederdorla, in der Nähe von Mühlhausen gelegen, Torf abzubauen. Hatte man anfangs im Torf nur geringe Reste von Knochen gefunden, so kamen 1957 größere Mengen an Tierschädeln und anderen Tierknochen sowie bearbeiteten Hölzern ans Tageslicht. Aus diesen Zufallsfunden sollte sich eine bedeutende Grabung entwickeln: Zwischen 1957 und 1964 wurde ein Kultbereich ausgegraben, der über 1500 Jahre bestand, in denen sich Landschaft und Kult gleichermaßen veränderten. Heute vermittelt ein Freiluftmuseum einen Eindruck von der Geschichte des Platzes.

[12] OBERDORLA – ARCHÄOLOGISCHES FREILICHTMUSEUM OPFERMOOR VOGTEI

Thüringen

Zweckverband „Mittelpunkt Deutschlands", Schleifweg 11, 99986 Niederdorla, Tel. 03601-756040

Die ältesten Spuren des Heiligtums stammen aus dem 6. Jh. v. Chr. Am Südrand einer großen Erdsenke, die man geologisch auch als Erdfall bezeichnet, konnten mehrere Komplexe freigelegt werden. So fand man einen rechteckigen Feueraltar, der aus Muschelkalk bestand und an einer Seite von einem halbrunden Stein-Erde-Wall eingefasst war. Bei den Ausgrabungen konnten noch Spuren von Speiseopfern und Kultmahlzeiten beobachtet werden, die von den Archäologen mit Festlichkeiten im Frühjahr, daher wohl in Verbindung mit einer Vegetationsgottheit, in Zusammenhang gebracht wurden.
Neben diesem Altar entstand ein Rundheiligtum mit einer Umwallung. In der Mitte der Anlage fand sich eine Steinstele, die von den Ausgräbern als Symbol und Sitz der hier verehrten Gottheit verstanden wurde. Wie auch an dem schon genannten Altar wurde hier geopfert; bevorzugte Opfertiere scheinen wohl Ziegen gewesen zu sein.

Ergänzt wurde der gesamte Bereich – Altar und Rundheiligtum – in dieser Zeit durch kleinere Opferstätten mit ovalem Grundriss, der durch Steinlagen oder Ruten gekennzeichnet war.
Landschaftliche Veränderungen stellten sich in der mittleren und späten Latènezeit ein. In der Senke war nach und nach ein kleiner See entstanden, der zum Mittelpunkt der kultischen Handlungen wurde. Aufgrund der Umweltbedingungen blieben die hölzernen Reste der Heiligtümer erhalten und erlaubten eine Rekonstruktion. (Abb. 12)
Weil die Bevölkerung zu dieser Zeit unter dem Einfluss der keltischen Kultur stand, orientieren sich auch Kulte und Bauwerke an diesen Vorbildern. Die Ausgräber stellten einen Bezug zu apsisför-

migen Anlagen her, die u. a. in einem Trierer Tempelbezirk nachgewiesen wurden. Im Inneren standen kleine Altäre, deren Erdmaterial durch Flechtwerk abgestützt wurde. Hier waren dann auch einfache Idole aufgestellt.

Gegen Ende des 1. Jhs. v. Chr. veränderten sich die Bevölkerungsstrukturen. Die germanischen Hermunduren drangen in das Thüringische ein und passten den Sakralbezirk von Oberdorla ihren Vorstellungen an. Dazu errichteten sie am Seeufer ein großes Rundheiligtum, in dem sich kleinere Bezirke fanden. Hier waren Kultpfähle und ein Astgabelidol aufgestellt.

Abb. 12
Oberdorla, Blick über das Opfermoor.

Wie schon bei den älteren Heiligtümern gab es in der Mitte der Anlage einen Altar, der aus Holz bestand. Auch hier konnten Tieropfer nachgewiesen werden.
An der Westgrenze des Heiligtums jedoch kamen „unschöne Aspekte“ der germanischen Kulthandlungen ans Tageslicht. Teile menschlicher Schädel zeigten, dass hier Menschen geopfert wurden. Aber nicht nur hier gab es Zeugnisse von Menschenopfern: Im Norden des Sakralbezirks fand man nämlich zwei Opferstätten, anhand derer ein weiteres Schädelopfer nachgewiesen wurde. Diese Menschenopfer lassen sich gut mit der schriftlichen Überlieferung bei Tacitus (ann. 13, 57, 1–2) verbinden. Er schrieb nämlich: „Im gleichen Sommer (58 n. Chr.) kam es zu einer großen Schlacht, als sie sich einen für die Salzgewinnung ergiebigen Grenzfluss gewaltsam anzueig-

nen versuchten. [. . .] Aber der Krieg ging für die Hermunduren günstig, für die Chatten umso verhängnisvoller aus, weil beide für den Fall des Sieges das gegnerische Heer dem Ziu und Wotan geweiht hatten, nach dem Pferd und Mann, kurz alles der Vernichtung anheimfällt."

Im 3. Jh. n. Chr. entstand ein isoliertes Heiligtum, dessen Kultbild auf eine germanische Adaption der Diana, der römischen Göttin der Jagd, hinweisen soll. Neben Opfern von Wildtieren fand man die Knochen von Haustieren, unter denen auch Skelettreste von römischen Ochsen gefunden wurden. Diese darf man als deutliches Zeugnis der engen Verbindungen der Hermunduren zum Römischen Reich sehen.

Abgesehen von den Opfern bot das Heiligtum noch eine weitere Besonderheit. Man entdeckte nämlich den Sarg eines etwa 15-jährigen Mädchens, das kurzerhand als Priesterin gedeutet und somit das Grab zu einem „Heiligen Grab" erhoben wurde. Im 4. Jh. n. Chr. wurde das Grab zerstört. Ein gesellschaftlicher Umbruch könnte die Ursache dafür gewesen sein.

Trotz dieser Veränderungen blieb dem Ort der Sakralcharakter erhalten. Im 5. Jh. n. Chr. entstanden hier zwei Schiffsheiligtümer, die einer männlichen und einer weiblichen Gottheit zugeordnet werden konnten.

Die Bedeutung als Opferplatz konnte sich bis in das Hohe Mittelalter, also bis in das 11. Jh. hinein erhalten. Allen Bemühungen der Christianisierung zum Trotz opferte die Bevölkerung im ehemaligen See – inzwischen war er zum Moor geworden – Gefäße und Hunde. Altbewährtes gab man eben nicht auf!

Literatur
Thüringisches Landesamt für Archäologische Denkmalpflege (Hrsg.), Heiligtümer der Germanen und ihrer Vorgänger in Thüringen – die Kultstätte Oberdorla: Forschungen zum alteuropäischen Religions- und Kultwesen (2003); G. Behm-Blancke, Heiligtümer, Kultplätze und Religion, in: J. Herrmann (Hrsg.), Archäologie in der Deutschen Demokratischen Republik. Denkmale und Funde (1989) 174–176.

Opfermoor-Museum

Die archäologischen Funde aus dem Opfermoor sind auf drei Museen verteilt. In Niederdorla werden Objekte aus den Grabungen im Opfermoor-Museum aufbewahrt, das am Nordrand von Niederdorla liegt. Ein weiterer Teil der Funde ist im Museum am Lindenbühl, dem Kreisheimatmuseum, ausgestellt, während der letzte Teil des Fundgutes im Museum für Ur- und Frühgeschichte in Weimar liegt.

In dem großen Freigelände des Museums werden wichtige Teile der Kultstätte, die oben erwähnt wurden, in Rekonstruktionen vorgestellt. Sie vermitteln überaus anschaulich den Charakter einer Opferstätte.

„Ihre Dörfer legten sie nicht in unserer Art so an, dass die Häuser eng nebeneinander stehen und eine Straße bilden: jeder umgibt seinen Hof mit einem freien Raum [. . .] Nicht einmal Bruch- oder Backsteine sind bei ihnen in Gebrauch; sie verwenden zu allem [. . .] roh behauenes Bauholz. Manche Stellen <an den Außenfronten ihrer Häuser> überstreichen sie freilich mit einer gewissen Sorgfalt mit einer so weißglänzenden Erdmasse, dass sie den Eindruck von Bemalung erweckt. Sie sind auch gewohnt, unterirdische Höhlen auszuheben, über die sie eine starke Dungschicht legen; das ist dann eine Zufluchtsstätte für den Winter und ein Getreidespeicher; [. . .]. (Tacitus, Germania 16)

[13] WESTGREUSSEN – DIE „FUNKENBURG" EINE GERMANISCHE SIEDLUNG

Thüringen

www.funkenburg-westgreussen.de

Wer heute die „Funkenburg" in Westgreußen besucht, wird in mancherlei Hinsicht die Ausführungen des römischen Geschichtsschreibers P. Cornelius Tacitus (ca. 55 – ca. 117/120 n. Chr.) nachvollziehen können, weil er noch heute Dinge sehen kann, die der römische Gelehrte bereits erwähnte. Aber an anderer Stelle wird er auch überrascht sein von der Größe der Anlage, die so gar nicht mit den Vorstellungen des Tacitus in Einklang zu bringen ist.

Als vor mehr als 40 Jahren der damalige Bodendenkmalpfleger U. Müller auf einem Bergsporn unweit von Westgreußen immer wieder Begehungen durchführte, konnte er nicht ahnen, was daraus entstehen sollte. Seine Lesefunde, die er an das Museum in Weimar weiterleitete, veranlassten das dortige Museum, auf dem Bergsporn Ausgrabungen durchzuführen. Daraus entwickelte sich eine Großgrabung, die von 1974 bis 1980 dauern sollte. Erstaunliches kam dabei ans Tageslicht: Man konnte nämlich ein komplette germanische Siedlung ausgraben, die vom 3. bis zum Ende des 1. Jhs. v. Chr. bewohnt war und dann ganz offensichtlich verlassen wurde, wie die vielen Funde belegen konnten.

Insgesamt wurden während der Grabung 40.000 m² – das entspricht der Fläche von etwa fünf Fußballfeldern – untersucht. Dabei kamen zwei Abschnittswälle im Nordwesten zum Vorschein, die jeweils von einem 4 m tiefen Graben begleitet wurden. Aufgrund dieser beiden Befestigungen entschied man sich dazu, von einer „Vorburg" und einer „Hauptburg" zu sprechen. Der Aushub diente zur Aufschüttung eines ebenfalls 4 m hohen Walls. (Abb. 13) Zu den steil abfallenden Seiten des Sporns fanden sich wohl nur Palisaden. Bei der Suche nach einem Tor im äußeren Wall wurden die Archäologen nicht fündig, doch ein entsprechender Zugang zur Siedlung muss

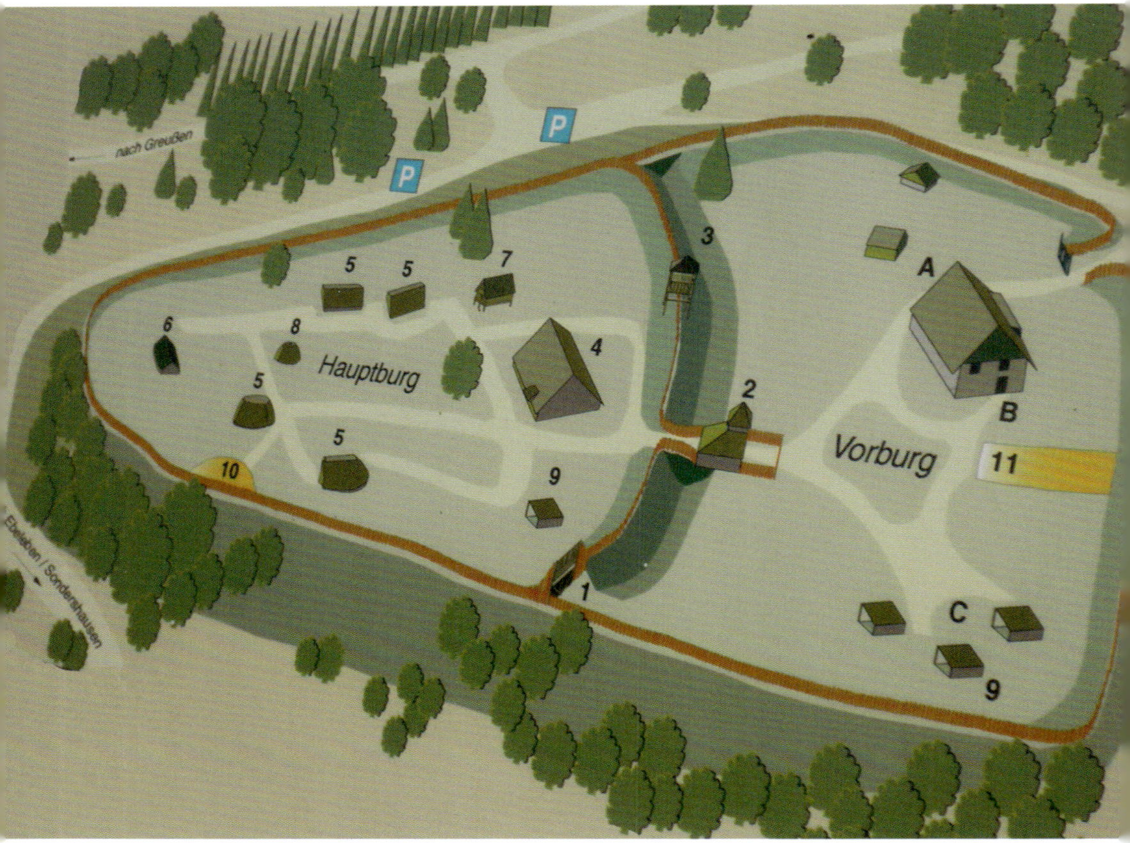

Abb. 13
Westgreußen „Funkenburg“.
***A** Kasse/Shop/Verwaltung;*
***B** Toiletten;*
***C** Experimentierfeld;*
***1** Tore; **2** Torturm;*
***3** Turm; **4** Langhaus;*
***5** Grubenhäuser;*
***6** Grubenhütte mit Grassodendach; **7** Speicher;*
***8** Grubenspeicher; **9** Backöfen; **10** Wildkräuter;*
***11** Getreide und Feldfrüchte.*

hier bestanden haben. Im inneren Wall hingegen wurden zwei sehr unterschiedliche Tore gefunden: ein aufwendiges Kammertor mit Einbauten und ein ganz einfaches Tor. Außerdem war dieser Wall durch einen zusätzlichen Turm gesichert.

Insgesamt fanden die Ausgräber über 50 Gebäude. Dabei wurden in der „Vorburg“ eine Reihe kleinerer Gebäude beobachtet. Diese waren entweder ebenerdig oder in den Boden eingetieft. Ein ganz anderes Bild zeigte hingegen die Innenbebauung der „Hauptburg“: Hier konnten ein großes Pfostenhaus (8 x 13 m), zahlreiche ebenerdige Speicherbauten (3 x 4 m) und Grubenhäuser ausgegraben werden. Außerdem entdeckte man rund 600 Gruben, die unterschiedliche Zwecke erfüllten. Dabei gab es solche, die in der Mitte einen Pfosten besaßen, der auf eine Überdachung schließen ließ. Sie wurden daher als Speichergruben interpretiert, die den von Tacitus beschriebenen entsprechen. Dazu kamen noch kleinere Funde unterschiedlicher Art.

Das große Pfostenhaus ließ natürlich die Frage nach der Nutzung offen, da es schon aufgrund seiner Größe ein Alleinstellungsmerkmal besaß. Weil man in der Nähe Spuren von Tier- und Menschenopfern fand, schlossen die Ausgräber schnell auf eine kultische Verwendung. Diese Deutung mag aus den Zeitumständen heraus opportun gewesen sein. Eine nicht minder plausible, damals aber vielleicht nicht politisch korrekte Interpretation könnte sein, hier den Sitz eines „Stammesfürsten" zu sehen.

Ein großer, unbebauter Platz im Zentrum der „Hauptburg", den man bei Ausgrabung nachweisen konnte, könnte dann vielleicht auch mit kultischen Handlungen verbunden gewesen sein, wäre aber auch durchaus als Versammlungsplatz zu deuten.

Als die Archäologen im Jahr 1980 abrückten, war von den Ausgrabungen nicht mehr viel zu sehen. Nur der Wall zwischen Vor- und Hauptburg, den man mit der Grabenverfüllung wieder aufgebaut hatte, zeugte von deren Tätigkeiten. Diese unbefriedigende Situation führte dazu, dass schon 1984 die Ortsgruppe des Kulturbundes, einer dem Staat nahestehenden Organisation, damit begann, erste Rekonstruktionen vorzunehmen.

Nach dem Ende der ehemaligen DDR entstand der Verein „Funkenburg e. V.", der in den folgenden Jahren die Chance nutzte, umfassende Rekonstruktionen an Ort und Stelle durchzuführen und so die Grabungsergebnisse durch Rekonstruktionen bis 1999 zu visualisieren. Es entstand ein eindrucksvolles Freilichtmuseum, bei dem das Wallsystem mit den Toren, das große Pfostenhaus sowie eine Reihe von kleineren Gebäuden die Möglichkeit bieten, Geschichte hautnah zu erleben.

Literatur
S. Barthel, Rekonstruktion einer germanischen Burganlage in Westgreußen, Lkr. Sondershausen, Ausgrabungen und Funde 39, 1994, 238–246;
S. Barthel, D8 Westgreußen, in: J. Herrmann (Hrsg.), Archäologie in der Deutschen Demokratischen Republik (1989) 504 f.

Keine andere Schlacht als die im Teutoburger Wald hat die Gemüter der Deutschen seit mehr als 2000 Jahren so bewegt. Arminius, der Held dieser Schlacht, wurde seit dem späten 18. Jh. zur Symbolfigur für eine deutsch-nationale Identität und einen Nationalstaat. Einen Schönheitsfehler hatte die Geschichte aber: Man wusste nicht, wo dieser heroische Kampf stattgefunden hatte. Erst seit gut 20 Jahren neigt die Forschung dazu, das Schlachtfeld im niedersächsischen Kalkriese, nördlich von Osnabrück zu lokalisieren.

[14] BRAMSCHE/KALKRIESE – EINE SCHICKSALSSTUNDE DER DEUTSCHEN?

Niedersachsen

Furor Teutonicus – der historische Hintergrund

Germanien, ein römisches Trauma? Blickt man auf die römische Geschichte, so zeigt sich, dass es im Laufe der Jahrhunderte immer wieder zu Konflikten zwischen Rom und den Germanen gekommen war. Und diese gingen nicht immer zugunsten der Römer aus.

Für römische Feldherren und Politiker bestand daher immer wieder der Rechtfertigungsgrund für einen Angriffskrieg und Gebietserweiterungen, man müsse der Gefahr aus dem Norden zuvorkommen. Caesars Eroberungen waren nach dessen Ermordung im Jahr 44 v. Chr. durch den folgenden Bürgerkrieg nicht ausreichend gesichert. Um 17/16 v. Chr. war es zu einer erneuten Invasion eines germanischen Stammes, der Sugambrer, gekommen, wobei eine Legion vernichtend geschlagen worden war. Der Verlust einer Legion mochte zwar bedauerlich sein, doch unverzeihbar war der Verlust des Legionsadlers, dem ein großer Symbolwert anhaftete.

Der aus dem Bürgerkrieg siegreich hervorgegangene Augustus, der Adoptivsohn Caesars, nahm die Niederlage sehr persönlich, weil er gerade in Rom ein „Goldenes Zeitalter" verkündet hatte. Unter anderem war es ihm gelungen, eine der größten römischen Niederlagen jüngerer Zeit diplomatisch zu relativieren. Aus Prestigegründen hatte M. Licinius Crassus (115–53 v. Chr.) in seinem Konsulat (55 v. Chr.) eine Ermächtigungserklärung des Senats durchsetzen können, die es ihm erlaubte, gegen die Parther Krieg zu führen. Das Parthische Reich, das sich über weite Teile des Nahen und Mittleren Ostens erstreckte und mit Rom um die Vormacht in der Region konkurrierte, wurde in Rom als „Erzfeind" betrachtet. Auf seinem Feldzug verlor Crassus bei Carrhae, dem heutigen Harran in der Türkei, im Jahr 53 v. Chr. nicht nur die Schlacht, sondern auch sein Leben. Nur ein Viertel der römischen Armee konnte sich retten. Neben den ge-

waltigen Verlusten an Truppen war es für die Römer aber überaus schmerzlich, dass die Feldzeichen verloren gingen. Diese hatte Augustus durch geschickte Verhandlungen zurückerhalten und die Schmach der Niederlage verringert.
Die Niederlage gegen die Sugambrer verlangte daher nach einer schnellen und harten Reaktion, wollte Augustus seine Position in Rom nicht gefährden. So ging der Kaiser von 16–13 v. Chr. nach Gallien und verlegte Truppen aus dem Landesinneren an die Rheingrenze, schon mit der Absicht, das Reichsgebiet über den Fluss hinaus auszudehnen. Eine Gelegenheit für eine militärische Intervention bot sich im Jahr 12 v. Chr., als die Sugambrer erneut in die römische Provinz eindrangen. Drusus, der Stiefsohn des Augustus, wehrte den Angriff ab und führte zwischen 11 und 9 v. Chr. drei Feldzüge durch, die bis zur Elbe und zur Weser führten.
Nach dem tragischen Tod des Drusus, der im Jahr 9 v. Chr. vom Pferd gefallen war, übernahm dessen Bruder Tiberius das Oberkommando und konnte in mehreren Feldzügen das Land weitgehend unter römische Kontrolle bringen. In der Folge entstanden nicht nur weitere römische Feldlager, sondern es gab auch eine zivile Siedlung, Lahnau-Waldgirmes (s. S. 138f.), die man als Beleg für die Existenz einer Provinz Germania verstehen kann.
Um das Jahr 7 n. Chr. herum wollte man von römischer Seite eine reguläre Provinz in Germanien errichten. Diese Aufgabe fiel dem P. Quintilius Varus zu, einem durchaus fähigen und verdienten Mann. Durch seine rigorosen Maßnahmen zur Durchsetzung römischen Rechts auf allen Ebenen geriet er aber in Konflikt mit den traditionellen Wertvorstellungen der Germanen. Widerstand regte sich. Der Cherusker Arminius, der in der römischen Armee als Offizier diente und Varus begleitete, machte sich diese Stimmung zunutze. Insgeheim organisierte er eine Allianz aus mehreren germanischen Stämmen, die die Römer aus der Heimat vertreiben sollte.
Ein geeigneter Zeitpunkt fand sich im Jahr 9 n. Chr. Wie der römische Geschichtsschreiber Cassius Dio (ca. 150 – ca. 235 n. Chr.) berichtete, befand Varus sich mit seinen drei Legionen auf dem Rückmarsch von der Weser in sein Winterquartier. Durch das Vortäuschen eines kleineren Aufstandes wurde das Heer von seinem regulären Weg abgelenkt und in eine Falle gelockt, aus der es kein Entkommen gab. Die Topografie – auf der einen Seite einer Senke fand sich ein Gebirgszug und auf der anderen ein großes Moor – und das Wetter erlaubten es den Römern nicht, den Feind, der sich hinter Schanzen verbarg und immer wieder blitzartig zuschlug, zu einer regulären Schlacht zu stellen. In einem viertägigen Kampf wurden drei Legionen vernichtet und Germanien blieb frei!

Der Ort dieser katastrophalen Niederlage Roms wurde im Gegensatz zum Schlachtverlauf in den schriftlichen Quellen nicht näher bestimmt, sieht man einmal von der Angabe „*saltus teutoburgiensis*" des römischen Historikers Tacitus (um 55 – ca. 117/120 n. Chr.) ab. So war der Forschung ein breiter Raum für Spekulationen gegeben. Unzählige Theorien über Ort und genauen Ablauf der Schlacht entstanden.

Das Schlachtfeld

Schon Theodor Mommsen, der große deutsche Altertumswissenschaftler des 19. Jhs., hatte aufgrund von Münzfunden in Kalkriese die Vermutung aufgestellt, die Varusschlacht habe hier stattgefunden. Im Jahr 1987 forcierten weitere Funde von Münzen und militärischen Objekten umfassende archäologische Untersuchungen, die relativ schnell Verbindungen zur überlieferten Topografie eines Schlachtfeldes erlaubten. Aus den ersten Untersuchungen entwickelte sich ein Großprojekt der Archäologie, bei dem sich die Ausgrabungen mittlerweile über rund 30 km² erstrecken.
Eine riesige Fundmenge kam im Laufe der Jahre zusammen, die insgesamt mit einer militärischen Auseinandersetzung zu verbinden ist: Reste von Waffen, Fahrzeugen und Gespanntieren, Werkzeuge, Münzen und persönlicher Habe der getöteten Legionäre. Vieles davon war beschädigt, sodass die plündernden Germanen es auf dem Schlachtfeld liegen ließen.
Anrührend sind aber auch die Bestattungen der gefallenen Römer. Nicht die Germanen, sondern römische Truppen unter Germanicus sorgten im Jahr 13 n. Chr. für die Beisetzungen in Gruben.

Museum und Park Kalkriese

Varusschlacht im Osnabrücker Land GmbH, Museum und Park Kalkriese, Venner Straße 69, D-49565 Bramsche-Kalkriese, www.kalkriese-varusschlacht.de

Ein zentraler Punkt im Kampfgeschehen konnte auf dem „Oberesch" lokalisiert werden. Weil die Funde in der breiten Öffentlichkeit Aufsehen erregten, stand schon im Jahr 2000 fest, dass in unmittelbarer Nähe zum Schlachtfeld die Ergebnisse der Grabungen präsentiert werden müssten. So entstanden 2002 das Museum und der 240.000 m² große Park Kalkriese auf dem „Oberesch". Hier bot sich nämlich die Gelegenheit, die kriegerischen Ereignisse an Ort und Stelle zu präsentieren. Der Verlauf des germanischen Walls wird dabei durch Eisenstangen, die im Museum auch als Stelen bezeichnet werden, gekennzeichnet. Dort, wo er gesichert ist, stehen die Stangen dichter, während diese im nicht gesicherten Verlauf in größeren Abständen gesetzt sind. Darüber hinaus ist auch ein Wallabschnitt rekonstruiert worden. Der Marschweg der Römer ist mit rostigen Stahlplatten belegt. Außerdem ist im Landschaftspark auch der Versuch unternommen worden, die Umwelt des Jahres 9 n. Chr. darzustellen.
Das Museum selbst weist eine außergewöhnliche Architektur auf, die durch einen 40 m hohen, rostigen Turm dominiert wird. (Abb. 14) Vortragssäle und ein Ausstellungsbereich komplettieren das Haus.

Neben der Präsentation der Funde werden im Museum auch Zeugnisse der schriftlichen Überlieferung und Forschungsgeschichte gezeigt.
Es ist selbstverständlich, dass nur eine Auswahl der Funde im Museum präsentiert werden kann. Das Material reicht von Münzen, über Teile der militärischen Ausrüstung der römischen Truppen bis hin zu Objekten des täglichen Bedarfs wie etwa Geschirr oder einige Luxusgegenstände für die Offiziere, die die plündernden Germanen übersehen hatten. Ein absolutes Prunkstück ist aber die Gesichtsmaske eines römischen Helms, der schon zu Anfang der Ausgrabungen gefunden wurde.
Angesichts der neuartigen Aufgabe, die Archäologie eines Schlachtfeldes darstellen zu wollen, ging man im Museum und Park Kalkriese neue Wege. Diese Bemühungen wurden im Jahr 2005 mit der Verleihung des seit 2002 ausgelobten Kulturerbepreises der Europäischen Union (Europa Nostra – European Heritage Award 2004) honoriert.
Da die archäologischen Forschungen in Kalkriese noch nicht endgültig abgeschlossen sind, wird es auch zukünftig noch Veränderungen im Museum geben.

Literatur
LWL-Römermuseum in Haltern am See (Hrsg.), 2000 Jahre Varusschlacht. Imperium (2009); Varusschlacht im Osnabrücker Land GmbH B Museum und Park Kalkriese (Hrsg.), Varusschlacht. Konflikt (2009); G. Moosbauer, Die Varusschlacht (2009).

Abb. 14 Bramsche, Museum und Archäologischer Park Kalkriese. Aussichtsturm.

Der Heeseberg im Harz war zu unterschiedlichsten Zeiten ein Punkt, an dem Geschichte gemacht wurde. In der Bronzezeit war er Sitz einer florierenden Handelsmetrople, im frühen Mittelalter eine Trutzburg gegen das Machtstreben der Frankenkönige.

[15] HEESEBERG – EIN STRATEGISCHER PUNKT ÜBER JAHRTAUSENDE

Niedersachsen

Der Heeseberg mit seinen 200 m Höhe liegt in der Gemeinde Heeseberg zwischen den Ortsteilen Watenstedt und Beierstedt im Landkreis Helmstedt. Aufgrund der Lage zwischen den rund 300 m hohen Mittelgebirgszügen des Elm, südöstlich von Braunschweig gelegen, und den Feuchtgebieten des Großen Bruchs war der Platz schon in vor- und frühgeschichtlicher Zeit prädestiniert, hier verlaufende Handelswege zu kontrollieren. Seit 1998 laufen archäologische Untersuchungen durch das Seminar für Ur- und Frühgeschichte der Universität Göttingen.

Die Ausgrabungsergebnisse und ihre historische Einordnung

Aufgrund der bereits vorliegenden Untersuchungen zeigt sich folgendes Bild: Bereits für die Jungsteinzeit lassen sich auf dem Heeseberg Siedlungsspuren nachweisen. Jedoch gewann der Platz erst in der Bronzezeit an Bedeutung.

Bis 1998 war man davon ausgegangen, dass die Befestigung mit ihrer Fläche von etwa 25.000 m² – das entspricht gut drei Fußballfeldern – um etwa 1100 v. Chr. entstanden sei. Ausgrabungen im Wallbereich, der noch mit einer Höhe bis zu 5 m erhalten ist, (Abb. 15) konnten sowohl das Baudatum des ersten Walles als auch die Baugeschichte insgesamt klären. Danach wurde der älteste Wall zwischen 1130–1020 v. Chr. angelegt. Sowohl naturwissenschaftliche Methoden (C14-Datierung) und die Keramikfunde belegen dies. Der Wall um 1100 v. Chr. bestand aus einer Holzkonstruktion. Diese Verteidigungsanlage wurde im 9. Jh. v. Chr. durch eine massive Steinmauer als Verblendung ersetzt. Etwa um 700 v. Chr., zu Beginn der Eisenzeit, folgte der Mauer eine Palisadenkonstruktion. Innerhalb der aufwendigen Befestigungen konnte in dieser Zeit eine intensive Besiedlung beobachtet werden, wie zahlreiche Gruben im Inneren der Anlage belegen.

Bei der Durchsicht der älteren Funde, von denen man annahm, es handele sich um Erosionsmaterial, regte sich der Verdacht, dass es auch außerhalb der Befestigung, am Südhang des Berges, eine Siedlung gegeben haben könnte. Mit den heute allgemein üblichen Methoden der Prospektion – Luftbilder und geophysikalische Untersuchung – konnte bis zum Jahr 2008 eine Siedlung mit einer Größe von mindestens 150.000 m^2 – das entspricht etwa der Fläche von 21 Fußballfeldern – ausgemacht werden.

Die Prospektionsmaßnahmen wurden durch gezielte Ausgrabungen begleitet, weil weder Luftbilder noch geophysikalische Methoden in der Lage waren, über Einzelheiten, besonders aber Datierungsfragen, Auskunft zu geben. So legten die Archäologen innerhalb der Siedlung vor allem Gruben frei, die sehr unterschiedlich ausfielen. Anhand von Pfostenlöchern konnten auch Häuser nachgewiesen werden. Dabei handelte es sich um dreischiffige Wohnbauten mit einer Breite von etwa 5 m und einer Länge von 12 m. Summiert man alle Funde, kann man sich durchaus eine kleine stadtähnliche Siedlung vorstellen – auch wenn nicht alle Bauten gleichzeitig genutzt wurden.

Was aber war die Ursache für den Wohlstand der Siedlung? Eingangs war darauf verwiesen worden, dass sich hier mehrere Fernwege trafen, also ideale Voraussetzungen für Handwerk und Handel bestanden. Als Handelsware kommen etwa Roherze, Metallgeräte und das begehrte Salz infrage. Um 600 v. Chr. brach die Besiedlung

Abb. 15 Heeseberg, Hünenburg. Der mächtige Wall ist heute noch immer gut erhalten.

Literatur
I. Heske, Bronzezeitlicher Herrschaftssitz mit Außensiedlung, AiD 2010/4, 8–13; H. Brandorff, Das Heeseberg-Museum in Watenstedt (2008); S. Grefen-Peters – H. Zellmer, Von der Salzwiese zum Steppenrasen: Erlebnispfad Heeseberg – Großes Bruch – Hünenburg (2008).

ab und die Forschung war lange Zeit der Ansicht, erst im frühen Mittelalter sei der Heeseberg wieder besiedelt worden. Dies ist insofern richtig, als dass hier keine größere Siedlung existierte. Mit den neuen Ausgrabungen konnte aber ein germanisches Gehöft des 2./3. Jhs. n. Chr. nachgewiesen werden.
Im 6. oder 7. Jh. drangen die „Altsachsen" in die Gegend ein – dabei handelt es sich um einen Zusammenschluss verschiedener westgermanischer Stämme, die sich selbst als Sachsen bezeichneten, heute aber Altsachsen genannt werden, um sie von den heutigen Sachsen und der so betitelten Region klar unterscheiden zu können. Natürlich erkannten sie den strategischen Wert des Heesebergs und befestigten ihn erneut mit Erdwall und Palisade.
Der Name der Befestigung könnte Ocsioburg, Hocseburg oder Hohseoburg gewesen sein. Ein entsprechender Ort wird in fränkischen Reichsannalen mehrfach in den 40er-Jahren des 8. Jhs. als Sitz des sächsischen Fürsten Theoderich erwähnt, der den Aufstand gegen den fränkischen Hausmeier Pippin (714–768, ab 751 König der Franken) unternahm.
Der sächsische Widerstand gegen die Franken wurde erst durch die Sachsenkriege Karls des Großen zwischen 772 und 804 endgültig gebrochen. Die sächsische Festung auf dem Heeseberg wurde im Laufe dieser kriegerischen Auseinandersetzungen, in denen sie möglicherweise eine zentrale Rolle spielte, zerstört. Bis zu den neuen Ausgrabungen war man davon ausgegangen, der Ort sei danach aufgegeben worden. Jedoch nutzten fränkische Truppen den Platz weiter, denn die strategischen Anforderungen an einen Platz veränderten sich nicht. Wie lange allerdings die fränkische Besetzung des Heesebergs dauerte, konnte noch nicht sicher geklärt werden.

Heeseberg-Museum Watenstedt

Nordstraße 32, 38384 Watenstedt, Tel. 05345-296, www.samtgemeinde heeseberg.de

Das Heeseberg-Museum befindet sich in den Gebäuden eines denkmalgeschützten Bauernhofs. Neben den archäologischen Funden vom Heeseberg finden sich eine volkskundliche Sammlung sowie Fossilien.

Im Jahr 2008 stand ein seltsamer Fund am Beginn der sensationellen Entdeckung eines antiken Schlachtfeldes im Harz! Wer waren die Akteure, wer war der Sieger und warum kam es hier zur Schlacht? Diese Fragen konnten durch umfangreiche Untersuchungen geklärt werden, die die Beziehungen zwischen dem freien Germanien und dem Römischen Reich im 3. Jh. n. Chr. in einem neuen Licht erscheinen lassen. Wäre das freie Germanien vielleicht doch beinahe noch römisch geworden?

[16] NORTHEIM: HARZHORNSCHLACHT – GEHEIMOPERATION SCHLACHTFELD-ARCHÄOLOGIE

Niedersachsen

Lange glaubte man, mit der katastrophalen Niederlage des Varus im Jahr 9 n. Chr. sei den Römern jegliche Lust vergangen, im freien Germanien Einfluss zu nehmen. Spätere Feldzüge der Römer in germanisches Gebiet, von denen die Quellen berichten, wurden zumeist als Abwehr feindlicher Angriffe oder als begrenzte Strafexpeditionen verstanden.

Im Jahr 233 n. Chr. waren die Alamannen, ein germanischer Stamm, einmal mehr in römisches Reichsgebiet eingefallen und bis Mainz vorgedrungen. Dies war möglich geworden, da der Kaiser Severus Alexander (222–235 n. Chr.) für einen Feldzug im Orient Truppen aus den westlichen Provinzen abgezogen hatte.

Nachdem der Kaiser den Krieg im Orient verloren hatte, widmete er sich dem Vergeltungsangriff gegen Germanien. Dazu zog er 234 n. Chr. in Mainz ein Heer zusammen und bereitete den Aufmarsch durch eine Brücke über den Rhein vor. Statt nun den Feldzug auch durchzuführen, wollte er den Alamannen aber lieber riesige Geldsummen bezahlen. Die Truppen in Mainz, darunter die 4. Legion, meuterten, ermordeten Severus Alexander und riefen den erfahrenen Feldherrn Maximinus Thrax (235–238 n. Chr.) zum neuen Kaiser aus. Maximinus führte den Feldzug durch, doch wurde über dessen Verlauf und Ausmaß fast nichts überliefert.

Umso bedeutender sollte daher ein Ereignis im Jahr 2008 sein, als zwei glücklicherweise ehrliche Sondengänger unweit der Stadt Northeim in einem Waldstück immer wieder auf Metallfunde stießen. Die Vielzahl der Objekte veranlasste die Finder, sich mit der zuständigen Kreisarchäologie in Verbindung zu setzen, auch auf die Gefahr hin, sich gewaltigen Ärger einzuhandeln, da es sich bei ihrem Hobby eigentlich um ein illegales handelt.

Die Fachleute erkannten schnell, dass hier eine ganz besondere Fundstelle vorliegen müsse. Sofort begann man unter größter Ge-

Das Schlachtfeld kann mit Führern besichtigt werden. Weitere Informationen: www.roemerschlachtamharzhorn.de/besucher-information.html

Abb. 16
Northeim. Die Landschaft am Harzhorn.

heimhaltung die Stelle zu begehen. Zahllose Metallgegenstände – Waffen, Münzen und Schuhnägel, mit denen die Sohlen römischer Soldatenstiefel beschlagen waren, und andere militärische Ausrüstungsgegenstände – deuteten auf die Anwesenheit einer größeren römischen Truppe hin. Aufgrund der Verteilung der Funde und ihrer Zusammensetzung war schnell klar, dass hier kein römisches Lager zu finden war, sondern dass es sich offenkundig um ein antikes Schlachtfeld handelte.

Die weiterführenden Untersuchungen, die den Begehungen folgten, erlaubten es, den Ablauf des Geschehens zu rekonstruieren. Danach war eine römische Armee vermutlich bis zur Elbe vorgestoßen. Weil bei deren Rückmarsch eine schmale Senke zwischen dem Harzhorn im Westen und dem unwegsamen Bergland im Osten passiert werden musste, blockierten die Germanen den Weg, um aus sicherer Position heraus die Römer angreifen zu können. Jedoch konnten die Römer aufgrund der überlegenen Waffentechnik und eines geschickten Umgehungsmanövers den Durchbruch erzwingen und in verschiedenen Einzelgefechten die germanischen Gegner besiegen. Damit war der Rückweg frei. (Abb. 16)

In den nächsten Jahren wird man den Verlauf der Schlacht noch viel genauer darstellen können. Drei Voraussetzungen für diese Prognose spielen dabei eine wichtige Rolle: Das Schlachtfeld lag seit den Geschehnissen so abseits, dass es nie bebaut oder auch nur als Ackerland genutzt wurde. Daneben bot der kalkhaltige Boden optimale Voraussetzungen für die Konservierung von Metallobjekten. Und schließlich muss man das Verhalten der damaligen Konfliktparteien näher betrachten. Die siegreichen Römer wollten ihren Erfolg nicht aufs Spiel setzen, indem sie sich um das Aufräumen eines Schlachtfeldes kümmerten, während die Germanen, die sonst gerne das Schlachtfeld plünderten, den Ort ihrer Niederlage aus religiösen Gründen oder des Aberglaubens wegen mieden.
Noch heute lassen sich die Positionen der Gegner genau nachvollziehen. Dort, wo viele römische Pfeilspitzen gefunden wurden, befanden sich die Ziele der Römer, die germanischen Stellungen. Genauso lässt sich aus der Verteilung der Schuhnägel ein römisches Bewegungsprofil ableiten.
Die Ausgräber stellten sich natürlich sofort die Frage, mit welchem geschichtlichen Ereignis diese Schlacht verbunden gewesen sein könnte. Eine Antwort gaben die Funde: Unter den zahlreichen römischen Münzen stammten die jüngsten aus dem Jahr 228 n. Chr.; damit musste die Schlacht nach diesem Datum stattgefunden haben. Im Jahr 2011 kam ein weiterer Schlüsselfund ans Tageslicht: Eine hervorragend erhaltene römische Pionieraxt konnte durch eine Inschrift dem Material der 4. Legion zugeordnet werden, die 234/235 n. Chr. zu den in Mainz ansässigen Truppen gehörte. Damit war klar, dass hier ein Zeugnis jenes Feldzuges vorlag, den Severus Alexander geplant, Maximinus Thrax aber durchgeführt hatte. Die Dimensionen deuten auch darauf hin, dass Rom sein Interesse am freien Germanien im 3. Jh. n. Chr. noch nicht verloren hatte und vielleicht ein Abschnitt unserer Geschichte neu bewertet werden muss.

Literatur

F. Haedecke, Roms vergessener Feldzug – Das Schlachtfeld am Harzhorn, in: A. Hesse (Hrsg.), Deutschlands Supergrabungen (2012) 76–83;
M. Geschwinde – P. Lönne, Die Spur der Sandalennägel. Hintergründe zur Entdeckung eines römischen Schlachtfeldes. AiD 2009/2, 38–39;
M. Geschwinde – H. Haßmann – P. Lönne – M. Meyer – G. Moosbauer, Roms vergessener Feldzug. Das neu entdeckte römische Schlachtfeld am Harzhorn in Niedersachsen, in: Varusschlacht im Osnabrücker Land GmbH – Museum und Park Kalkriese (Hrsg.), 2000 Jahre Varusschlacht II, Konflikt (2009) 228–232.

Höhlen – geheimnisvolle Welten unter der Erde! Noch heute geht von diesen Räumen eine große Faszination aus. Dafür gibt es viele Gründe: Mancher Besucher erfreut sich einfach an den Naturwundern, die Höhlen bieten können, andere wiederum werden von ihrer Neugier angetrieben, in Bereiche vorzustoßen, die vielleicht noch nie ein Mensch betreten hat. Vor Tausenden von Jahren aber hatten Höhlen eine ganz andere Funktion. Sie boten als Wohnraum Schutz gegen menschliche oder tierische Feinde und schlechtes Wetter oder waren Kultorte und letztlich auch Begräbnisstätten.

[17] OSTERODE – DIE LICHTENSTEINHÖHLE

Niedersachsen

Die Höhle und ihre Überraschungen

Als im Jahr 1972 eine Gruppe von Höhlenforschern am Nordwesthang des Lichtensteins unweit von Osterode auf der Suche nach einem mittelalterlichen Geheimgang eine Höhle entdeckte, konnten die Beteiligten noch nicht ahnen, welche sensationelle Entdeckung sie gemacht hatten. Statt des vermeintlichen Geheimgangs fand man eine natürliche Höhle, die letztendlich den Namen der über ihr gelegenen Burgruine Lichtenstein erhalten sollte. Das Ereignis, das die Höhle schließlich weltbekannt machen sollte, fiel in das Jahr 1980: In der inzwischen gut erforschten Höhle stießen die Höhlenforscher auf eine unpassierbare Engstelle. Neugierig, was da noch kommen könnte, erweiterten sie die Engstelle und erschlossen fünf neue Kammern. Völlig überraschend stieß man auf unzählige Knochenreste und zahlreiche Gegenstände, die natürlich die Archäologen auf den Plan riefen. Bei den nun folgenden Ausgrabungen zeigte sich, dass hier die Skelette von 40 Menschen – Männer, Frauen und Kinder – ruhten. Zwischen den menschlichen Überresten lagen Ringe, Armreifen, Gürtelhaken, Keramik und viele andere Dinge, die schnell eine Datierung der Fundstelle in die Zeit von ca. 1000–700 v. Chr. ermöglichten. Außerdem wiesen andere Funde, Knochen von Nutz- und Wildtieren, aber auch Feuerstellen auf rituelle Mahlzeiten hin. (Abb. 17)
Schnell spekulierte man darüber, warum die Toten hier bestattet worden waren. Diese Frage drängte sich umso mehr auf, weil in der „Urnenfelderkultur", so nennt die Forschung eine bronzezeitliche Kultur, in dieser Zeit die Bestattungssitten von der Körperbestattung zur Totenverbrennung wechselten. Schnell verbreiteten sich Theorien, die von Massenmord über Menschenopfer bis hin zu Kannibalismus reichten. Diese Hypothesen konnten aber alle inzwischen ausgeräumt werden. Tatsache ist, dass die Lichtensteinhöhle als Grablege verstanden werden muss.

Literatur
St. Flindt, Die Menschen aus der Lichtensteinhöhle: Größter DNA-Pool der Bronzezeit (2010);
J. Udolph, Lichtensteinhöhle, Siedlungskontinuität und das Zeugnis der Familien-, Orts- und Gewässernamen, in: S. Brather (Hrsg.), Historia archaeologica. Festschrift für Heiko Steuer zum 70. Geburtstag (2009) 85-105;
R. Lange, Der Nachfahre – Ein Leben im Schatten des Lichtensteins (2008).

War der Fund allein schon spektakulär, so sollten naturwissenschaftliche Untersuchungen noch ganz andere überraschende Ergebnisse liefern. Als man noch vermutete, es könnte sich hier um einen Opferkult handeln, interessierten sich ab 2002 die Anthropologen der Universität Göttingen für die Skelettreste. Aufgrund der Umgebungsbedingungen war das Knochenmaterial in einem so guten Zustand, dass DNA gewonnen und analysiert werden konnte. Schließlich war klar: Die in der Höhle Beigesetzten gehörten alle zu ein und derselben Großfamilie.

Bald nach dieser Erkenntnis, im Jahr 2007, führte man bei Bewohnern der Region ebenfalls DNA-Tests durch. Überraschend zeigte sich, dass einige der heute hier lebenden Menschen Nachkommen jener Menschen aus der Höhle waren und so auf einen Stammbaum mit mehr als 120 Generationen zurückblicken können.

HöhlenErlebnisZentrum Iberger Tropfsteinhöhle

Das HöhlenErlebnisZentrum vereinigt zwei Museen. Dabei handelt es sich um das „Museum am Berg", das den Funden aus der Lichtensteinhöhle gewidmet ist, während sich das „Museum im Berg" der Geologie der Region widmet.

An der Tropfsteinhöhle 1, D-37539 Bad Grund, www.hoehlen-erlebnis-zentrum.de

Museum am Berg

Weil die Originalhöhle „Lichtenstein" selbstverständlich nicht besichtigt werden kann, hat man hier ein Museum geschaffen, das unter Nutzung der verschiedensten Medien die Kultur der Bronzezeit anschaulich darstellt.

Im Zentrum des Museums ist aber die Kopie der Lichtensteinhöhle in Originalgröße zu sehen. Dabei mag sich mancher Besucher die Frage stellen, wie die dort Bestatteten wohl ausgesehen haben mögen. Diese Frage wird eindrucksvoll beantwortet, wenn man vor unter Verwendung moderner Methoden rekonstruierten Köpfen einer kleinen Familie, bestehend aus den Eltern und einer Tochter, steht. Durch diesen Anblick wird man zu der Erkenntnis kommen, dass diese Menschen uns trotz einer zeitlichen Distanz von rund 3000 Jahren sehr nahe stehen.

Abb. 17 Osterode, Lichtensteinhöhle.

Eindrucksvoll liegt inmitten einer idyllischen Heidelandschaft das größte Hügelgräberfeld Nordeuropas, in dem sich noch heute ein Hügel an den nächsten reiht. Stellt man sich aber die Landschaft vor rund 2500 Jahren vor, so muss diese Begräbnisstätte noch eindrucksvoller gewesen sein, denn so manches Grab ist im Laufe der Zeit verschwunden.

[18] PESTRUP – NICHTS ALS GRÄBER

Niedersachsen

Literatur
E. Probst, Deutschland in der Bronzezeit (1999) 319. 478 Anm. 15.

Etwa 3 km südöstlich von Wildeshausen liegt ein riesiges Gräberfeld in der Heide, das 1992 zum Grabungsschutzgebiet erklärt wurde. Auf 39 ha finden sich 531 Hügelgräber, von denen ein Teil in den Jahren 1958/59 untersucht wurde. Es ist davon auszugehen, dass die Nekropole am Ende ihrer Belegungszeit sogar etwa 1000 Grabhügel aufwies. (Abb. 18) Dieser Schwund lässt sich sicher auf Raubgrabungen zurückführen, die wohl im 19. Jh. massiv zunahmen. Daneben gab es in diesem Jahrhundert aber auch die ersten systematischen Grabungen. Der Oberkammerherr Friedrich von Alten (1822–1894), dem wir den Hinweis auf die Raubgrabungen verdanken, führte hier in den Jahren 1876, 1880 und 1882 verschiedene Ausgrabungen durch. Unter den Gräbern, deren Normalgröße zwischen 8 und 13 m liegt, gibt es einige, die durch ihre Größe auffallen und daher unter der Bezeichnung „Königsgräber" geführt werden. An ihrer Basis haben diese Hügelgräber einen Durchmesser von rund 30 m und waren mindestens 1 m hoch.

Das Gräberfeld ist in vielerlei Hinsicht von Interesse, weil man hier Bestattungssitten von der späten Bronzezeit bis in die frühe Eisenzeit, also vom 9. bis zum 2. Jh. v. Chr., nachvollziehen kann.

Bei einigen Gräbern, die aufgrund der Beigaben in das 5. Jh. v. Chr. datiert werden konnten, ließ sich ein Phänomen beobachten, das der Ausgräber J. Petzold als „rituelles Pflügen" bezeichnete. Man muss sich den Vorgang so vorstellen: Bevor der Tote verbrannt wurde – Brandbestattungen wurden vom Belegungsbeginn des Gräberfeldes bis zu seinem Ende im 2. Jh. v. Chr. vorgenommen – pflügte man im Acker ein schmales Beet. Darauf errichte man den Scheiterhaufen und verbrannte den Toten. Danach sammelte man die Knochenreste ein, füllte sie in Urnen und erhöhte das „Beet" wallartig.

Abb. 18
Pestrup, Gräberfeld. Das Gräberfeld wurde über viele Jahrhunderte genutzt. Es ist eines der größten in Europa.

Im Schatten der großen Bagger fanden die Archäologen an der Abbaukante des Braunkohletagebaus von Schöningen Zeugnisse der Menschheitsgeschichte, die unsere Vorstellungen über das Leben der frühen Menschen in mancherlei Hinsicht berichtigen. Die hier gefundenen Speere, die als die ältesten erhaltenen Jagdwaffen der Menschen gelten, und der Fundplatz selbst belegen nicht nur den Erfindungsreichtum unserer Ahnen, sondern geben auch Auskunft über das Leben einer urgeschichtlichen Sippe vor rund 400.000 Jahren.

[19] SCHÖNINGEN – AUSGRABUNG UNTER EXTREMBEDINGUNGEN

Niedersachsen

Tagebaue sind Fluch und Segen für die Archäologie, weil einerseits großflächig archäologische Denkmäler zerstört werden, andererseits aber Funde ans Tagelicht kommen, die sonst wahrscheinlich nie gefunden würden. Ein solcher Fall ist auch der Braunkohletagebau in Schöningen, Landkreis Helmstedt, in dem eine Reihe vor- und frühgeschichtlicher Fundstellen entdeckt wurde.

Im Jahr 1992 stieß man tief unter dem heutigen Niveau (8–15 m) auf Schichten, die dem Paläolithikum, der Altsteinzeit, zugerechnet werden müssen.

Eine Fundstelle aber erwies sich für die Forschung als überaus wichtig. Man konnte die Spuren eines Sees feststellen, in dessen Umfeld bis Ende des Jahres 1997 mehrere Tausend Einzelfunde gemacht wurden. Dabei handelte es sich um die Reste von Jagdbeute und Steinwerkzeugen. Herausragend aus der Fundmasse waren aber hölzerne Objekte: Schon 1994 fand man ein Wurfholz, für das man nach Aussagen der Ausgräber im entsprechenden Zeitraum keine Parallelen kennt. Wenig später, im Spätsommer 1995, kam der sensationelle Fund zutage. Dabei handelte es sich um sieben Speere aus Fichtenholz mit einer Länge von 1,82 m bis etwa 2,50 m. (Abb. 19)

Dass es sich dabei keineswegs um primitive Waffen handelte, belegten die sorgfältige Zurichtung der Spitzen und wohlüberlegte Wahl des Schwerpunktes im vorderen Bereich, also einem idealen Punkt für einen Wurfspeer.

Wie alt aber sind diese Speere und von wem wurden sie angefertigt? Der erste Teil der Frage lässt sich natürlich nicht auf das Jahr genau beantworten, weil hier archäologische und naturwissenschaftliche Methoden an ihre Grenzen stoßen. Jedoch können wir den Funden aufgrund ihrer Lage und ergänzend dazu aus Vergleichsfunden bei den Steingeräten ein Alter von etwa 400.000 Jahren zuweisen. Damit sind die Speere von Schöningen die bislang ältesten erhaltenen

Abb. 19
Schöningen, Speer VII in Fundlage.

Jagdwaffen der Menschheit. Aufgrund der Datierung können wir eine Antwort auf den zweiten Teil der Frage geben, wer die Speere angefertigt hat, weil wir uns auch hier in zeitlichen Dimensionen bewegen, die nicht viele Deutungsmöglichkeiten liefern. So können wir festhalten, dass diese Jagdwaffen vom *homo erectus*, dem aufrecht gehenden Menschen, einem Vorläufer des heutigen Menschen, gefertigt wurden.
Neben der Tatsache, dass es sich hier um die ältesten Jagdwaffen des Menschen handelt, barg die Fundstelle aber noch weitaus wichtigere Informationen über das Leben unserer Vorfahren in der Altsteinzeit. Hatte man nämlich lange Zeit geglaubt, der *homo erectus* habe sich überwiegend von Aas ernährt, so widerlegt der Fundplatz Schöningen diese Theorie. Hier fanden sich nämlich Knochen von Jagdbeute, bei der es sich um Wildpferde handelte. Zwischen 15 und 20 Tiere wurden hier erlegt und verarbeitet.
Darüber hinaus beleuchtet Schöningen auch das geistige Potential und das soziale Verhalten. Die Anfertigung von funktionierenden Waffen setzt Erfahrung und Planung voraus; der Jäger oder die Jägerin musste schon im Vorfeld einer Jagd die Waffe herstellen. Die Anzahl der getöteten Pferde deutet auf eine größere Gruppe von Jägern hin; daher muss der *homo erectus* in entsprechenden Gemeinschaften gelebt haben. Wie diese allerdings ausgesehen haben, lässt sich aus den Funden nicht erklären.

Literatur
S. Hansen, Archäologische Funde aus Deutschland (2010) 12 f. Abb. 13; H. Thieme (Hrsg.), Die Schöninger Speere. Mensch und Jagd vor 400.000 Jahren (2008).

Das Forschungs- und Erlebniszentrum „paläon"

Die Speere aus Schöningen werden zurzeit noch im Niedersächsischen Landesmuseum Hannover aufbewahrt und ausgestellt. Jedoch wird gegenwärtig ein interdisziplinäres Forschungs- und Erlebniszentrum in Schöningen selbst errichtet, das eine Gesamtschau zur eiszeitlichen Landschaft der Region geben soll. Die Eröffnung ist für das Frühjahr 2013 vorgesehen.
Da noch keine weiteren Informationen vorliegen, sei auf den „Förderverein Schöninger Speere – Erbe der Menschheit e. V." verwiesen, der auch die genannte Website unterhält.

www.erbederMenschheit.de

Im Jahr 1990 sollte das sachsen-anhaltinische Landesmuseum für Ur- und Frühgeschichte in Halle um einen spektakulären Fund reicher werden. Bei einem Sandabbau in der Nähe von Magdeburg kam ein intaktes germanisches Fürstengrab ans Tageslicht.

[20] GOMMERN – RÖMISCHER LUXUS FÜR EINEN GERMANISCHEN FÜRSTEN IM 3. JH. N. CHR.

Sachsen-Anhalt

Die Funde aus dem Fürstengrab werden voraussichtlich 2014 auch wieder im Landesmuseum für Vorgeschichte in Halle (Saale) zu besichtigen sein. http://www.lda-lsa.de/landesmuseum_fuer_

Die Geschichte der Entdeckung begann mit einer Fundmeldung durch einen ehrenamtlichen Bodendenkmalpfleger, der Teile des Grabes entdeckte und seinen Fund umgehend meldete. Da es sich zeigte, dass hier etwas Bedeutendes zu erwarten war, begann man sofort mit der Ausgrabung. Die Ergebnisse, die erst nach rund zehn Jahren intensiver Forschung und Restaurierung vorlagen, zeichneten folgendes Bild.

Das Grab befand sich auf einer Düne am östlichen Ufer des Urstromtals der Elbe. Es bestand aus einer Grabkammer aus Holz, die etwa 3 m unter der heutigen Oberfläche lag. Nach oben hin war die Grabkammer durch eine massive Steinschicht abgedeckt, deren Steine aus zwei Regionen kamen, die beide etwa 4 km vom Grab entfernt waren. Bei den archäologischen Untersuchungen zeigte sich, dass das Grab mit einem sehr flach angelegten Hügel versehen war, der im Laufe der Jahrhunderte vollständig verschwand.

Die Steinschicht war für die Archäologen in gleicher Weise Segen und Fluch. Einerseits war es sehr aufwendig, die Steine abzutragen und sie hatten, wie sich zeigen sollte, das Inventar des Grabes beschädigt. Die Grabkammer war eben nicht für die Ewigkeit errichtet worden. Anderseits aber hatten sie verhindert, dass das Grab beraubt wurde.

Insgesamt gesehen stellte sich die Ausgrabung als sehr schwierig dar. Daher entschloss man sich, die Kammer als Block zu bergen und unter Laborbedingungen auszugraben. So konnte man Erkenntnisse gewinnen, die vielleicht bei der klassischen Ausgrabung nicht möglich gewesen wären.

Nach dem Abschluss der Untersuchungen zeigte sich folgende Situation: Der Tote war etwa im Alter von 25 bis 30 Jahren bestattet worden. Dabei lag er auf einem Möbelstück und war von vielen Beigaben umgeben. Dazu zählten bemalte hölzerne Gegenstände und Gefäße aus dem gleichen Material, die vom wissenschaftlichen Standpunkt natürlich überaus interessant sind. Aber erst die zahlreichen Gegenstände aus Gold und Silber ließen das Grab in der breiten Öffentlichkeit in einem besonderen Licht erscheinen.

Doch schauen wir zunächst noch einmal auf den Toten selbst. Neben seiner Bekleidung, in der er beigesetzt worden war, hatte man ihm in einer Truhe noch weitere Kleidung mit in das Grab gegeben. Was an seiner Tracht metallen war, bestand aus Silber. Selbst Dinge des persönlichen Bedarfs, Schere, Messer, Sporen, aber auch Pfeilspitzen, waren aus dem gleichen Material gefertigt. Angesichts dieses Aufwandes mag der heutige Betrachter sich fragen, ob etwa die Pfeilspitzen aus Edelmetall wirklich zum täglichen Bedarf gehörten oder als Statussymbol mit in das Grab gelangten.
In unmittelbarem Zusammenhang mit dem Toten stand eine Goldmünze, die man in dessen Mund gelegt hatte. Hier wird man sofort an den „Charonspfennig" denken, mit dem der Tote die Überfahrt ins Jenseits bezahlen sollte, sodass also Bestattungssitten mediterranen Ursprungs Eingang in die germanische Glaubenswelt gefunden hatten.
Während die bisher genannten Objekte von den Ausgräbern noch in den Bereich der Tracht eingeordnet werden, so wies das Grab aber auch Gegenstände auf, die als Herrschaftszeichen gedeutet werden können, weil sie aus Gold bestehen: ein Halsring, zwei Fibeln und ein Fingerring.
So bot das Grab interessante Einblicke in die Lebenswelt des Grabherrn. Die Archäologen fanden nämlich neben einheimischer Keramik auch Tafel- und Trinkgeschirr, das zu einem großen Teil aus römischer Produktion stammte. Besondere Aufmerksamkeit weckte bei diesen Objekten ein ganz spezieller Eimer, der als Hemmoorer Typ, benannt nach einem Fundort etwa 35 km südöstlich von Cuxhaven, bezeichnet wird. Eigentlich ist dieser gut erforscht, doch das Material des Gommerner Stückes hebt diesen deutlich von seinen Verwandten ab; er ist in Silber gefertigt und man kennt bislang nur wenige Exemplare aus diesem Material. (Abb. 20) Ebenfalls aus dem Rahmen fallend war eine Trinkgarnitur, bestehend aus einer silbernen Kelle und einem zugehörigen Sieb aus dem gleichen Material. Weitere Aufmerksamkeit erweckte nicht nur bei den Ausgräbern ein bronzener Dreifuß mit Pantherfüßen und Bacchusbüsten, der als Untersatz für eine hölzerne, ebenfalls gefundene Tischplatte gedient hatte.
Aber noch eine Reihe anderer Objekte aus dem Grab deuten auf eine Sonderstellung des Toten hin. Zum Grabinventar gehörte ein Prunkgürtel, mit Blattgold verziert und mit Silberschnallen versehen, sowie ein Schild. Dieser besaß Beschläge aus Silber und Applikationen aus vergoldetem Pressblech. Darüber hinaus war der Schild farbig: Es konnte ein weißer Hintergrund beobachtet werden, der mit den Farben Ägyptisch Blau und Zinnoberrot bemalt war. Besonders interessant ist der Schildbuckel. Er wurde nämlich durch einen germanischen Handwerker aus einem römischen Gegenstand gefertigt und nach dem Geschmack des Auftraggebers mit Vergoldungen und Glaseinlagen versehen.

Literatur
M. Becker, Das germanische Fürstengrab von Gommern, in: Varusschlacht im Osnabrücker Land GmbH – Museum und Park Kalkriese (Hrsg.) 2000 Jahre Varusschlacht. Konflikt (2009) 370 f.

Abb. 20
Gommern, germanisches Fürstengrab. Zum reichen Inventar gehört ein Eimer vom Typ Hemmoor aus Silber.

Abschließend stellt sich natürlich die Frage, welche wirtschaftlichen Ressourcen einen solchen Grabluxus erlaubten. Die Archäologen konzentrierten sich dabei auf die Topografie und kamen zu dem Ergebnis, dass der Tote von Gommern bzw. seine Familie möglicherweise eine Region kontrollierte, die sich vom Fiener Bruch und Fläming bis zur Elbe erstreckte. Das entspricht einer maximalen Fläche von rund 700 km^2 und in diesem Raum konnten mehrere kaiserzeitliche Siedlungen nachgewiesen werden. Vergleicht man diese Fläche mit deutschen Großstädten, so war der Herrschaftsbereich mehr als doppelt so groß wie München oder um nur rund 100 km^2 kleiner als Berlin.

Mit dem spektakulären Fund der Himmelsscheibe von Nebra hat sich das Interesse an vorgeschichtlicher Astronomie enorm gesteigert. Eine wichtige Fundstätte ist dabei eine große Kreisgrabenanlage in Goseck, Landkreis Weißenfels.

[21] GOSECK – DER ÄLTESTE MONUMENTALBAU IN EUROPA MIT ASTRONOMISCHEM BEZUG

Sachsen-Anhalt

Nach der Wiedervereinigung am 3. Oktober 1990 setzten in den folgenden Jahren in den damaligen „Neuen Bundesländern" gewaltige Investitionsprogramme im Bereich der Infrastruktur ein. Für die Archäologen des Landesamtes für Denkmalpflege und Archäologie Sachsen-Anhalt, zuständig für eine Region mit einer überaus reichen Geschichte, bedeutete dies einen riesigen Berg an Arbeit, galt es doch, Bodendenkmäler zu erkennen und vor der Zerstörung durch Bauprojekte zu bewahren. Das beste Mittel, um großflächig nach Bodendenkmälern Ausschau zu halten, bot schon damals die Luftbildarchäologie. Bei einem solchen Forschungsflug stieß man im Jahr 1991 bei Goseck, einem idyllischen Ort im Landkreis Weißenfels, auf eine große Kreisgrabenanlage, die man später auch noch durch geophysikalische Methoden erkundete.

Weil andere archäologische Stätten weit mehr als der Kreisgraben von Goseck durch Bauprojekte gefährdet waren, sollte sich der Beginn einer Ausgrabung bis 2002 hinziehen. Inzwischen hatte man sich aber intensiv mit bereits gewonnenen Daten beschäftigt, sodass man eine vollständige Freilegung plante. In Verbindung mit dem Institut für Prähistorische Archäologie der Martin-Luther-Universität Halle-Wittenberg legte das Landesamt den gesamten Komplex bis 2004 frei.

Was wurde ausgraben und was machte dies so sensationell? Dass es sich um eine Kreisgrabenanlage mit einem Durchmesser von etwa 71 m und drei Unterbrechungen im Norden, Südosten und Südwesten handelte, war schon bekannt. Diese Unterbrechungen dienten als Zugang zum Inneren der Anlage und waren ebenfalls von Gräben begleitet. Unklar waren hingegen Detailfragen und vor allem die Datierung, die man natürlich einem Luftbild oder naturwissenschaftlichen Prospektionsmethoden nicht entnehmen kann. Und solange diese Fragen nicht geklärt waren, ließ sich auch die Anlage nicht deuten.

Für den Kreisgraben konnte eine Breite von 1,50–2,50 m und eine Tiefe 1,50–1,90 m nachgewiesen werden. Die Archäologen beobachteten nach innen hin, um 6 und 11 m versetzt, zwei kleine Gräben, in die hölzerne Palisaden eingesetzt waren. Die Durchgänge innerhalb dieser führten zu den Grabenunterbrechungen.

Aus dem großen Einfassungsgraben konnte sehr viel an archäologischem Material geborgen werden, das auch Hinweise auf die Datierung bot. Besonders die Stichbandkeramik, die von einer jungsteinzeitlichen Kultur im Saalegebiet gefertigt wurde, verwies auf ein Entstehungsdatum der Kreisgrabenanlage zwischen 5000 und 4800 v. Chr. Zugleich bot der Graben die Möglichkeit, die Nutzungsdauer der Anlage zu bestimmen. Es zeigte sich nämlich aufgrund der Einschwemmungen, dass dieser über längere Zeit offen gewesen sein muss. Nach sorgfältiger Abwägung aller Fakten kam man schließlich zu dem Ergebnis, die Kreisgrabenanlage habe bis etwa 4550 v. Chr. bestanden.

Abb. 21
Goseck, Kreisanlage. Das Luftbild zeigt die Kreisanlage in ihrem heutigen Zustand. Sie wurde aufwendig mit Eichenstämmen rekonstruiert.

Neben der Keramik fand man im Graben aber auch Steingeräte und Tierknochen. Auffällig war die Anhäufung von Rinderknochen; Schädel und Hörner fanden sich vor allem im Eingangsbereich.
Was wurde noch gefunden und wie ist das Ganze zu bewerten? Nördlich des Eingangs fand man eine Grube, in der die Knochen eines erwachsenen Menschen und zwei Pfeilspitzen lagen. Diese Knochenreste werden als eine Art Sonderbestattung betrachtet, die man auch aus anderen neolithischen Anlagen kennt. Inwieweit diese mit der

Funktion der Gesamtanlage in Verbindung zu bringen ist, lässt sich kaum beantworten.
Viel wichtiger ist hingegen die Entdeckung einer zeitgleichen Siedlung in nur 200 m Entfernung von der Kreisgrabenanlage. Daher darf man wohl die Anlage als einen zentralen Bezugspunkt für eine Kleinregion verstehen. Durch die bewusste Ausrichtung der beiden südlichen Tore – man kann durchaus von Visierlinien sprechen – wurde klar, dass die Anlage astronomischen Zwecken diente, nämlich der Bestimmung des Sonnenauf- und -untergangs zur Wintersonnenwende. Außerdem konnte mit der Anlage ein bestimmtes Frühlingsfest terminiert werden. Da dieser Termin für bäuerliche Gesellschaften von großer Bedeutung gewesen sein dürfte, glauben die Archäologen, dass im Inneren der Anlage zur Wintersonnenwende religiöse Feiern stattfanden, über deren Ablauf und Teilnehmer aber keine konkreten Aussagen, höchstens Vermutungen, gemacht werden können.
Nach Beendigung der Ausgrabungen wurde die Kreisgrabenanlage an ihrem originalen Standort rekonstruiert (Abb. 21). Dazu wurden insgesamt 1675 Eichenstämme für die Palisadenringe verbaut. Zur Verdeutlichung des astronomischen Charakters verlegte man im Mittelpunkt der Anlage eine Bodenplatte, die den Charakter des astronomischen Kalenders demonstriert.

Literatur
Th. Richter, Sternstunden der Frühzeit, AW 39/3, 2008, 86 f. 85 Abb. 3;
F. Bertemes – W. Schlosser, Der Kreisgraben von Goseck und seine astronomischen Bezüge, in: H. Meller (Hrsg.), Der geschmiedete Himmel. Die weite Welt im Herzen Europas vor 3600 Jahren (2004) 48–51.

Informationszentrum Sonnenobservatorium

Im Schloss von Goseck ist ein Informationszentrum eingerichtet worden. In den vier Ausstellungsräumen wird ausführlich über die Entstehung der Kreisgrabenanlage und ihre Geschichte berichtet. Eine vornehmliche Aufgabe der Präsentation ist es, die astronomische Fragestellung zu behandeln, aber auch über die Lebensbedingungen in der Jungsteinzeit wird informiert.

Burgstraße 53 (Schloss), 06667 Goseck, www.gosecker-sonnenobservatorium.de

Was mit einem Kriminalfall begann, sollte für die archäologische Forschung zu einem Glücksfall werden. Die „Himmelsscheibe" von Nebra, heute im Landesmuseum für Vorgeschichte in Halle, bietet tiefe Einblicke in die astronomischen Kenntnisse unserer Ahnen.

[22] NEBRA – ES BEGANN MIT EINEM KRIMINALFALL

Sachsen-Anhalt

Der Kriminalfall

Die Fundgeschichte der Himmelscheibe von Nebra ist genauso spektakulär wie der Fund selbst. Es begann alles an einem schönen Sommertag des Jahres 1999, an dem sich zwei Sondengänger ihrem illegalen Hobby widmeten. Diesmal hatten sie sich ein Bodendenkmal auf dem Mittelberg ausgesucht, weniger um bedeutende Schätze zu finden, als vielmehr Militaria zu sammeln.

Als die Metallsuchgeräte anschlugen, ging man nach bewährt rabiater Methode vor und öffnete mit einem Hammer den Boden. Dabei stießen die beiden Gesetzesbrecher auf einen Gegenstand, den sie zunächst für einen alten Eimerboden hielten. Doch die Grube barg noch andere Funde: Bronzeschwerter. Diese ließen erahnen, dass es sich bei dem vermeintlichen alten Eimerboden doch um mehr handelte als gedacht. Die Funde wurden schnell an einen Kunsthändler im Rheinland verkauft. Damit begann die Odyssee des Fundkomplexes vom Mittelberg. Der Erstkäufer tat sich schwer daran, die Objekte an Museen in Deutschland zu verkaufen, gab sie dann an eine Vermittlerin ab und ein Privatsammler kaufte die Stücke.

Im Laufe dieser Odyssee war der Fund auch dem Museum für Vor- und Frühgeschichte in Berlin mit der Herkunftsangabe Sachsen-Anhalt angeboten worden. Der Landesarchäologe Harald Meller erfuhr über das Berliner Museum davon und erkannte sofort die Bedeutung. Alles Bestreben ging nun dahin, den Verbleib zu ermitteln, die Hehler aus der Reserve zu locken und schließlich das Raubgut dem richtigen Eigentümer, also dem Land Sachsen-Anhalt, zuzuführen. Anfang 2002 gelang es der Polizei in Basel, die Gesetzesbrecher zu verhaften und die Hehlerware sicherzustellen.

Glücklicherweise gelang es durch verschiedene Maßnahmen, den Fundort zu bestimmen und durch Nachuntersuchungen die Befundlage zu klären. Das wichtigste Ergebnis dabei war, dass es sich bei der Himmelsscheibe und den zwei Bronzeschwertern um einen Depotfund handelte.

Abb. 22
Halle, Landesmuseum für Vor- und Frühgeschichte. Die Funde aus Nebra, hier die „Himmelsscheibe", haben im Museum eine neue Heimat gefunden.

Der Fundort

Der Fundort der Himmelsscheibe ist heute auf dem Mittelberg nachzuvollziehen. Dabei kann man sich an einem Aussichtsturm orientieren, der als Zeiger für eine gewaltige Sonnenuhr dient. Bodenmarkierungen aus Beton verdeutlichen astronomische Beziehungen. Runde Bodenplatten hingegen dokumentieren die verschiedenen Fundstellen, die im Zuge der archäologischen Untersuchungen entdeckt wurden. Der Fundort der Himmelsscheibe selbst ist durch eine große Metallplatte markiert.

Der Fund

War durch die Raubgrabung der Kontext des Fundes zunächst unklar, so gelang es den Archäologen doch, diesen wiederherzustellen. Die wichtigste Erkenntnis war, dass es sich um einen Hortfund und nicht etwa um ein Grab handelte. Die Scheibe hatte aufrecht gestanden, während die anderen Objekte einfach niedergelegt worden waren. Der Hort, knapp unter der Erdoberfläche gelegen, war zum Schutz mit lokalen Steinen abgedeckt worden.
Das zentrale Objekt des Fundes ist natürlich die Himmelsscheibe selbst (Abb. 22). Sie hat einen Durchmesser von ca. 0,32 m und wiegt etwa 2,3 kg. Sie besteht aus Bronze und die Einlagen aus Gold. In der Forschung konnte nachgewiesen werden, dass die Darstellung auf der

Scheibe mehrfach verändert wurde. Die Deutung betreffend steht heute fest, dass es sich hier um die Darstellung des Sternenhimmels handelt, bei der das Sternbild der Plejaden eine bedeutende Rolle spielt.

Literatur
S. Hansen, Archäologische Funde aus Deutschland (2010) 46 f. Abb. 15; Th. Richter, Sternstunden der Frühzeit, AW 39/3, 2008, 84–86 Abb. 1–2; H. Meller (Hrsg.), Der geschmiedete Himmel. Die weite Welt im Herzen Europas vor 3600 Jahren (2004).

Der Fund besteht aber nicht nur aus der Himmelsscheibe. Zu den größeren Objekten gehören zwei Bronzeschwerter, die eine Besonderheit aufweisen; sie besitzen Halbschalengriffe, d. h. ein Teil des Griffes ist in Bronze gegossen, während die andere Seite aus organischem Material bestand. Die Schwerter sind reich mit Kupfereinlagen verziert und weisen im oberen Griffbereich Goldmanschetten auf.
Zum Fund gehören auch zwei „Randleistenbeile“ aus Bronze. Es liegt die Vermutung nahe, dass sie mit ihrer Schäftung in den Boden gekommen sind. Außerdem ist ein Meißel aus dem gleichen Material vorhanden und Bruchstücke von Spiralarmreifen können dem Fund zugerechnet werden.

Besucherzentrum Arche Nebra

An der Steinklöbe 16, 06642 Wangen, Tel. 034461-25520, www.himmelsscheibe-erleben.de

Der Jahrhundertfund „Himmelsscheibe“ ließ allein durch die abenteuerliche Fundgeschichte ein riesiges Interesse an allem, was damit zu tun hatte, entstehen. Daher errichtete man in unmittelbarer Nähe des Fundortes auf dem Mittelberg, nur 3,5 km von diesem entfernt, das Besucherzentrum „Arche Nebra“, das im Jahr 2007 eröffnet wurde.
Die Architekten waren sich der Bedeutung bewusst, die dieser Neubau haben würde. So griffen sie für das Besucherzentrum die Form der Sonnenbarke auf der Scheibe auf und passten ihn sogar an die magische Farbe des Goldes an.
Im Besucherzentrum selbst finden sich zwei Ausstellungsebenen, die ausreichend Platz bieten, um die verschiedenen Themen um den Fundort und das Umfeld zu erläutern. Wer allerdings Originalfunde erwartet, wird enttäuscht, weil diese sicher im Landesmuseum in Halle aufbewahrt werden. Jedoch schließen Kopien die Lücke, auch wenn diese nie den Anblick des Originals ersetzen können.
Im Hauptraum des Besucherzentrums steht man unmittelbar einem großen, dreidimensionalen Modell der Sternenkonstellation gegenüber, die auf der Himmelsscheibe eindimensional dargestellt wird.
Einen weiten Raum nehmen in der Ausstellung natürlich die Auffindungsgeschichte der Himmelsscheibe, deren Erklärung und das zeitliche Umfeld – hier vor allem auch bronzezeitliche Depotfunde – ein. Dabei bedient man sich verschiedener Medien, so etwa Filmen zur Himmelscheibe selbst und zur Geschichte der Region.
Im Obergeschoss des Besucherzentrums findet sich ein kleines Planetarium. In einer Präsentation kann der Besucher die Sternenwelt anschaulich kennenlernen.

Haltern am See ist heute, der Zahl der Einwohner nach, eine Kleinstadt am nördlichen Rand des Ruhrgebiets. Kaum etwas lässt erahnen, dass hier eine der wichtigsten Basen für die Germanienfeldzüge in der Regierungszeit des Kaisers Augustus lag. Aber war es auch das lange gesuchte Kastell Aliso, welches als einziges römisches Lager dem germanischen Ansturm des Jahres 9 n. Chr. standhielt? Generationen von Heimatforschern haben Wissen und auch viel Fantasie aufgewandt, um Aliso möglichst in ihrer Heimat zu lokalisieren. Inzwischen haben sich aber genügend Indizien finden lassen, die eine Gleichsetzung des Halterner Lagers und Alisos nicht ausschließen.

[23] HALTERN AM SEE – WAR DAS RÖMISCHE LAGER DAS LANGE GESUCHTE ALISO?

Nordrhein-Westfalen

Das römische Lager

Als die Römer unter Augustus begannen, Germanien zu erobern, sollte die Lippe ein wichtiger Aufmarschweg für die Truppen des Imperiums werden. Schließlich war dieser Fluss in der Antike im Gegensatz zur heutigen Zeit mit Schiffen befahrbar und es gab kaum begehbare Wege durch die Wildnis Germaniens. In ihrem militärischen Konzept legten die Römer während ihrer Feldzüge Marschlager, aber auch Sommerlager an, um so den Vormarsch zu sichern.

Schon in der 1. Hälfte des 19. Jhs. war man in Haltern auf die Spuren eines römischen Lagers gestoßen. Die Spuren weiterer Lager kamen dann an der Wende vom 19. zum 20. Jh. ans Tageslicht. Jedoch waren die ausgegrabenen Reste zum Teil sehr kompliziert, sodass sie in ihrer endgültigen Deutung und Datierung problematisch sind.

Anders sieht es jedoch bei dem im Jahr 1901 entdeckten Hauptlager aus, in dessen Bereich bis heute durch das Westfälische Museum für Archäologie/Amt für Bodendenkmalpflege des Landschaftsverbandes Westfalen-Lippe (LWL) Ausgrabungen erfolgen.

Aber an der Stelle des Hauptlagers gab es bereits vorher ein „Feldlager", das schon recht groß war. Mit seiner Fläche von 614 x 560 m – das entspricht etwa einer Fläche von 34,5 ha – bot es Platz für wahrscheinlich zwei Legionen. Ganz dem Charakter eines Feldlagers entsprechend war die Befestigung relativ einfach: ein Erdwall, dem ein Spitzgraben mit einer Breite von etwa 2,5 m und einer Tiefe von 1,5 m vorlegt war, fasste das Lager ein. Vor dem Römermuseum (s. S. 70) sind Graben und Wall heute rekonstruiert (Abb. 23). Bei der Untersuchung des Lagerinneren zeigte sich, dass keine Bebauung nachzuweisen war. Die Soldaten müssen daher in Lederzelten, die zur Standardausrüstung gehörten, gewohnt haben.

Für ein Hauptlager kann man insgesamt natürlich einen viel größeren Aufwand erwarten als für ein Feldlager. Dies war auch in Haltern so und betraf sowohl die Befestigungen als auch die Innenbebauung.
Den äußersten Verteidigungsring bildeten zwei Spitzgräben, die doppelt so groß dimensioniert waren als die des Vorgängers, nämlich mit jeweils einer Breite von ca. 5,5–6 m und einer Tiefe von etwa 3 m. Auf die Gräben folgte die „Berme", ein Streifen zwischen Graben und Mauer. Die Berme war nötig, damit die Mauer nicht in den inneren Graben abrutschen konnte. Bei dieser handelte es sich um eine Holz-Erde-Konstruktion, deren Maße mit eine Höhe und Breite von jeweils 3 m angegeben werden. Die Konstruktion der Mauer zeigt, wie ökonomisch gearbeitet wurde: Der Raum zwischen den Holzverschalungen wurde mit dem Aushub der Gräben verfüllt. An allen vier Seiten des Lagers befanden sich 9 m breite Tore, alle mittig, mit Ausnahme des Nordtores, das aus Verteidigungsgründen am höchsten Geländepunkt des Lagers angelegt wurde.

Abb. 23
Haltern am See, LWL-Römermuseum. Vor dem Museum findet sich der wiederhergestellte römische Spitzgraben des Feldlagers.

Als das Hauptlager in den Jahren um Christi Geburt angelegt wurde, war es zu Anfang 500 x 380 m groß, hatte also eine Fläche von 190.000 m². Jedoch zeigte sich im Laufe der Nutzung, dass diese Fläche für die Zahl der dort stationierten Truppen nicht ausreichte. Daher verschob man die Lagergrenze um 60 m nach Osten: Somit entstand nun ein Lager mit der Größe von 560 x 380 m und 212.800 m².
Angesichts der Größe, die das Lager besaß, mussten natürlich auch die Lagerstraßen entsprechend dimensioniert sein. Die Hauptstraßen des Lagers waren etwa 30 m *(via principalis)* und 50 m *(via praetoria)* breit, während die kleineren Lagerstraßen zwischen 15 und 20 m breit waren.
Im Zentrum der Anlage, am Schnittpunkt von *via principalis* und *via praetoria,* lag die *principia*, das Stabsgebäude, das einmal umgebaut

wurde. Das Gebäude hatte die Maße von 46 x 54 m und besaß einen Säulenhof mit einer Größe von 35 x 28 m. Eine zweischiffige Halle, eine *basilica,* konnte nachgewiesen werden. In der *principia* fanden sich außerdem Büroräume.
Im Umfeld des Stabsgebäudes waren die Quartiere der Offiziere, bei denen es sich um aufwendigere Bauten mit Säulenhöfen handelte, angelegt. Die Legionäre hingegen waren in Kasernen untergebracht, die bis zu 70 m lang sein konnten. In einem Kasernenbau war jeweils eine *centuria* untergebracht und der einfache Soldat musste sich einen Raum mit einer Größe von etwa 16 m² mit sieben Kameraden teilen. Man kann sich gut vorstellen, dass ein solches Lager unter diesen Umständen viel zu dicht bevölkert war und daher Nährboden für alle möglichen Krankheiten bot. Außerdem galt es auch, Verwundete aus Kampfeinsätzen zu pflegen. Daher legte man in einem Lager ein Lazarett *(valetudinarium)* an, das in Haltern mit seinen 80 x 44 m das größte Gebäude am Ort gewesen ist.
Aber es war in solchen großen Lagern ebenfalls üblich, dass Handwerksbetriebe vorhanden waren, so auch in Haltern. Sie produzierten etwa Gebrauchskeramik und Eisenwaren.

Das LWL-Römermuseum

Schon im Jahr 1906 war in Haltern ein Museum entstanden, das die Funde der Ausgrabungen beherbergte. Nach Kriegszerstörung und aufgrund veränderter Anforderungen an Museumsbauten entschloss sich der Landschaftsverband Westfalen-Lippe (LWL) im Jahr 1993 am heutigen Standort ein neues Museum zu errichten. Bewusst wurde dabei der Standort des römischen Feldlagers gewählt.
Auch mit der Architektur wurde versucht, an das römische Lager anzuknüpfen. Die gläserne Dachkonstruktion soll eine Reminiszenz an die Zelte der römischen Armee darstellen, die hier einmal gestanden haben. Auf einer Ausstellungsfläche von rund 1000 m² wird die Geschichte des Lagers anschaulich dokumentiert und erlebbar. So kann man etwa ein römisches Militärzelt besichtigen oder sich eine Vorstellung davon machen, welches Gewicht ein Legionär schleppen musste, indem man es selbst zu tragen versucht. Darüber hinaus beleuchtet das Museum aber auch die Lebensumstände im Lager Haltern und stellt die Lippe als Versorgungsweg für Roms Armee dar.
Im Zusammenhang mit den weiteren archäologischen Untersuchungen und dem Römermuseum soll im Jahr 2014 in der Nähe des Museums ein archäologischer Park (Römerpark Aliso) entstehen. Soweit die Planungen bekannt sind, wird an Ort und Stelle ein Abschnitt der Lagerbefestigung mit dem Westtor im Maßstab 1:1 rekonstruiert und so das Bild eines befestigten Lagers zur Zeit des Augustus veranschaulicht. Bevor der Park jedoch entstehen kann, sind noch umfassende archäologische Untersuchungen nötig.

Weseler Straße 100, 45721 Haltern am See, Telefon 02364/9376-0, www.lwl-roemermuseum-haltern.de

Literatur
J.-S. Kühlborn, Auf dem Marsch in die Germania Magna – Roms Krieg gegen die Germanen, in: M. Müller – H.-J. Schalles B N. Zieling (Hrsg.), Colonia Ulpia Traiana. Xanten und sein Umland in römischer Zeit, Geschichte der Stadt Xanten I (2008) 78. 83. 85 Abb. 70–73.

Der Besucher verbindet mit Köln den Karneval und den Dom. Aber die quirlige Großstadt am Rhein blickt auf eine lange Geschichte mit ihren Höhen und Tiefen zurück. Die römische Stadt, tief unter der modernen begraben, bietet für den aufmerksamen Besucher immer wieder Einblicke in eine längst vergangene Welt.

[24] KÖLN – SEIT MEHR ALS 2000 JAHREN STADT

Nordrhein-Westfalen

Ein geschichtlicher Überblick

Auch wenn Caesar die Eroberung Galliens im Jahr 51. v. Chr. bereits als beendet angesehen hatte, kam es in den folgenden Jahrzehnten immer wieder zu Unruhen. Dabei gerieten die proromischen Ubier in Konflikt mit ihren Nachbarn. So musste Agrippa, Freund und späterer Schwiegersohn des Augustus, im Jahr 38 v. Chr. diesen Stamm umsiedeln.

Als neue Heimat bot sich das Territorium der Eburonen an, die Caesar praktisch ausgerottet hatte. Der neue Zentralort sollte auf jener Schotterplatte am Rhein entstehen, auf der die heutige Kölner Altstadt liegt. Die neue Ansiedlung erhielt den Namen *oppidum Ubiorum*. Die ältesten Belege für die Neugründung stammen allerdings erst aus den Jahren um Christi Geburt.

Für die Entwicklung der Stadt bedeutend war der Altar der Ubier, der sicher ab 10 n. Chr. belegt ist. Mit diesem Monument war nämlich der damalige Kaiserkult verbunden.

Vermutlich war Köln von Anfang an Sitz der niedergermanischen Heeresleitung. So lässt sich auch erklären, dass hier im Jahr 15 n. Chr. die jüngere Arippina als Tochter des Germanicus und der älteren Agrippina geboren wurde. Sie beeinflusste ihren späteren Ehemann, Kaiser Claudius (41–54 n. Chr.), die Stadt zur Veteranenkolonie mit dem Namen *Colonia Claudia Ara Agrippinensium* (CCAA) zu erheben.

Im Laufe der folgenden Jahrzehnte stand das römische Köln immer wieder im Brennpunkt oft negativer Ereignisse. Trotzdem konnte sich die Stadt entwickeln. Im Jahr 85 n. Chr. wurde sie Sitz des Statthalters für Niedergermanien *(Germania inferior)*. Das eindrucksvollste Zeugnis für diese Funktion findet sich im ausgegrabenen *praetorium* (s. S. 74, 78f.). Weltgeschichte wurde im Jahr 98 n. Chr. geschrieben, als Traian (98–117 n. Chr.) hier von der neuen Würde als Augustus und Nachfolger Nervas (96–98 n. Chr.) erfuhr.

Im 3. Jh. n. Chr. wurde die Stadt zeitweise Hauptstadt des „Gallischen Sonderreiches" (s. auch Trier, S. 120ff.). Eine größere Förderung erfuhr Köln unter Kaiser Konstantin (306–337 n. Chr.), der u. a. das

Kastell Divitia (heute Köln-Deutz) anlegen ließ. Danach begann der Niedergang: Plünderungen und Verwüstungen durch Germanen sind für die zweite Hälfte des 4. Jhs. n. Chr. belegt. Endgültig für Rom verloren ging Köln im Jahr 456; die Franken errichteten um die Stadt herum ihr eigenes Königreich. Weitere Brüche in der Stadtgeschichte, einhergehend mit dem Verlust großer Baudenkmäler, waren ein schweres Erdbeben 770/780 und die Zerstörung Kölns durch die Normannen im Jahr 881.

Die Erforschung

Bis zum Zweiten Weltkrieg war eine gründliche Erforschung der antiken Stadt immer nur punktuell möglich gewesen. Beim Wiederaufbau der weitgehend zerstörten Altstadt konnten durch die Archäologen zahlreiche Erkenntnisse gewonnen werden, doch zeitbedingt – die Wiederherstellung einer Infrastruktur und der Bau von Wohnungen hatten Vorrang – wurde vieles dokumentiert, aber außer den Funden nur wenig erhalten. Neue Einblicke in die Stadtgeschichte bot der Bau einer neuen U-Bahn-Linie, der archäologisch begleitet wurde.
Ein besonders interessanter Bereich betrifft die Ausgrabungen unterhalb des Kölner Doms. Über lange Zeit hinweg haben sich die Archäologen durch die Baugeschichte der Kirche bis in die römischen Schichten durchgegraben. Die Ergebnisse sind eindrucksvoll und können im Rahmen von Führungen besichtigt werden.

Die römische Stadt

Was wissen wir aber über die römische Stadt? Um 200 n. Chr. umfasste eine Stadtmauer, die bis in das 1. Jh. n. Chr. zurückreicht, mit einer Länge von fast 4000 m eine Fläche von 96,8 ha, die den Rändern des Schotterplateaus folgte. Die rund 7 m hohe Mauer war durch 19 Türme gesichert, deren exakte Höhe nicht bekannt ist. Sowohl von den Türmen (s. S. 76 f.) als auch von der Stadtmauer (s. S. 75, 78 f.) sind Teile in unterschiedlicher Qualität erhalten, weil die römischen Befestigungsanlagen bis in das Mittelalter ihren Zweck behielten und daher nicht abgebrochen wurden. Außerdem gab es einen Graben entlang der Mauern, der aber mit der Ausdehnung der Bebauung seine Funktion verlor.
Der Zugang zur Stadt erfolgte durch neun Tore unterschiedlicher Größe. Vom Nordtor (s. S. 75, 81) haben sich im Römisch-Germanischen Museum die Quader des Torbogens mit der Abkürzung CCAA erhalten, während ein Teil des Tores höhenversetzt an der Westseite des Domes wieder aufgebaut wurde. Innerhalb der Mauern wohnten ca. 15.000 Menschen, denen noch rund 5000 zugerechnet werden müssen, die im Umland lebten. Diese Menschen benötigten natürlich Wasser. Dies wurde über eine große Leitung aus der Eifel herangeführt, die sich in mehreren Etappen auf dem „Römerkanal-Wanderweg“ erlaufen lässt.

Das Stadtbild war geprägt von einem orthogonalen Straßensystem, d. h. es handelte sich um ein Gitternetz mit rechten Winkeln. Davon lässt sich heute kaum noch etwas erkennen, weil die römische Stadt im Mittelalter so weit zerstört worden war, dass auf alte Straßenzüge und Besitzverhältnisse keine Rücksicht mehr genommen werden musste. Lediglich die Hohe Straße folgt einer der Hauptachsen. Jedoch vermittelt ein rekonstruierter Straßenabschnitt am Römisch-Germanischen Museum (s. S. 80 f.) einen ungefähren Eindruck.
Zwingend vorhanden sein musste in der römischen Stadt ein Forum. Auf der Suche danach stieß man auf einen Komplex, der sich über die Fläche von sechs Wohnblöcken *(insulae)* erstreckte. Bei archäologischen Untersuchungen konnte an dessen Westseite ein unterirdischer Bau festgestellt werden, der auf eine halbkreisförmige, oberirdische Hallenarchitektur schließen ließ, während er zu den anderen Seiten durch Hallen eingefasst war. Diese außergewöhnliche Konstruktion löste in der Forschung eine Diskussion darüber aus, ob es sich hier wirklich um das Forum handele. Inzwischen neigt man dazu, hier den Sitz des Provinziallandtages zu sehen. Nach Westen hin könnte die *ara Ubiorum*, der Altar der Ubier, gestanden haben. Für das Forum wäre damit in der Stadtmitte kein Platz, es müsste folglich an nicht zentraler Stelle im Stadtgebiet gelegen haben.
Für das Wirtschaftsleben der Stadt war der Hafen von großer Bedeutung. Auf der Höhe des *praetoriums* lag eine Insel im Rhein, die sich als Hafen anbot und vermutlich schon in der frühen Geschichte Kölns genutzt wurde. Im Lauf der Zeit erfuhr der Hafen verschiedene Änderungen, über die vor allem die neuen U-Bahn-Ausgrabungen Aufschluss geben.
Die Insel wies die einem Hafen entsprechende Infrastruktur (Lagerhäuser u. Ä.) auf. Im 1. Jh. n. Chr. existierte hier auch eine Thermenanlage, die in Teilen in der Krypta von Groß St. Martin konserviert wurde.
Zu einer römischen Stadt gehörten natürlich auch Tempel. Für Köln sind mehrere Bauten überliefert. Im heutigen Stadtbild wahrnehmbar ist aber kein Tempel. Jedoch erinnert die Kirche St. Maria im Kapitol, im Südosten des Stadtgebietes gelegen, an den Standort des Kapitols, des Tempels für Jupiter, Juno und Minerva. Hier konnten bei Ausgrabungen auch entsprechende Reste nachgewiesen werden.
Neben den staatstragenden Kulten gab es in Köln auch andere. Wohl recht bald nach der Zerstörung Jerusalems im Jahr 71 n. Chr. dürfte die jüdische Gemeinde in Köln entstanden sein, auch wenn die frühesten Erwähnungen in die Jahre 321 und 331 n. Chr. fallen. Die Gemeinde bestand bis 1349. Über ihre frühe Zeit ist wenig bekannt; jüdisches Leben wird erst in karolingischer Zeit mit Bauresten im Rathausviertel greifbar.
Eine andere Glaubensrichtung sollte jedoch weitaus mehr Spuren im Stadtbild hinterlassen: das Christentum. Vermutlich im 2. Jh. n. Chr.

gab es die erste Gemeinde. Ein Bischofssitz aber entstand erst zu Anfang des 4. Jhs. n. Chr. und der erste gesicherte Amtsinhaber war Maternus. In den Augen Konstantins des Großen besaß dieser eine ausreichende Autorität, um die Position des Kaisers bei den Konzilien in Rom 313 und in Arles 314 n. Chr. zu vertreten. Seinen Bischofssitz hatte er wohl in der unmittelbaren Nähe des heutigen Domes (s. S. 79 f.). Vor den Toren der antiken Stadt, im Bereich der Friedhöfe, entstanden zahlreiche Kirchen, deren Nachfolgerbauten noch heute die Stadtsilhouette prägen, so St. Gereon oder St. Severin. Aus diesen sollte sich im Laufe der Jahrhunderte das „Heilige Köln" mit seiner prosperierenden Wirtschaft entwickeln. In der Krypta von St. Gereon lassen sich heute Reste der frühen Basilika besichtigen, während in der von St. Severin die Grabungsbefunde eines Gräberfeldes konserviert wurden.

Denkmäler

Für den Besucher, der sich mit dem römischen Köln beschäftigen will, sollte es ein Muss sein, sich mit der Größe des Stadtgebietes vertraut zu machen. Dies ist relativ leicht zu bewältigen, wenn man etwa zwei bis drei Stunden Zeit hat, um auf den Spuren der Stadtmauer durch Köln zu streifen. Hilfreich sind dabei die von der Stadt aufgestellten Beschilderungen. An manchen Stellen fällt die Spurensuche aber nicht leicht, da auf den Resten der Stadtmauer moderne Häuser stehen, so etwa in der Clementstraße.

Jeden einzelnen archäologischen Befund zu beschreiben, ist an dieser Stelle nicht möglich. Für einen Rundgang bietet sich jedoch der Dom als Ausgangspunkt an, weil hier gleich zwei Reste der römischen Befestigungsanlagen besichtigt werden können. Auf der Domplatte, westlich des Sakralbaus, sieht man ein Monument, das sich nicht von selbst erklärt. Es handelt sich dabei um den stadtseitigen Durchgang des römischen Nordtores, das ursprünglich aus drei Durchgängen bestand und über zwei Stockwerke verfügte. Der mittlere Durchgang war bedeutend größer als die seitlichen. Welche Dimensionen er besaß, zeigt die Rekonstruktion des Bogens im Römisch-Germanischen Museum, die auch die mit der stolzen Abkürzung CCAA *(Colonia Claudia Ara Agrippinensium)* dem ankommenden Reisenden den Namen der Stadt verkündet. Für das zweite Denkmal, das sich hier befindet, muss man in die Tiefgarage unter der Domplatte steigen: Dort findet man einen typischen Mauerabschnitt.

Wer relativ wenig Zeit mitbringt und sich noch an anderer Stelle einen Eindruck von einem Stadttor verschaffen und zugleich auch einen Eindruck von einer typisch römischen Straße gewinnen möchte, sollte sich dem Römisch-Germanischen Museum zuwenden. An dessen Südseite wurde im Jahr 1970 der Teil einer römischen Straße freigelegt, die aufgrund ihrer Maße – im römischen Köln waren die Fahrbahnen zwischen 11 und 14 m breit – als Nebenstraße klassifiziert wurde.

Diese Straßen waren mit Basaltblöcken gepflastert. Außerdem kann man die Reste des Hafentors sehen. Ergänzt wird das Straßenbild durch einen einfachen Laufbrunnen, bestehend aus einem Brunnentrog und -stock mit Wasserauslass, aus dem sich das Wasser in das Becken ergießt.
Wer den großen Rundgang wagt, wird an der Ecke Tunisstraße/Komödienstraße auf den Rest eines Turms mit anschließenden Mauerresten stoßen dem nur wenig später, am Zeughaus, ein weiterer Abschnitt der Befestigung folgt. Heute nimmt man ihn aber eher als neuzeitlichen „Römerbrunnen" wahr, der mit Reliefs verziert und von einem Denkmal mit der Darstellung der *lupa romana*, der römischen Wölfin, überragt wird.
Der sicherlich bekannteste römische Turm Kölns ist jener an der Nordwestecke der *colonia*, heute an der Kreuzung Zeughausstraße/Aspernstraße. (Abb. 24) Man kann ihn durchaus als Muster für einen Standardturm bezeichnen, da alle Türme Kölns einem bestimmten Schema folgten: Sie sind alle auf einer quadratischen Fundamentplatte (9,80 x 9,80 m) errichtet und im Grundriss als Rundtürme angelegt worden. Zur Feldseite hin liegt die Mauerstärke bei etwa 2,50 m, auf der Stadtseite bei 1,30 m. Die Türme waren innen hohl und konnten vermutlich nur von einem Wehrgang aus betreten werden. Der sogenannte Römerturm weist heute noch eine Höhe von ca. 5,50 m auf. Markant ist dieser durch die Mauertechnik, weil auf der Feldseite ein Mosaik aus Feldsteinen zu sehen ist. Der heute vorhandene Zinnenkranz stammt aus dem Jahr 1897 und entspricht in der Rekonstruktion den damaligen Vorstellungen.
Ein weiterer für die Stadtgeschichte wichtiger Turm ist das „Ubiermonument", dessen Überreste im Keller des Hauses An der Malzmühle 1 konserviert wurde. Eigentlich handelt es sich dabei um den „Hafenturm".
Im Jahr 1966 stieß man im Südosten der römischen Stadt auf große Reste eines fast quadratischen Turmes aus Stein. In dieser Zeit war es in Köln durchaus noch üblich, Reste aus der Römerzeit abzutragen. Schließlich galt es noch immer, den kriegsbedingten Wohnungsmangel zu beseitigen. Otto Doppelfeld, der die Ausgrabungen leitete, hatte schnell die Bedeutung dieses Denkmals erkannt und verfiel auf die Idee, den Kölner Politikern und Bürgern den Neufund nicht als Turm, sondern als sogenanntes Ubiermonument zu verkaufen. Damit sprach er die Seelenlage der Kölner an, die in den Ubiern praktisch die Ur-Kölner sahen. Und ein so wichtiges Monument musste aus Lokalpatriotismus natürlich erhalten bleiben und wurde daher im Keller eines Privathauses konserviert.
Was hatte Doppelfeld nun aber gerettet? Dass es sich um einen Turm der Stadtbefestigung handelte, wurde bereits erwähnt, aber seine Bauausführung macht ihn zu einem wichtigen Zeugnis der Geschichte. Aufgrund des Untergrundes, auf dem der Turm errichtet wurde,

Abb. 24
Köln, Zeughausstraße/ St. Aspern-Straße. Der "Römerturm" liegt an der nordwestlichen Ecke der colonia.

musste eine sorgfältige Fundamentierung erfolgen. Um einen sicheren Stand zu erreichen, trieb man Eichenpfähle tief in den Boden, die einen Rost trugen. Diese Pfähle boten den Ansatz zur Datierung des Bauwerks, nämlich in das Jahr 4 n. Chr. Damit handelte es sich um den ältesten Steinbau im römischen Deutschland. Auf diesen Unterbau brachte man als Fundament eine Platte aus römischem Gussbeton *(opus caementitium)* auf. Schließlich legte man noch drei Quaderschichten aus Tuff für das 9,70 x 9,38 m große Fundament. Darüber entstand dann das aufgehende Mauerwerk aus dem gleichen Material, von dem heute noch neun Schichten erhalten sind. Um die Mitte des 1. Jhs. n. Chr., als die neue Stadtmauer errichtet wurde, war der Turm allerdings schon in einem sehr schlechten Zustand.

Das *praetorium* – das Herz der Provinzialverwaltung

Wer genügend Zeit mitbringt, um sich mit der römischen Vergangenheit Kölns zu beschäftigen, kommt nicht umhin, das *praetorium*, den Sitz des Statthalters der *Provincia Germania inferior* (Niedergermanien), Kleine Budengasse 2, zu besichtigen.
Die Entdeckungsgeschichte führt uns wieder in die Jahre nach dem Zweiten Weltkrieg, in denen sich der Kölner Archäologie die Gelegenheit bot, auch im Zentrum der Stadt Untersuchungen vorzunehmen. Im Jahr 1953 stieß Otto Doppelfeld als verantwortlicher Archäologe auf einen großen Baukomplex, den er schnell mit dem *praetorium* in Verbindung bringen konnte. Aufgrund der Bedeutung des Gebäudes gelang es ihm auch, den Bau zu konservieren und unter dem „Spanischen Bau" des Kölner Rathauses zugänglich zu machen. Dies war auch der Auslöser für Rudolf Pörtner (1912–2001), der vielen Lesern als Sachbuchautor in Erinnerung geblieben ist, sein im Jahr 1959 erschienenes Buch über das römische Deutschland mit dem Titel „Mit dem Fahrstuhl in die Römerzeit" zu versehen.
Die archäologischen Untersuchungen Doppelfelds konnten die komplizierte Baugeschichte klären. Der erste Bau entstand wohl in den Jahren um Christi Geburt, erstreckte sich über eine Länge von 60 m und war mit seiner Fassade zum Rhein hin ausgerichtet. Weitere Gebäudeteile fanden sich im Westen. Mit der Entwicklung und der Aufwertung der Stadt zur *colonia* sollte im Laufe des 1. Jhs. n. Chr. auch der Sitz des Statthalters ausgebaut werden. Im Norden entstand ein 45 m langer Anbau mit zwei Konchen, die zum Rhein hin ausgerichtet waren. Außerdem kam es zu weiteren Bautätigkeiten im Westen.
Dieser Zustand blieb bis etwa 180 n. Chr. bestehen. Durch einen Weihestein, der schon 1630 gefunden wurde, lässt sich die folgende Neugestaltung mit dem kaiserlichen Statthalter Q. Tarquinius Catulus in Verbindung bringen. Große Teile der Anlage wurden abgerissen, weil das Gebäude baufällig geworden war. Stattdessen ließ Catulus mehrere Neubauten ausführen, unter denen sich im Süden eine dreischiffige Basilika mit Apsis im Osten befand. Damit hatte der Statthaltersitz

eine Fläche von 30.000 m², also etwa der Größe von vier Fußballfeldern entsprechend, erhalten.
Im 3. Jh. n. Chr. diente er als zeitweilige Residenz des Gallienus (253–268 n. Chr.) während des „Gallischen Sonderreiches", bis der Sitz des Kaisers nach Trier verlegt wurde.
Anfang des 4. Jhs. n. Chr. brannte der Komplex ab und wurde wohl in der Regierungszeit Konstantins des Großen (306–337 n. Chr.) verkleinert wieder aufgebaut. Eine letzte Wiederherstellung in annähernd alter Größe erfolgte nach dem Angriff der Franken im Jahr 355. Dominierend bei diesem Bau war im Zentrum ein gewaltiger Oktogonalbau, der die übrigen Gebäudeteile überragte. Mit einer Fertigstellung des Baus ist aber nicht vor dem Ende des 4. Jhs. zu rechnen. Teile des *praetoriums* dürften bis in karolingische Zeit genutzt worden sein.
In unmittelbarer Nähe zum *praetorium* stieß man vor einigen Jahren auf die Überreste des jüdischen Wohnquartiers. Die Identifikation fiel leicht, da ein Ritualbad, eine Mikwe, ausgegraben wurde. Dass es sich dabei nicht um den frühesten Wohnbereich handeln konnte, lässt sich recht gut begründen: Teile der Gebäude waren in das *praetorium* eingebaut, was in der Kaiserzeit oder der Spätantike undenkbar war.
Aufgrund der Ausgrabungen soll in den nächsten Jahren hier ein Jüdisches Museum entstehen, in dem die baulichen Reste des Ghettos im Mittelpunkt stehen und das Leben in der jüdischen Gemeinde bis zu ihrem Untergang dokumentiert wird.

Das Baptisterium – Zeugnis eines Bischofssitzes

Verlässt man heute die Domplatte über die unmittelbar vor dem Eingang des Museums Ludwig gelegenen Treppen, kommt man zu einem kleinen Platz, in dessen Mitte sich eine moderne Skulptur befindet. Blickt man nach rechts, nimmt man eine Gittertür wahr, hinter der sich ein Zeugnis des frühen Christentums in Köln findet. Innerhalb des modernen Raums – vom ursprünglich rechteckigen Raum lässt sich nichts beobachten – kann man ein achteckiges Becken erkennen, das wohl unzweifelhaft als Taufbecken gedeutet werden kann. Über diesem war ein Baldachin angebracht, dessen Säulen auf den Ecken des Beckens standen.
Wie aber stellt sich die Verbindung von einer Taufkapelle zu einem Bischofssitz her? Zunächst ist festzuhalten: Wo eine Taufkapelle zu finden ist, muss auch eine Kirche vorhanden gewesen sein, selbst wenn sich keine oder nur spärliche Reste davon beobachten lassen. Die Verbindung mit einem Bischofssitz erklärt sich aus der Lage im Stadtplan und einer Nutzungskontinuität. Diese frühe Kirche lag innerhalb des antiken Stadtgebietes in Randlage und unmittelbarer Nähe zur Stadtmauer. Daher darf man annehmen, dass das antike Stadtgebiet intakt war. Als weiteres Argument dürfen der Dom und seine Baugeschichte herangezogen werden; seine Vorgänger bezeugen, dass die Kirche hier auf Traditionen zurückgriff, die im Mittelalter wichtig waren. Dazu gehörte

auch der Konkurrenzkampf zwischen Köln und Trier um die kirchenrechtliche Bedeutung der jeweiligen Bistümer und selbstverständlich auch wirtschaftliche Aspekte für die jeweilige Stadt.

Die Grabkammer in Köln-Weiden

Aachener Straße 328, 50933 Köln

Auch wenn man das Stadtzentrum verlassen muss, ist der Besuch der Grabkammer in Köln-Weiden unbedingt zu empfehlen. Auf diese Grabkammer stieß man bei Erdarbeiten im Jahr 1843. Glückliche Umstände führten dazu, dass der preußische Staat den Komplex erwarb und einen Schutzbau errichten ließ.
Die Grabkammer, tief unter der Erde gelegen und über eine Treppe erreichbar, zeigt einen rechteckigen Grundriss. Das Tonnengewölbe stellt eine korrekte Ergänzung des 19. Jhs. dar. Die Seitenwände und die Rückwand sind mit großen Nischen versehen, in denen Klinen stehen. Dazu gab es die Nachbildung eines Korbsessels. Aufgrund der Klinen und des Sessels glaubt man, in der Grabkammer die Nachbildung eines Speiseraums sehen zu können.
Die Ausstattung des Grabes ist praktisch vollständig erhalten. Dazu gehören zahlreiche Porträts der Verstorbenen, deren Beisetzung in Urnen erfolgte.
Ein Problem bereitet allerdings der „Jahreszeiten-Sarkophag" aus Carrara-Marmor, der in zahlreiche Fragmente zerbrochen war. Weil er viel zu groß ist, um in einem Stück in die Grabkammer gebracht zu werden, ist man zu dem Schluss gekommen, der Sarkophag sei ursprünglich obertägig aufgestellt gewesen und dann beim Zusammenbruch des Gewölbes dorthin gelangt.
Das Grab, das zu einem Gutshof gehört haben muss, war lange Zeit in Gebrauch. Aufgrund der Funde geht man davon aus, die Anlage sei etwa um 150 n. Chr. entstanden und bis um die Mitte des 4. Jhs. n. Chr. genutzt worden.

Römisch-Germanisches Museum

Roncalliplatz 4, 50667 Köln, www.museenkoeln.de

In Köln war das Sammeln von Antiken seit dem 16. Jh. weit verbreitet. Es entstanden zahlreiche Privatsammlungen, zu denen auch jene des Ferdinand Franz Wallraf (1748–1824) zählte, welche die Grundlage für das 1861 eröffnete Städtische Museum (Wallraf-Richartz-Museum) bildete. Durch die Ausgrabungen nach dem Zweiten Weltkrieg kamen viele wichtige Funde ans Tageslicht. Daher wurde es nötig, ein Museum für alle vor- und frühgeschichtlichen Funde sowie Sammlungen zu bauen. Unmittelbar am Dom entstand zwischen 1970 und 1974 das neue Museumsgebäude. Bei der Standortwahl war ausschlaggebend, dass man das 1941 hier gefundene und um 220/230 n. Chr. datierte Dionysos-Mosaik, aus einer großen Villa stammend, an seinem Ursprung bewahren wollte.

Die Architektur und die Ausstellungskonzeption orientierten sich am damaligen Zeitgeist. Dies stieß nicht immer auf eine positive Resonanz in der Fachwelt. Das Publikum hingegen nahm das neue Museum an, jedoch gibt es inzwischen Planungen, das Haus den modernen Erfordernissen anzupassen.

Die Gewichtung bei den Sammlungen des Museums liegt eindeutig auf römischen Funden. Wichtige Bestandteile der Sammlung sind die Steindenkmäler, die das politische und soziale Leben in Köln beleuchten. Besonders hervorgehoben wird der Bogen des römischen Nordtores mit der Inschrift CCAA. Grabreliefs und Inschriften geben Auskunft über die Bevölkerung der Stadt. Der Höhepunkt im Bereich der Grabdenkmäler ist das um 40/50 n. Chr. entstandene zweigeschossige Grabmonument des Poblicius, das aber in seiner Gestaltung nicht als singulär gesehen werden darf.

Eine Reihe von Weihungen spiegelt die römische Götterwelt wider; neben den Staatsgöttern – Jupiter, Juno und Minerva – belegen sie auch fremde Kulte wie den der ägyptischen Göttin Isis oder des aus dem Orient stammenden Mithras.

Tägliches Leben in Köln wird abgebildet durch die Ausstellung von Gebrauchs- und Luxusgütern, so etwa Keramik unterschiedlichster Qualität und Herkunft. Zum täglichen Leben zählt aber auch die Darstellung des Umfelds, in dem man wohnte. Römischer Wohnluxus zeigt sich dabei in Mosaikböden wie dem schon genannten Dionysos-Mosaik oder dem Philosophenmosaik. Daneben sind auch die Wandmalereien zu betonen.

Einen Höhepunkt bildet die Sammlung antiker Gläser. Mit rund 1000 Objekten gilt sie als die größte Europas. Interessant ist dabei, dass diese überwiegend aus den Glashütten Kölns stammen. Das Spektrum reicht vom einfachen Glas hin zu Kostbarkeiten wie den Diatretgläsern, von denen man bis heute noch nicht genau weiß, wie sie gefertigt worden sind.

Wie der Name des Museums schon verdeutlicht, hat sich das Museum auch die Darstellung der Vor- und Frühgeschichte des Kölner Raums zur Aufgabe gemacht. Die ältesten Funde stammen dabei aus der Altsteinzeit und setzen sich kontinuierlich fort bis zur Römerzeit, um dann die fränkische Geschichte der Stadt zu beleuchten. Hier sind es vor allem Waffen, Gläser, Keramik und Schmuck, die Einblicke in die Lebenswelt der Spätantike und des frühen Mittelalters erlauben.

Literatur

A. Schäfer, Die großen Kölner Thermen, Ausgrabung und Denkmalschutz, in: Frontinus-Gesellschaft e. V. (Hrsg.), SPA. Sanitas per aquam, BABesch Suppl. 21 (2012) 343–350;
M. Trier, 10 Jahre U-Bahn-Archäologie in Köln – Ausgrabungen rund um den Bau der Nord-Süd-Stadtbahn, AW 42/5, 2011, 76–82;
M. Trier, Zehn Jahre U-Bahn-Archäologie in Köln, in: Th. Otten – H. Hellenkemper – J. Kunow – M. Rind (Hrsg.), Archäologie in Nordrhein-Westfalen. Begleitbuch zur Ausstellung im Römisch-Germanischen Museum der Stadt Köln (2010) 233–24.

Die am Niederrhein gelegene Samt-und Seidenstadt Krefeld ist heute eine moderne Großstadt mit mehr als 200.000 Einwohnern. Sie besitzt ein reichhaltiges Angebot an Museen unterschiedlicher Ausrichtung, die alle einen Besuch lohnen. Während Krefeld selbst eine mittelalterliche Gründung ist, kann ein Ortsteil, Gellep, auf eine lange Geschichte zurückblicken, die im 1. Jh. n. Chr. begann.

[25] KREFELD – GRÄBER MACHEN EINE STADT BEKANNT

Nordrhein-Westfalen

Das Kastell und der *vicus*

Nicht nur aus den antiken Quellen war bekannt, dass im Dorf Gellep ein römisches Militärlager bestanden hatte, weil dessen Überreste erst im hohen und späten Mittelalter abgerissen wurden. Aber es sollte noch bis in die 1930er-Jahre dauern, bis die ersten archäologischen Untersuchungen erfolgten. Umfassendere Ausgrabungen wurden von 1964–1968 und von 1971–1974 durchgeführt, die letzten vor allem deshalb, weil der Krefelder Rheinhafen erweitert werden sollte. Im Gelände selbst haben sich praktisch keine sichtbaren Spuren erhalten.

Bei diesen Untersuchungen konnten viele Einzelheiten zur Kastellgeschichte geklärt und die wichtigsten Bauten des Lagers lokalisiert werden. So zeigte sich etwa, dass am Anfang ein Feldlager existierte, bei dem eine Schlacht während des Bataveraufstandes stattfand. Tacitus schilderte in seinen Historien (4, 33) ausführlich den Verlauf der Schlacht und machte deutlich, dass die Römer beinahe gänzlich aufgerieben worden wären, wenn nicht kurz vor der endgültigen Vernichtung Hilfe gekommen wäre. Reste dieser Schlacht fanden ihre Dokumentation in Gräbern mit Pferdeskeletten und Waffenteilen.

In den 70er-Jahren des 1. Jhs. n. Chr. wurde ein Standlager errichtet, in dem Hilfstruppen stationiert waren. Nur wenig später, in den 80er-Jahren des 1. Jhs., wurde die Anlage erweitert und nach einer Ausbauphase in der Mitte des 2. Jhs. n. Chr. gegen dessen Ende nochmals erheblich vergrößert und in Stein ausgeführt.

In der Zeit vom 3. Jh. n. Chr. bis zum 5. Jh. kam es mehrfach zu Zerstörungen und Wiederherstellungen, die an dieser Stelle nicht alle dargestellt werden können. Wann das Kastell letztendlich aufgegeben wurde, ließ sich bislang nicht ermitteln.

Neben dem Kastell existierte auch eine Zivilsiedlung, der *vicus*. Ausgrabungen zeigten, dass es mehrere Vicuszonen gab, in denen Wohnbebauung, Thermen und verschiedene Kultstätten nachgewiesen werden konnten. Nach zweimaliger Zerstörung in den Jahren 260 und 275/6 wurde der *vicus* aufgeben. Allerdings sprechen Gräber des 4. Jhs. n. Chr.

dafür, dass eine größere Zivilsiedlung bestanden haben könnte. Für das 5. Jh. ist ein *vicus* vor dem Kastell wieder gesichert.

Das Gräberfeld

Was die Ausgrabungen in Krefeld-Gellep auszeichnet, sind die Nekropolen. Von ihnen ist heute im Gelände allerdings nichts mehr zu sehen, weil große Grabmonumente, wie man sie aus Köln, Mainz oder Augsburg kennt, fehlen und es daher an Ort und Stelle keine Möglichkeit gibt, etwas zu rekonstruieren.

Die Gräberfelder entwickelten sich in einem Halbbogen um das Kastell herum. Nekropolen – so mag mancher Betrachter denken – kennen wir doch bereits aus vielen anderen Ausgrabungen. Aber kaum ein Friedhof beleuchtet die Bestattungssitten vom frühen 1. Jh. n. Chr. bis in das 7. Jh. hinein mit einer solchen Kontinuität. Die Anzahl der Gräber – es wurden bislang mehr als 6000 freigelegt – spiegelt aber auch die Geschichte des Ortes wider. Flüchtige Beisetzungen oder gar ein Massengrab, in dem die sterblichen Überreste von 14 Menschen, darunter Frauen und Kinder, aber auch von zwei Pferden gefunden wurden, dokumentieren etwa einen der ersten Frankeneinfälle des 3. Jhs. n. Chr.

Die „ordentlichen Bestattungen" belegen den Wechsel von der vorher üblichen Brandbestattung zur Körperbestattung, der um die Mitte des 3. Jhs. n. Chr. einsetzte. In sehr vielen dieser Gräber fanden sich Beigaben, deren Vorkommen mit dem Siegeszug des Christentums langsam zurückging.

Mit der dauerhaften Anwesenheit der Franken veränderte sich natürlich auch der Charakter der Nekropolen. Einige bedeutende Gräber konnten freigelegt werden, die den Übergang von der Antike zum Mittelalter dokumentieren.

Die Funde, die man in Krefeld-Gellep machte, fanden ihre Heimstatt im Museum Burg Linn.

Das Museum Burg Linn (Niederrheinmuseum)

Rheinbabenstraße 85, 47809 Krefeld, Tel. 02151-155390, www.archaeologie-krefeld.de

Mit dem Museum Burg Linn verfügt die Stadt Krefeld über ein Museum, das nicht allein durch seine Sammlungsbestände zu einem Besuch einlädt. Die Anlage, eine Wasserburg, die bis auf das 12. Jh. zurückgeht, zeigt noch heute die Charakteristika einer mittelalterlichen Befestigung.

Die erhaltenen Gebäude gehören überwiegend in das 13. Jh., so die äußeren Mauern mit ihren Türmen, der Torzwinger und der Palas. Selbstverständlich erfuhr die Befestigung im Laufe der Zeit Veränderungen, die teilweise nur Details betrafen. Anfang des 18. Jhs. wurde die Burg zu einem großen Teil durch Feuer zerstört. Erhalten blieben die Bauten der Vorburg, die als Sitz des Amtmanns dienten. Im Jahr 1806 erwarb die Krefelder Fabrikantenfamilie de Greiff das Anwesen, was sich als Glücksfall erweisen sollte. Im Jahr 1836 ließ sie – ganz im Sinne der deutschen Romantik – um die Ruine herum einen englischen Landschaftspark anlegen, der noch heute existiert.

Der Weg zum Museum begann 1926, als die Stadt Krefeld die Burg erwarb und in der Vorburg ein Museum einrichtete, welches schließlich 1930 eröffnet wurde. Der Ruinenbestand wurde während des Zweiten Weltkrieges untersucht und erhielt in den 1950er-Jahren Schutzdächer, sodass die Räume für die Zwecke des Museums genutzt werden konnten. Im Jahr 1993 erfolgte eine Dachsanierung, bei der Steildächer aufgesetzt wurden; das Erscheinungsbild gewann damit wieder an Authentizität.

Das heutige Ausstellungsgebäude des Museums Burg Linn befindet sich nördlich des Burggeländes unmittelbar am Ortseingang Linn und nahm seinen Anfang als Bunker während des Zweiten Weltkrieges. Die Planer waren jedoch so weitsichtig, an eine zukünftige Nutzung zu denken, indem sie eine Nachnutzung als Museum bereits vorsahen. Im Laufe der Jahrzehnte veränderten sich natürlich die Nutzungsanforderungen, sodass zwischen 1986 und 1998 ein Foyer und eine Halle für Sonderausstellungen errichtet wurden.

Heute werden die Sammlungen auf vier Ebenen präsentiert. Im Erdgeschoss, der ersten Ebene, wird die Ur- und Frühgeschichte dargestellt. Daneben wird aber auch schon den archäologischen Funden aus römischer Zeit Platz eingeräumt.

Wesentliche Aspekte, die berücksichtigt werden, betreffen die „Schlacht von Gelduba“ während des Bataveraufstandes im Jahr 69 n. Chr. und die Entwicklung des Kastells, die im Jahr 70 n. Chr. begann. Weil heute vom römischen Lager in Gellep nichts mehr zu sehen ist, findet sich im Museum ein großes Landschaftsmodell. Es zeigt das Militärlager im Zustand der Jahre um 200 n. Chr. So kann sich der Besucher eine Vorstellung vom Lager und seiner Umgebung machen.

Besonders thematisiert wird die Rolle des römischen und mittelalterlichen Hafens Krefelds in einer eigenen Schiffshalle. Zentrales Ausstellungsstück ist dabei ein Lastkahn mit einer Länge von rund 16 m, der aus der Zeit Karls des Großen stammt (Abb. 25).

Das erste Obergeschoss, die zweite Ebene, ist vorrangig den Funden des riesigen Gräberfeldes von Krefeld-Gellep gewidmet. Die über 6000 Gräber, die wissenschaftlich untersucht werden konnten, stammen aus römischer und frühmittelalterlicher Zeit.

Ein absoluter Höhepunkt wird durch das Grab eines fränkischen Fürsten gebildet, das im Jahr 1962 freigelegt wurde. Dieses Grab ist eines der wenigen nicht ausgeraubten Adelsgräber des frühen Mittelalters im Rheinland und vermittelt daher mit seinen kostbaren Beigaben einen Eindruck von der Lebenswelt der fränkischen Oberschicht.

Aus den Ausgrabungen stammen aber auch viele andere Funde, die sich in der Ausstellung wiederfinden. So gibt es eine reiche Sammlung an Glas.

Literatur
Ch. Reichmann – R. Pierling, Krefeld-Gellep KR, in: H.-G. Horn (Hrsg.), Die Römer in Nordrhein-Westfalen (2002) 529–538 Abb. 452–456.

Die übrigen Etagen des Museums zeigen Funde, die über unseren Zeitrahmen hinausgehen. So wird etwa die Städtelandschaft des Niederrheins zum Ende des Mittelalters hin durch eine vor dem Zweiten Weltkrieg entstandene Modellsammlung präsentiert. Niederrheinische Keramik von 1680 bis 1850, volkskundliche Objekte und Materialien zur neueren Geschichte Krefelds runden die Sammlungen des Hauses ab.

Abb. 25
Krefeld, Museumszentrum Burg Linn. In den umfangreichen Sammlungen befindet sich auch ein fränkischer Rheinkahn aus dem 9. Jh.

„Gott erschuf den Menschen nach seinem Bild". Diese Vorstellung war im 19. Jh. noch gängige Lehrmeinung. Als im August 1856 zwei Steinbrucharbeiter im Neanderthal bei Mettmann einige Knochen fanden, konnte kein Mensch absehen, welch sensationeller Fund – die Entdeckung eines Jahrhunderts – hier vorlag.

[26] METTMANN (NEANDERTHAL) – HIER IRRTE VIRCHOW

Nordrhein-Westfalen

Was hat die Eisenbahn mit dem Neanderthaler zu tun? Das ist eine berechtigte Frage, die sich aber recht einfach beantworten lässt. Im Jahr 1841 wurde nämlich die Eisenbahnlinie von Düsseldorf nach Elberfeld fertiggestellt. Damit wurde der „Industriellen Revolution" mit ihren veränderten Lebens- und Wirtschaftsformen in dieser Region Tür und Tor weit geöffnet. Bis dahin ungenutzte Natur wurde zu einem wichtigen Wirtschaftsgut. Dies galt auch für das idyllische Tal der Düssel, welches bis dahin Motive für romantische Maler geliefert hatte. Der Kalkstein, durch den sich der Fluss eine tiefe, enge Schlucht gegraben hatte, wurde um die Jahrhundertmitte zu einem begehrten Rohstoff und es entstand ein Steinbruch, der damals Friedrich Wilhelm Pieper und Wilhelm Beckershof gehörte.

Die nun folgende Fund- und Forschungsgeschichte liest sich fast wie ein Krimi. Pieper und Beckershof entdeckten im Abraum, der aus der „Kleinen Feldhofer Grotte" stammte, mehrere Knochen. Weil sie diese aber nicht weiter identifizieren konnten, zogen sie den Lehrer und Naturforscher Johann Carl Fuhlrott (1803–1877) zu Rate. Statt des von ihnen vermuteten Bären deutete Fuhlrott die Knochen als Überreste eines vorzeitlichen Menschen, den er als Neanderthaler bezeichnete. Damit folgte er den Ansichten von Charles Darwin. Weil aber die archäologische Forschung als Wissenschaft noch an ihren Anfängen stand und Fuhlrott in diesem Bereich ein Laie war, blieb seine Dokumentation lückenhaft: Fundort und genaue Fundumstände gingen so verloren. Überliefert wurde nur, das Skelett habe in ca. 60 cm Tiefe im Höhlenlehm auf dem Rücken gelegen.

Sowohl Darwins Theorie als auch die von Fuhlrott abgeleiteten Schlüsse lösten in der wissenschaftlichen Welt eine heftige Diskussion aus. Besonders Rudolf Virchow (1821–1902), der sich nicht nur als Arzt und Politiker, sondern auch als Archäologe und Ethnologe einen Ruf wie Donnerhall erworben hatte, mochte in den Knochenfunden keinen vorgeschichtlichen Menschen erkennen. Sein Fehlurteil wollte er auch bis zu seinem Tode nicht eingestehen.

Doch bald setzte sich die Ansicht durch, es handele sich bei dem Fund aus dem Neanderthal um einen vorzeitlichen Menschen. Für weitere Untersuchungen an der Fundstelle war es aber zu diesem Zeitpunkt schon zu spät. Die fortschreitenden Arbeiten im Steinbruch hatten die Fundstelle zerstört. Jedoch blieb das Interesse am Fundplatz „Neanderthal" ungebrochen. Im Jahr 1921 war das Tal zu einem Naturschutzgebiet erklärt worden, um das sich der „Naturschutzverein Neanderthal e. V." kümmerte. In den wirtschaftlich schwierigen Jahren 1927 bis 1929 finanzierte der Verein Ausgrabungen im Tal, die Überreste von Ren und Mammut sowie Steinwerkzeuge ans Licht brachten. Weitere Überreste von Neanderthalern wurden aber nicht entdeckt. Dies sollte erst in den Jahren 1997 und 2000 gelingen. Im Rahmen eines Forschungsprojektes gelang es Archäologen des Rheinischen Landesmuseums in Bonn – R.-W. Schmitz und J. Thissen – zunächst die Lage der „Kleinen Feldhofer Grotte" zu bestimmen, um dann unter einem mächtigen Block Abraum Schichten des Grottenlehms freizulegen. Was nun geschah, kann man nur als Glücksfall der Archäologie bezeichnen. Im Lehm fanden Schmitz und Thissen neben Steinwerkzeugen und Resten der Jagdbeute auch Knochen, von denen sich einige passgenau dem Skelett von 1856 anfügen ließen. Andere Knochen mussten weiteren Neanderthalern zugerechnet werden.
Vor allem die modernen Ausgrabungsmethoden ermöglichten es, weitere naturwissenschaftliche Untersuchungen durchzuführen. Mit deren Hilfe konnten die Funde sicher mit einem Alter von 42.000 Jahren bestimmt werden. Darüber hinaus wurde bei den Untersuchungen festgestellt, dass der Neanderthaler einige schwere Verletzungen erlitten hatte. Ein Bruch des linken Arms hinterließ offenbar dauerhafte Behinderungen. Auch das Sterbealter konnte mit ca. 40–42 Jahren ermittelt werden. Insgesamt lässt sich daraus schließen, dass die Sippe auch Alten und Gebrechlichen ein gesichertes soziales Umfeld bot.

Das Neanderthal Museum

Talstraße 300,
40822 Mettmann,
Tel. 02104-97970,
www.neanderthal.de

Sensationelle Funde brauchen auch ein eigenes Museum; dies gilt ebenso für den Fundplatz „Neanderthal", selbst wenn die Originalfunde seit 1877 im Rheinischen Landesmuseum Bonn aufbewahrt werden. Das Neanderthal Museum kann mittlerweile ein Jubiläum feiern: Vor 75 Jahren wurde nur wenige hundert Meter vom Fundort ein kleines Museum eingerichtet, das die Geschichte des berühmtesten Talbewohners und seine Lebenswelt präsentierte. Im Laufe der Jahre durchlebte das Museum eine wechselvolle Geschichte, die von wirtschaftlicher Not und politischer Einflussnahme bestimmt war.
Die Zeit der Provisorien und zu kurz gegriffener Lösungen fand ein Ende mit einem vollständigen Neubau des Museums, der 1996 der Öffentlichkeit übergeben wurde. Um in der heutigen schnelllebigen

Zeit weiterhin Besucher anzulocken, wurde die Ausstellung im Jahr 2006, passend zum 150-jährigen Jubiläum der Entdeckung, neu gestaltet.

Auf mehreren Ebenen werden die unterschiedlichsten Themenbereiche zum Neanderthaler im Speziellen und zur Menschheitsgeschichte generell dargestellt. So wird aufgezeigt, dass die ersten Neanderthaler vor rund 250.000 Jahren in Europa auftauchten, dann aber um 30.000 v. Chr. verschwanden und vom modernen Menschen abgelöst wurden.

Um dieser Zielsetzung gerecht zu werden, kommen im Museum die verschiedensten Medien zum Einsatz. Ganz klassisch sind natürlich die Beschriftungen. Altbekannt, aber gut umgesetzt, sind die Lebensbilder der Neanderthaler in figürlicher Ausformung (Abb. 26). Den geschlechtslosen Neanderthaler aus den 70er Jahren des vergangenen Jahrunderts findet man heute hingegen dort nicht mehr. Daneben ergänzen Audioguides das Angebot des Museums.

Ein wichtiger Bestandteil des Museums ist der zugehörige Park, dessen zentraler Punkt die Verortung der heute zerstörten „Kleinen Feldhofer Grotte" ist. Ihre ungefähre Lage ist im Gelände gekennzeichnet. Zugleich wird die Gelegenheit genutzt, die Lebensbedingungen während der Eiszeit darzustellen. Dazu dienen zwei Gärten, die vom Museum als Botanika bezeichnet werden. Die prähistorische Tierwelt hat hier ebenfalls ihre Heimat gefunden. Schon im Jahr 1935 hatte man damit begonnen, Wisente, Auerochsen und Wildpferde zurück zu züchten. Nach dem Zweiten Weltkrieg wurde die Tradition dann weitergeführt.

Abb. 26
Mettmann, Neanderthal-Museum. Im Museum verdeutlichen auch Figuren die Lebenswelt des Neanderthalers.

Literatur
Neanderthal Museum (Hrsg.), 75 Jahre Neanderthal Museum (2012); R. W. Schmitz, Der Neandertaler – ein 150jähriger Jubilar. Aktuelle Forschungen rund um das Neandertal bei Düsseldorf, AW 37/4, 2006, 8–12.

Einst war Xanten, die COLONIA ULPIA TRAIANA, eine bedeutende Stadt im Römischen Reich. Heute zeichnet sie sich vor allem dadurch aus, dass sie die einzige antike Stadt in Deutschland ist, die nie überbaut wurde und daher auch systematisch erforscht werden kann. So kann der Archäologische Park Xanten (APX) mit seinen Rekonstruktionen und dem Museum ein anschauliches Bild vom römischen Leben in Deutschland vermitteln.

[27] XANTEN – DIE EINZIGE NICHT ÜBERBAUTE RÖMISCHE STADT DEUTSCHLANDS

Nordrhein-Westfalen

Die Erforschung – ein Abriss

Über Jahrhunderte hinweg diente die *Colonia Ulpia Traiana* den Bürgern Xantens als willkommener Steinbruch. Gefundene Antiken wurden gesammelt, verkauft oder gingen verloren. Im Jahr 1877 beschlossen engagierte Bürger der Stadt Xanten, den „Niederrheinischen Altertumsverein Xanten" zu gründen und damit die Phase der wissenschaftlichen Erforschung der römischen Stadt einzuleiten; diese währt nun schon seit 135 Jahren unter der Federführung verschiedener Einrichtungen, heute unter der Leitung des Landschaftsverbandes Rheinland. Die Forschungen sind noch längst nicht abgeschlossen und werden zukünftig spannende Ergebnisse bringen. Was aber haben die Ausgrabungen bislang ans Tageslicht gebracht und was kann man sehen?

Die Geschichte der Stadt

Die römische Militärstrategie versuchte immer, ihre Feldzüge und die eroberten Gebiete durch Militärlager abzusichern. Als der ältere Drusus ab 13 v. Chr. mit der Eroberung Germaniens begann, entstand auf dem Fürstenberg, zwischen Birten und Xanten gelegen, das Lager Vetera (Tac. hist. 4, 18, 3) mit besonderer Bedeutung. Denn genau an dieser Stelle mündete die als Aufmarschweg dienende Lippe in den Rhein.

Nach der Niederlage des Varus im Jahr 9 n. Chr. entstand unter Tiberius in Vetera ein Lager für zwei Legionen. Vermutlich war Vetera bis zur Erhebung Kölns zur *colonia* auch der Sitz des Statthalters des niedergermanischen Heeresbezirks.

Das Lager Vetera wurde in der Folgezeit mehrfach umgebaut, bis es schließlich im Bataveraufstand (69–70 n. Chr.) zerstört wurde. Daraufhin entstand in hochwassersicherer Lage, ca. 1 km östlich des alten Standortes ein neues Lager, Vetera II, das bis 275/6 n. Chr. in Betrieb blieb. Danach wurden die Truppen in eine Festung namens *Tricesima* im Bereich der *Colonia Ulpia Traiana* verlegt.

Die Römer hatten natürlich keine Landschaft ohne Menschen erobert. Die einheimische Bevölkerung, der Stamm der Cugerni, errichtete in den 60er-Jahren des 1. Jhs. n. Chr., so Tacitus (hist. 4, 22, 1), eine Siedlung nach Art eines *municipiums.*

Diese Siedlung wurde – wie Vetera I auch – während des Bataveraufstandes zerstört, aber unmittelbar danach wieder aufgebaut. In der Geschichte der Stadt war schließlich das Jahr 98 n. Chr. von entscheidender Bedeutung: Traian erhob das *municipium* in den Rang zur *Colonia Ulpia Traiana* (CUT).

Die Aufwertung der Stadt führte zu einer monumentalen Umgestaltung: Mit rund 73 ha Fläche war sie nach Köln die zweitgrößte Stadt der Provinz Germania Inferior. Aber zu ihrer Geschichte während der Kaiserzeit lässt sich nur wenig anführen. Nach 270 n. Chr. ging die Stadt durch Angriffe der Franken kurzfristig unter, wurde jedoch um 300 n. Chr. in verkleinerter Form und massiv befestigt wieder aufgebaut. Das endgültige Ende sollte in das erste Viertel des 5. Jhs. n. Chr. fallen: Die christliche Bevölkerung der Stadt suchte die Nähe der Heiligen, die sie bei deren Gräbern außerhalb der Stadt fanden. So verlagerte sich der Siedlungsschwerpunkt dorthin und bildete den Kern der mittelalterlichen Stadt, für die die alte *colonia* nur noch als Steinbruch diente.

Die römische Stadt

Über die frühe Stadt wissen wir eigentlich recht wenig und der Archäologische Park spiegelt diese Phase auch nicht richtig wider. Fest steht, dass es zu einer gründlichen städtebaulichen Überplanung kam, bei der in weiten Teilen des Stadtgebietes ein orthogonales Straßennetz angelegt wurde.

Durch die systematische Anlage von Straßen, entstanden Bauflächen, *insulae,* die im Regelfall an allen vier Seiten durch diese eingefasst waren. Im Archäologischen Park hat man diese Situation durch Baumsetzungen entlang der Straßen verdeutlicht. Diese *insulae* bildeten das Raster, in dem private und öffentliche Bauten entstanden.

Nach außen begrenzt wurde die Stadt vermutlich schon im Jahr 106 n. Chr. durch eine Stadtmauer (s. S. 92), der sicherlich nicht nur eine Verteidigungsfunktion zukam, sondern die auch der Repräsentation diente. Entsprechend beeindruckte sie alle über den Hafen – der im Wirtschaftsleben der Stadt eine wichtige Rolle spielte – ankommenden Reisenden. Vermutlich war der Mauerring erst in der 2. Hälfte des 2. Jhs. n. Chr. eine geschlossene Baustruktur.

Die Stadt und ihre öffentlichen Bauten

Das Forum

Zu einer römischen Stadt gehört eine Reihe von Bauten, die dem profanen und dem kultischen Bereich zugeordnet werden können. Eine

zentrale Rolle im öffentlichen Leben spielte das Forum, das am Kreuzungspunkt von *decumanus maximus* und *cardo maximus* liegt. In den 1960er- und 1970er-Jahren wurden Untersuchungen am Forum durchgeführt, die rund 20 Jahre später verifiziert werden konnten. Durch den systematischen Steinraub hat sich vom aufgehenden Mauerwerk fast nichts erhalten, sodass man nur anhand der Fundamente und der schriftlichen Quellen – Vitruvs *De architectura libri decem* – auf das Aussehen schließen kann.
Dabei zeigte sich, dass das Forum ein rechteckiger Platz war, der an allen vier Seiten von Hallen begrenzt wurde. An seiner Ostseite erstreckte sich die Basilika. Im Norden und Süden konnten Baublöcke nachgewiesen werden, die jeweils 15 zum Platz hin ausgerichtete Kammern auswiesen, die als Magazine interpretiert werden. Zur Straße hin lagen ebenfalls Kammern in gleicher Anzahl. Wohingegen die Westseite keine weiteren Räume zeigte.
Sicher ist auch, dass die Randbebauung des Forums mehrgeschossig war. Die Basilika überragte dabei die Magazinbauten.
Überraschend war die lange Bauzeit des Komplexes: Zwar begann man bereits in der Regierungszeit Hadrians (117–138 n. Chr.) mit den Baumaßnahmen, beendet werden sollte die Anlage nach Ausweis einer Inschrift aber erst im Jahr 160 n. Chr.

Das Kapitol

Genauso wie man in einer römischen Stadt das Forum erwarten kann, darf man auch mit einem Tempel für die kapitolinischen Götter – Jupiter, Juno und Minverva – rechnen. Dieser konnte östlich des Forums nachgewiesen werden. Die bisherigen Untersuchungen zeigten eine komplexe Baugeschichte mit mehreren Bauphasen auf, die bis in die 90er-Jahre des 1. Jhs. n. Chr. zurückreicht. Aufgrund der Befundlage kann man festhalten, dass der Tempel – es handelte sich um einen klassischen Podiumstempel mit wohl acht Frontsäulen und damit dem Hafentempel (s. S. 93f.) vergleichbar – von Säulenhallen umgeben war.

Andere Heiligtümer

Selbstverständlich konzentrierte sich die römische Glaubenswelt auch hier nicht nur auf die Hauptgötter. Im Stadtgebiet konnten noch andere Heiligtümer nachgewiesen werden. Vor allem Kleinfunde und Inschriften beleuchten die religiösen Vorstellungen. So gab es in der Stadt etwa mehrere Heiligtümer für die Matronen – keltische Göttinnen, die zu den Muttergottheiten zählen.

Die Thermen

Unter den öffentlichen Bauten nehmen auch die Thermen eine wichtige Rolle ein. In der *Colonia Ulpia Traiana* entstanden in den Jahren 125 n. Chr. – also in der Regierungszeit Hadrians (117–138 n. Chr.) die „Großen Thermen“. Sie wurden nach den Ausgrabungen mit einem Schutzbau aus Stahl und Glas versehen, der die Dimensionen des antiken Baukörpers aufgreift. Im Bereich der *basilica thermarum* wurde vor wenigen Jahren das Museum eröffnet (s. S. 96).

Die private Bebauung – Häuser

Haben wir uns bislang auf die öffentlichen Bauten konzentriert, so gilt es nun, einen Blick auf die privaten Gebäude zu richten, in denen sich häufig Wohnen und Arbeiten miteinander verbanden. Obwohl bislang nur 10 Prozent der Stadt ausgegraben sind, lässt sich doch schon ein Bild zeichnen. Um diese baulichen Strukturen zu verdeutlichen, hat man durch Bepflanzung Grundrisse nachgezeichnet und damit erfahrbar gemacht. Im Archäologischen Park hat man inzwischen auch damit begonnen, Wohnhäuser zu rekonstruieren. Dies soll im Lauf des Jahres 2013 abgeschlossen sein.
Von der Typologie her konnten „Streifenhäuser" dokumentiert werden. Mit ihrer schmalen Seite waren sie zur Straße ausgerichtet. Im vorderen Teil konnten Gewerbe angesiedelt sein, während im hinteren Teil gewohnt wurde. Zumeist schloss sich bei den „Streifenhäusern" noch ein kleiner Hof oder ein Garten an. Es handelte sich um die Art von Häusern, in denen die große Masse der Bevölkerung lebte.
Daneben gab es auch hochwertige Wohn- und Geschäftshäuser, die über allen Luxus verfügten. So konnte im Stadtgebiet eine bislang noch nicht vollständig ausgegrabene *„villa urbana"* nachgewiesen werden, die in das 2./3. Jh. n. Chr. datiert wird.
Neben diesen Gebäudetypen kam in der Stadt auch das „Atrium-Haus" vor, das man häufig als das italisch-römische Standardgebäude bezeichnet und das wir aus vielen anderen Ausgrabungen – etwa aus Pompeji oder Herculaneum – kennen. Kennzeichnend für diesen Haustyp ist, dass mit dem Atrium ein Raum existiert, der sowohl repräsentativen Zwecken als auch zur Erschließung des Gebäudes dient.
Manchmal ist es schwierig zwischen einem reinen Privatgebäude und einem gewerblich genutzten zu unterscheiden. Dies gilt etwa für Herbergen, von denen eine im Archäologischen Park gründlich untersucht und anschließend rekonstruiert wurde (s. S. 95f.).

Was man sehen kann – die rekonstruierten Bauten

Die Stadtbefestigung

Nähert sich der Besucher heute dem Archäologischen Park, so begegnet er dem römischen Erbe zunächst in der Gestalt der teilweise rekonstruierten Stadtmauer. Eindrucksvoll sind etwa die Ostecke der Mauer, Kurtine und Turm oder das „Burginatium-Tor". Von hier aus ging es zum Militärlager Burginatium, heute Kalkar-Altkalkar.
Durch die Ausgrabungen wissen wir, dass die Mauer in Abschnitten errichtet wurde und vermutlich die zum Rhein gerichtete Seite, also zum freien Germanien gewandt, zur ersten Bauphase um 106 n. Chr.

Abb. 27
Xanten, Archäologischer Park Xanten (APX). Blick auf den rekonstruierten Hafentempel.

gehörte. Die Mauer, der ein Graben vorgelagert war, wies eine Länge von 3,4 km auf. Verstärkt wurde sie durch wahrscheinlich 22 Türme, von denen zwölf nachgewiesen wurden. Der Zugang zur Stadt war über sechs Tore möglich. Die drei großen Toranlagen wie das bereits genannte „Burginatium-Tor" verfügten über zwei Durchgänge und waren mit flankierenden Türmen gesichert.
Zur Innenseite hin besaß die Mauer eine Hinterfüllung mit Erde. Sie verstärkte die Mauer einerseits, und andererseits diente sie, je nach Grad der Böschung, auch als Zugang auf die Mauer. Bei der Rekonstruktion eines Teilabschnitts der Befestigung wurde diese Aufschüttung ebenfalls berücksichtigt.

Der „Hafentempel" (Abb. 27)

Als eines der eindrucksvollsten Bauwerke stellt sich heute im Archäologischen Park der „Hafentempel" dar. Im Rahmen der Ausbauarbeiten des Archäologischen Parks wurden die Reste des Tempels 1977/1978 vollständig freigelegt und das Gebäude teilrekonstruiert.
Der Tempelbezirk war rund 68 x 94 m groß und von einer zweigeschossigen *porticus* eingefasst, die sich auf den nicht ganz rechteckigen Hof hin öffnete. Auf dem Platz befand sich der Podiumstempel mit einer rechteckigen *cella* und einer umlaufenden Säulenstellung mit 6 zu 9 Säulen korinthischer Ordnung, der eine Gesamthöhe von ca. 26,80 m erreichte.
Bei dem Bau scheute man weder Kosten noch Mühen. Um dem Tempel ein sicheres Fundament zu geben, war ein gewaltiger Arbeits- und

Materialeinsatz nötig. So wurden etwa 14.000 t Gussbeton in Verbindung mit Eichenpfählen verbaut. Auch das Baumaterial – Kalkstein, mit dem der Baukern verkleidet wurde, und kostbare Marmorsorten, die etwa für den Bodenbelag verwendet wurden – deuten auf die einstige Pracht hin.

Mit diesem Heiligtum sind einige Fragen verbunden. Einmal geht es um dessen Entstehungszeit und zum anderen darum, welche Gottheit hier verehrt wurde. Beide Fragen lassen sich nicht so einfach beantworten, weil die Befunde nicht ganz eindeutig sind. Nimmt man für die Datierung alle Informationen zusammen, so scheint diese in die Regierungszeit Hadrians, Nachfolger des Kaisers Traian, möglich zu sein. Akzeptiert man die Datierung und berücksichtigt einige Reste stark zerstörter Skulpturen, so kann man sich hier den Tempel für den Kaiserkult vorstellen.

Das Amphitheater

Durch zahlreiche filmische und mediale Aufbereitungen römischen Lebens scheint es dem heutigen Betrachter so, als ob das Leben eines Römers vorzugsweise aus dem Besuch des Circus oder des Amphitheaters bestanden habe. Nicht nur die archäologischen Befunde innerhalb Deutschlands zeichnen aber ein anderes Bild und lassen gerade diese Gebäude oft vermissen. Dies mag daran liegen, dass gerade in den Provinzstädten Amphitheater aus Holz, d. h. aus vergänglichem Material errichtet wurden, weil ein steinerner Bau entweder nicht zu bezahlen war oder aber Gladiatorenkämpfe einfach zu selten stattfanden, um die Kosten für einen entsprechenden Zweckbau zu rechtfertigen. Selbst in Städten wie der *Colonia Ulpia Traiana*, wo solche Gebäude aus Stein errichtet wurden, entstanden sie in mehreren Bauphasen.

Der früheste Bau, der heute in der Forschung durchaus schon in die Zeit vor der Erhebung zur *colonia* datiert wird, war jedenfalls eine Holzkonstruktion mit einer Größe von etwa 83 x 93 m. In der zweiten Bauphase, die vielleicht um 200 n. Chr. anzusetzen ist, ersetzte man das hölzerne Amphitheater durch einen teilweisen Steinbau. Die dritte Bauphase, an der sich auch die heutige Rekonstruktion orientiert, war schließlich ein komplett steinernes Gebäude, das eine Länge von 99 m und eine Breite von 87,5 m hatte.

Bei den archäologischen Untersuchungen in den 1930er-Jahren erwies sich der heute nicht sichtbare Arenakeller als überaus interessant. In der Achse des Amphitheaters konnte ein Gang beobachtet werden, der im Osten begann und sich etwa in der Mitte zu einem breiteren Kellerraum erweiterte. In diesem fand man große Steine und schwere Eisenbarren sowie Spolien, die als Kontergewichte für einen Aufzug gedient hatten. Mit diesem konnten die Tiere in die Arena transportiert werden. Somit erwies sich das Amphitheater der *Colonia Ulpia Traiana* als technisch auf einem hohen Stand.

Die oben zitierten Darstellungsweisen des Amphitheaters und der Gladiatorenkämpfe zeichnen ein verzerrtes Bild von den Ereignissen in der Arena, welches zu berichtigen ist.
Zu den weit verbreiteten Irrtümern gehört die Annahme, dass die Gladiatorenkämpfe eine Erfindung der Römer waren. Tatsächlich übernahmen sie diese Schauspiele von den Etruskern. Dieses geheimnisvolle Volk hatte seinen Siedlungsschwerpunkt in Mittelitalien und etruskische Könige herrschten im 6. Jh. v. Chr. auch über Rom. Sowohl die Etrusker als auch die Römer verstanden die Gladiatorenkämpfe nicht als Unterhaltungsspektakel. Vielmehr gehörten sie in den Bereich der Bestattungssitten und waren Kämpfe zum Ruhm der Verstorbenen. In diesem Kontext bedurfte es zunächst keines Bauwerkes, um die Kämpfe durchzuführen. Selbst C. Iulius Caesar (100–44 v. Chr.) ließ noch auf dem Forum Gladiatorenkämpfe in vermutlich temporären Konstruktionen durchführen, auch wenn Ausgrabungen des 19. Jhs. Hinweise auf erste bauliche Maßnahmen für die Kämpfe in republikanischer Zeit ans Tageslicht brachten.
Schließlich gilt auch die Feststellung, Gladiatorenkämpfe würden immer mit dem Tod eines Beteiligten enden, inzwischen als überholt. Aus den schriftlichen Quellen ist eigentlich schon lange bekannt, dass gute Kämpfer, die in einem Kampf unterlagen, auf die Gunst der Zuschauer und damit des Spielgebers hoffen konnten und so die Begnadigung *(missio)* erhielten. Außerdem gab es während der Kaiserzeit immer wieder Verbote, einen Kampf *sine missio*, also mit tödlichem Ausgang, zu veranstalten. Neben den schriftlichen Quellen dokumentieren aber auch Ausgrabungen wie auf dem „Gladiatorenfriedhof“ von Ephesos das Überleben der Gladiatoren in zahlreichen Kämpfen.
Ein Argument, dass auch gegen zu hohe Ausfälle durch Tod in der Arena spricht, betrifft die Kosten. Die überwiegende Zahl der Gladiatoren waren teuer gekaufte Sklaven, Kriegsgefangene oder Verbrecher. Diese wurden unter hohem Kostenaufwand in den Gladiatorenschulen ernährt und ausgebildet. Auch in Rom gab es wohl kaum einen Unternehmer, der diese Investitionen leichtfertig aufs Spiel setzte.
Richtig ist dagegen, dass die Römer Kämpfe zwischen den unterschiedlichsten Gladiatorentypen schätzten, bei denen ein Teilnehmer aufgrund der Bewaffnung der unterlegene zu sein schien. Ungleiche Paarungen gab es auch bei reinen Tierkämpfen, die ebenfalls in der Arena stattfanden.

Die Herberge

Zwischen 1974 und 1983 wurde am „Kleinen Hafentor“ ein Gebäude ausgegraben, das zunächst als „Haus am Kleinen Hafentor“ bezeichnet wurde, während der Ausgrabungen aber als eine Herberge *(mansio)* erkannt wurde.
Um den Archäologischen Park attraktiver zu gestalten, entschloss man sich, die Herberge zu rekonstruieren. Heraus kam ein großer

zweigeschossiger Bau, der in den wesentlichen Teilen römisch eingerichtet ist und heute als Restaurant fungiert.
Ein nach römischem Vorbild angelegter Garten gewährt dem Besucher Einblicke u. a. in die römische Kräuterwelt. Angebaut werden hier die in römischen Haushalten in der Küche genutzten Kräuter und Gewürze. Römische Küche selbst kann man schließlich in der Taberna, dem in der Herberge eingerichteten Restaurant, genießen.
Besonders eindrucksvoll sind die mehrfach umgebauten Herbergsthermen, die im Maßstab 1:1 rekonstruiert wurden. Die Detailtreue war so groß, dass sogar die Heizungsanlage im originalen Zustand wieder hergestellt wurde.
Durchschreitet der Besucher die Räume, kann er sich gut vorstellen, wie der Badegast vor rund 1800 Jahren den Ausstattungsluxus, die Wärme und den gebotenen Service, den wir aus den Quellen kennen, genoss. Manches Wellness-Angebot der Moderne kommt da kaum mit.

Das Museum und die „Großen Thermen“

Archäologischer Park Xanten
Am Rheintor,
46509 Xanten,
Eingang Museum:
Siegfriedstraße 39,
46509 Xanten
www.apx-lvr.de

Die räumliche Trennung von Archäologischem Park und Museum war bis vor wenigen Jahren für den Besucher eine unbequeme Situation. Daher entschloss man sich, das Museum in den Schutzbau der „Großen Thermen“ zu integrieren. Aufgabe des Museums ist es, die vor Ort gemachten Funde zu präsentieren und durch Sonderausstellungen das Bild abzurunden.
Der Schutzbau bietet auf mehreren Ebenen Platz für die Exponate, die in geschickter Kombination auch mit modernen Objekten verbunden sind. Aus den oberen Etagen hat man einen sehr guten Blick auf das Ausgrabungsareal der Thermen.
Die „Großen Thermen“ stellen bislang die einzige öffentliche Badanlage der römischen Stadt dar. Bevor die Thermen etwa um 125 n. Chr. errichtet wurden, waren hier Handwerksbetriebe angesiedelt. Die gewaltigen Dimensionen, die das Bad hatte, lassen sich an einigen Daten ablesen. Alleine für das *apodyterium* ließ sich eine Größe von 180 m² ermitteln, die genug Platz für die geschätzten 10.000 Besucher pro Tag bot. Für die Becken haben die Archäologen einen Wasserbedarf von ca. 244 m³ errechnet; dies entspricht etwa der Kapazität eines durchschnittlichen Wasserturms des 19. Jhs. in Deutschland.
Die eigentliche Badeanlage ist symmetrisch angelegt. Vom Raumbestand her, der dem unmittelbaren Badebetrieb dient, sind *caldarium, tepidarium, frigidarium* und *sudatorium* vorhanden. Dazu kamen andere Funktionsräume, wie etwa eine Latrine. Außerdem verfügte die Thermenanlage über eine große *palaestra*.
Der Badebetrieb in den „Großen Thermen“ endete schließlich im 4. Jh. n. Chr.

Literatur
N. Zieling, Die öffentlichen Thermen der Colonia Ulpia Traiana/Xanten, in: Frontinus-Gesellschaft e. V. (Hrsg.), SPA. Sanitas per aquam, BABesch Suppl. 21 (2012) 361–368; M. Müller – H.-J. Schalles – N. Zieling (Hrsg.), Colonia Ulpia Traiana. Xanten und sein Umland in römischer Zeit, Geschichte der Stadt Xanten I (2008).

Zülpich, das antike Tolbiacum, liegt an einem Knotenpunkt großer römischer Fernstraßen von Köln nach Trier und Reims sowie an Abzweigungen nach Neuss und Bonn. Aufgrund der Siedlungskontinuität sind bisher keine flächendeckenden Ausgrabungen durchgeführt worden. Die römische Vergangenheit wird heute vor allem durch die spektakulären Thermen und das damit verbundene „Museum der Badekultur" fassbar.

[28] ZÜLPICH – BADELUXUS IN DER PROVINZ

Nordrhein-Westfalen

Die Thermen

Die Entdeckung der Zülpicher Thermen 1929/1930 war reiner Zufall, als man Kanalbauarbeiten vor dem alten Probsteigebäude, damals schon in das Heimatmuseum umgewandelt, durchführte. Aber erst in den Jahren 1934/1935 konnten große Teile der Anlage ausgegraben werden. Weitere Untersuchungen folgten, die schließlich 2001/2002 ihren Abschluss fanden. Was die Archäologen im Laufe der Zeit freigelegt hatten, war eine der besterhaltenen römischen Badeanlagen nördlich der Alpen.

Als man um die Mitte des 2. Jhs. n. Chr. beschloss, die Thermen zu errichten, wurde eine Fläche auf dem Mühlenberg ausgewählt. Statt nur die Vorgängerbebauung abzuräumen, wurde die Hügelkuppe regelrecht planiert. In der ersten von insgesamt drei Bauphasen entstand eine Badeanlage vom „Reihentypus". Darunter versteht man die klassische Raumfolge, die mit dem Umkleideraum *(apodyterium)* beginnt, sich mit Kaltbad *(frigidarium)*, lauwarmem Bad *(tepidarium)* und Warmbad *(caldarium)* fortsetzte. Entscheidend war dabei, dass der Badegast nach Beendigung des Badevorgangs noch einmal den gleichen Weg zurücklegen musste. Ergänzt wurde die Badeanlage durch einen kleinen Hof *(palaestra)*, der für sportliche Aktivitäten genutzt wurde.

Zu Beginn des 3. Jhs. n. Chr. setzte die zweite Bauphase ein, die eine erhebliche Erweiterung des Raumangebotes mit sich brachte. Ein weiteres Warmbad und ein Schwitzbad *(sudatorium)* entstanden. Diese nun als Thermen des „Ringtypus" zu bezeichnende Anlage bewirkte, dass der Badegast nicht durch den gesamten Komplex zum Umkleideraum zurückkehren musste, sondern direkt zum *apodyterium* beim Ausgang gehen konnte – ganz nach der Art eines modernen Besucherleitsystems. Dabei ist der „Ringtypus" eigentlich eine Bauform, die in den römischen Provinzen Afrikas und Kleinasiens verbreitet war, in den Nordwestprovinzen bislang aber kaum nachgewiesen werden konnte. Vielleicht hatten der Auftraggeber oder Baumeister diesen Typus auf Reisen kennengelernt und für geeignet befunden.

Gegen Ende des 3. Jhs. n. Chr. wurde der Thermenkomplex nochmals umgestaltet. Es entstand eine *basilica thermarum*, ein Multifunktionsraum, für den der alte Umkleideraum abgerissen wurde. Auch in anderen Bereichen der Badeanlage kam es zu Rückbauten. Die jetzt gültige Raumfolge und Wegeführung für den Badegast stellt nach Ansicht der Forschung ein Unikat dar.

Um die Mitte des 4. Jhs. n. Chr. wurden die Thermen aufgelassen. Man war wohl offensichtlich nicht mehr in der Lage, die notwendigen Einrichtungen zu unterhalten. Vor allem die Abwasserleitungen waren defekt und die Fußbodenheizung funktionierte scheinbar nur noch in Teilen des *tepidariums*.

Eine Nachnutzung fand sich aber schnell: In den Thermen wurden nun Wohn- und Lagerräume eingerichtet, die bis in das 5. Jh. n. Chr. Bestand hatten.

Abb. 28 Zülpich, Museum für Badekultur. Die römischen Thermen in Zülpich sind in das Museum integriert.

Römerthermen Zülpich – Museum für Badekultur (Abb. 28)

Mühlenberg 7, 53909 Zülpich, www.roemerthermen-zuelpich.de

Der zentrale Bereich des Museums ist selbstverständlich die römische Thermenanlage, die durch das Museum überbaut ist. Über Glasstege kann man die bis zu 1,50 m Höhe erhaltenen Mauern durchschreiten. In den einzelnen Räumen der Thermen werden kurze Filmszenen gezeigt, die Badeabläufe und das gesellschaftliche Leben in den Thermen darstellen. Sehr gut lassen sich auch das Heizungssystem die Versorgung der einzelnen Baderäume mit Wasser und dessen Entsorgung nachvollziehen. Teile des Architekturschmucks, die während der Ausgrabungen gefunden wurden, vermitteln einen Eindruck von der ehemals aufwendigen Gestaltung der Anlage. Viele Kleinfunde geben Auskunft darüber, wie die Römer badeten und ihre Zeit in den Thermen verbrachten.

Wie der Name des Museums schon verdeutlicht, konzentriert sich die Dauerausstellung nicht ausschließlich auf die Römer. Es wird ein weiter Bogen gespannt, der die Entwicklung des Badens von der Antike bis in die Gegenwart darstellt. Die Mittelalterabteilung etwa führt uns in die Welt der Badestuben, die so gar nicht mit der vorherrschenden Vorstellungen übereinstimmt. An wenig angenehme Zeiten erinnert die Abteilung der frühen Neuzeit und des Barock, die sich durch mangelnde Hygiene auszeichneten. Mit dem Bereich der industriellen Revolution befinden wir uns dann in einem zeitlichen Horizont der Badekultur und Hygiene, der uns eher vertraut ist.

Neben der Dauerausstellung hat es sich das Museum zur Aufgabe gemacht, wechselnde Ausstellungen zu verschiedenen Themen durchzuführen. Diese behandeln nicht nur die Geschichte des Badewesen, sondern greifen weiter aus.

Literatur

H. G. Horn – B. Wüller, So badeten die Römer: Rund um die Thermen von Zülpich (2008); M. Dodt, Die Thermen von Zülpich und die römischen Badeanlagen der Provinz Germania inferior (2003).

Die Kaiserpfalz zu Ingelheim (Landkreis Mainz-Bingen) gehört zu den wenigen frühmittelalterlichen Monumentalbauten, die als größere Baureste erhalten sind. Sie greift auf Architekturformen der Spätantike zurück und demonstriert damit den Herrschaftsanspruch des sich entwickelnden römisch-deutschen Kaisertums.

[29] INGELHEIM – DIE KAISERPFALZ

Rheinland-Pfalz

www.kaiserpfalz-ingelheim.de und www.ingelheimer-geschichte.de

Ein historischer Überblick

Schon für die ur- und frühgeschichtliche Zeit konnten in Ingelheim die Spuren von Besiedlung festgestellt werden. Auch wenn die schriftlichen Quellen zur Geschichte der Stadt in römischer Zeit weitgehend schweigen, lässt sich zu Recht vermuten, dass diese Siedlung vom römischen Mainz unmittelbar abhing. Wie in anderen Grenzregionen des Römischen Reiches mussten hier die römischen Truppen versorgt werden. Diese Funktion übernahmen die *villae rusticae,* Landgüter, von denen in Ingelheim bislang mehr als 20 nachgewiesen werden konnten. Die Nähe zum römischen Militär bedeutete aber auch eine Gefährdung durch germanische Invasionen, die zwischenzeitlich auch zur Entstehung einer gemischten Gesellschaft aus Römern und Germanen führten. Ab der Mitte des 5. Jhs. n. Chr. ging die Region endgültig in die Herrschaft der Franken über. Der römische Staatsbesitz fiel in die Hände der fränkischen Könige, die lange Zeit von der Dynastie der Merowinger geprägt wurden. In dieser Zeit entstand schon der erste Königshof in Ingelheim, der in der Nähe der Regimiuskirche – ein Vorgängerbau des 7. Jhs. n. Chr. ist nachgewiesen – anzusiedeln ist. Mehrere fränkische Gräberfelder deuten darauf hin, dass in Ingelheim eine hohe Siedlungsdichte existierte. Ob dabei Königshof und Siedlung einander bedingten, lässt sich nicht sagen.

Die Merowinger gaben aufgrund familiärer Differenzen im Laufe der Zeit zunehmend wichtige Aufgaben an ihre obersten Verwalter, die „Hausmeier“ ab, die von der Familie der Arnulfinger gestellt wurden. Große Bedeutung für die abendländische Geschichte erlangte der Hausmeier Karl Martell (im Amt von 714 bis 741), weil er im Jahr 732 einen wichtigen Sieg bei Portier bzw. Tours über ein arabisches Heer unter dem Feldherrn Abd ar-Rahman erzielte. Die in Damaskus residierende Dynastie der Omaijaden (661–750) hatte nämlich die Eroberungspolitik der ersten Kalifen fortgesetzt und zu Beginn des 8. Jhs. weite Teile der Iberischen Halbinsel besetzt. Aber damit sollte die Expansionspolitik des Omaijadischen Reiches nicht enden; vielmehr wollte man nun auch das Merowingerreich erobern und schickte deshalb Abd ar-Rahman in den Krieg, der eben mit dessen Niederlage endete.

Karl Martell konnte bereits ab 737 ohne einen merowingischen König regieren und das Reich sogar unter seinen Söhnen Pippin und Karlemann aufteilen. Karlemann ging 747 ins Kloster; Pippin stürzte 751 den letzten Merowingerkönig und wurde Alleinherrscher im fränkischen Reich.

Mit Pippin rückte der alte Königshof von Ingelheim wieder in das Blickfeld der Geschichte. Im Jahr 755 empfing hier der Frankenkönig den späteren Erzbischof von Mainz, Lul von Hersfeld. Aber erst sein Sohn, Karl der Große (768–814), ließ in Ingelheim eine neue Pfalzanlage bauen.

Pfalzen spielten aus vielerlei Gründen eine wichtige Rolle. Bis ins Hochmittelalter hinein gab es keine dauerhaften Residenzen. Da der Herrscher über einen riesigen Hof verfügte, der sich aus Verwaltungsbeamten, Militärangehörigen und deren Familien zusammensetzte, die alle versorgt werden mussten, vermochte dies kein einzelner Ort oder eine Region über einen längeren Zeitraum zu leisten und der Transport von Waren aller Art, also auch Lebensmitteln, war durch die schlechten Straßenverhältnisse nicht gesichert. Es war daher einfacher, von einem Königssitz (Pfalz) zum nächsten zu ziehen und dort zu verweilen, bis die Vorräte aufgebraucht waren.

Durch die Mobilität bot sich zudem die Möglichkeit, bei jedem Ortswechsel unmittelbar lokale Probleme zu lösen und den Herrschaftsanspruch zu manifestieren. Das sollte auch in Ingelheim der Fall sein. An einer Stelle der Biografie Karls des Großen, die der Hofschreiber Einhard verfasste, ist die Rede davon, dass eine prächtige Palastanlage errichtet werden sollte. Dabei orientierte man sich an oberitalisch-byzantinischen Vorbildern. Karl nutzte die Anlage aber nur viermal, während sein Sohn und Nachfolger, Ludwig der Fromme (814–840), die Ingelheimer Pfalz recht häufig aufsuchte. Auch unter den Ottonen (919–1024) war die Ingelheimer Pfalz ein wichtiger Ort.

Ausgrabungen und Befunde

Die mittelalterliche Stadt hatte sich mit der Zeit in die Pfalzanlage eingenistet und ein jüdischer Friedhof, der um die Mitte des 19. Jhs. aufgegeben wurde, fand sich hier ebenfalls. Schon früh bot sich die Möglichkeit, die ersten Untersuchungen durchzuführen, die anfangs allerdings nur wenig wissenschaftlich gehalten waren. Ab 1909 wurden schließlich Ausgrabungen unter fachlicher Aufsicht durchgeführt, die sich bis in die Gegenwart fortsetzen und die Geschichte der Pfalzanlage weitgehend klären konnten.

Aufgrund der archäologischen Untersuchungen der Kaiserpfalz zeichnet sich folgendes Bild ab. Auf einer Hangterrasse zum Rhein hin, der etwa 3 km entfernt ist, entstand der Kernbezirk der Pfalz. Dieser Bereich war 145 x 110 m groß. Dominierend bei der Anlage ist ein großer Halbkreisbau, der sich noch heute im Stadtbild abzeichnet. Als für die Architektur ebenfalls prägend erwies sich die

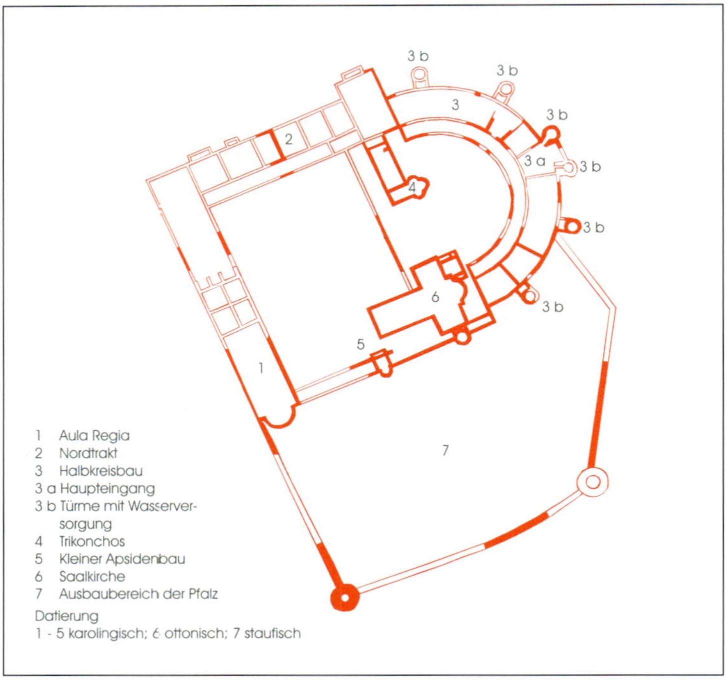

Abb. 29
Ingelheim, Plan der Kaiserpfalz.

„Könighalle“, die *aula regia*, die sich in ihrer Architektur an antiken Basiliken orientierte.
Die Forschung geht davon aus, für die Pfalz sei ein Gesamtplan entwickelt worden, der allerdings nicht mehr zu Lebzeiten Karls des Großen vollendet, sondern erst im 10. Jh. zu einem Abschluss gebracht wurde. Unter den Einzelgebäuden fällt das größte Augenmerk zunächst der großen Exedra zu. Sie hatte einen Durchmesser von 89 m und gab damit die Gesamtbreite der Palastanlage vor. In der Architektur des frühen Mittelalters, so die Ausgräber, stellt diese Exedra eine einzigartige Erscheinung dar. Es stellte sich natürlich die Frage, welche Funktion dieser Baukörper hatte. Da durch Ausgrabungen inzwischen nachgewiesen werden konnte, dass sich in deren Mitte einer der Haupteingänge zur Palastanlage befand, darf man sie wohl als Teil einer monumentalen Zugangssituation verstehen.
Aufgrund der archäologischen Untersuchungen lässt sich weiter festhalten, dass die Exedra mindestens zweigeschossig angelegt war. Dies unterstützte die Monumentalität dieses Baukörpers zusätzlich.

Schaut man auf den Plan der Kaiserpfalz (Abb. 29), so sieht man an der Außenseite der Exedra sechs Rundtürme. Diese waren nicht zur Verteidigung gedacht, vielmehr handelte es sich um Bauwerke, die z. T. der Wasserversorgung der Pfalz dienten. Sie wurden über eine 7 km lange Wasserleitung mit dem dringend benötigten Wasser versorgt. Die frühe Forschung ging davon aus, dass es sich bei dieser Leitung

um ein Bauwerk aus römischer Zeit handelte, weil es in seiner Ausführung ganz antiker Bautradition entsprach. Aber inzwischen hat sich gezeigt, dass die Leitung zusammen mit der Pfalz angelegt wurde, also aus der Zeit Karls des Großen stammt.
Ein wichtiger Bau, der ganz in spätantiker Tradition stand, war die *aula regia*, die „Königshalle", wie man sie in monumentaler Form vergleichbar noch heute in Trier sehen kann. Sie ist im Westen des Gesamtkomplexes zu verorten und bildet hier den Abschluss. Bei der Ingelheimer Aula handelt es sich um einen einschiffigen Apsidensaal, dem ein Narthex – ein Raum oder Halle, die man von frühchristlichen und byzantinischen Kirchenbauten kennt und der eine Eingangsfunktion hat – vorgelegt war. Der Apsidenraum selbst hatte eine Größe von 40,50 x 16,50 m. Auch seine Höhe konnte rekonstruiert werden, die an der Traufe ca. 13 m und am First etwa 19 m betrug. Die repräsentative Funktion des Raums ließ sich auch über die kostbare Ausstattung erschließen. Bei den Ausgrabungen wurden nämlich Reste farbigen Wandputzes festgestellt. Daneben fanden sich Marmorplatten und Porphyr als Bodenbelag. Besonders die Verwendung von Porphyr, einem sehr harten, tiefroten Stein, verdeutlicht den imperialen Anspruch, den Karl schon lange vor seiner Kaiserkrönung im Jahr 800 vertrat; Porphyr war nämlich ein Material, das schon in der römischen Antike vorwiegend bei repräsentativen kaiserlichen Baumaßnahmen eingesetzt wurde.
Die Funktion als Repräsentationsraum blieb langfristig erhalten. Aufgrund der neuen Ausgrabungen ließ sich eine Renovierung im späten 10. Jh. nachweisen, bei der die Pfalzanlage gleichzeitig noch erweitert wurde.
Um ein geschlossenes architektonisches Gesamterscheinungsbild zu erzielen, errichtete man bereits zu Anfang den „Nordtrakt", der sich von der Exedra bis zur *aula regia* erstreckte, also eine Länge von ca. 60 m aufwies. Dieser Trakt nahm sechs Räume auf. Vor der Südwand befand sich vermutlich ein Säulengang. Über die Funktion dieses Baukörpers lassen sich keine Aussagen treffen; gegen eine Nutzung als Wohngebäude spricht vor allem das Fehlen von Heizungseinrichtungen.
Zu einer guten karolingischen Pfalz gehörte selbstverständlich auch eine Kapelle, deren berühmteste wohl das Oktogon im Dom zu Aachen darstellt. Die Baugeschichte der Pfalzkapelle in Ingelheim konnte hingegen erst vor wenigen Jahren, bei den Ausgrabungen 2004, geklärt werden. Es zeigte sich, dass es in der Pfalz insgesamt drei Kirchenbauten gab. Als frühester Bau, also aus der Gründerzeit der Pfalz, ließ sich ein *„trikonchos"* nachweisen, der an den Nordtrakt angegliedert war. Seine Position ist heute im Pflaster des Saalplatzes gekennzeichnet.
Der Name des Bautypus erklärt sich aus dem Grundriss, bei dem sich drei Apsiden oder Konchen in einem rechten Winkel von einem rechteckigen Raum aus entwickeln. In Ingelheim weisen diese Konchen

einen Durchmesser von ca. 4,00 m auf. Die Ausgräber möchten nach Westen hin ein Langschiff annehmen, müssen diese Vermutung aber mit einem Fragezeichen versehen, da dieser Bereich bei Bauarbeiten im letzten Jahrhundert ohne Dokumentation zerstört wurde. Insofern könnte man sich auch einen Zentralbau, also eine vierte Konche, vorstellen, über der sich dann eine Kuppel befunden haben könnte. Wie auch in der *aula regia* spiegelt sich in diesem Sakralbau die bewusste Anknüpfung an antike Traditionen wider.

Um das Jahr 900 herum wurde die alte Pfalzkapelle aufgegeben. An ihrer Stelle entstand ein neuer Kirchenbau, der sich als Apsidensaal darstellte. Gründe für diesen Neubau bleiben spekulativ. Vermutet wird jedoch, dass der Platzbedarf in spätkarolingischer Zeit gewachsen sei. Nach Ansicht der Ausgräber dürfte diese Kapelle langfristig Bestand gehabt haben, unterlag aber dann einem Funktionswandel, nachdem im 10. Jh. eine weitere Kirche im Süden des Pfalzgeländes entstand. Dabei handelte es sich um eine Kreuzkirche, die bei ottonischen Kirchenbauten üblich ist. Die alte Pfalzkapelle wurde möglicherweise zur Privatkapelle des Kaisers.

Nach einer Phase der relativen Bedeutungslosigkeit erfuhr die Pfalz in staufischer Zeit noch einmal eine Aufwertung. Während der Regierung Kaiser Friedrichs I. Barbarossa (ab 1152 römisch-deutscher König und von 1155–1190 römisch-deutscher Kaiser) wurde die Pfalzanlage zur Burg ausgebaut und kleine Veränderungen am Nordtrakt sowie im Exedrabereich vorgenommen. Der dortige karolingische Eingang wurde zum „Heidesheimer Tor“ umgebaut.

Museum bei der Kaiserpfalz

François-Lachenal-Platz 5, 55218 Ingelheim am Rhein, Tel. 06132-714701, www.museum-ingelheim.de

Das Museum in Ingelheim existiert erst seit 1999, verdankt aber seine schnelle Erweiterung der Tatsache, dass zum einen der Historische Verein seine Sammlungen zum größten Teil zur Verfügung stellte und zum zweiten die neuen Forschungen im Pfalzbereich einen großen Erkenntnisgewinn mit sich brachten. So konnten die Sammlungen durch Kopien zentraler Funde aus Ingelheim, deren Originale sich im Landesmuseum Mainz befinden, ergänzt werden. Mit der Erweiterung erfolgte im Jahr 2004 auch die Neukonzeption der Ausstellung des Museums. Der Schwerpunkt wurde dabei auf die Forschungen im Bereich der Kaiserpfalz gelegt. Daneben finden sich im Museum aber auch Funde aus anderen Epochen, die von der Vor- und Frühgeschichte über die Römerzeit bis hin zum Frühmittelalter reichen.

In der Ausstellung spielt die am Originalstandort nicht immer nachvollziehbare Architektur der Pfalzanlage eine wichtige Rolle. Für den Besucher besonders interessant ist dabei ein Modell der Palastanlage, das auf der Grundlage der neuen Untersuchungen erstellt wurde. Bei diesem Modell wurde besonderer Wert darauf gelegt, den tatsächlichen Baubestand vom rekonstruierten abzusetzen und das

Modell jederzeit entsprechend neuer Erkenntnisse verändern bzw. anpassen zu können (Abb. 30).
Das Modell vermag es jedoch nicht, dem Besucher die Monumentalität der Anlage wirklich vor Augen zu führen. Daher wurde ein Abschnitt der halbkreisförmigen Säulenhalle in ihrer ursprünglichen Größe unter Verwendung von Originalteilen rekonstruiert.
Eine weitere Abteilung des Museums widmet sich der Bauskulptur der Pfalz, die allerdings nur mit wenigen Exemplaren vertreten ist. Zwei Marmorkapitelle, die als Kopien vorhanden sind (die Originale befinden sich im Landesmuseum Mainz) verweisen auf eine Herkunft aus einer italischen Werkstatt, vielleicht sogar aus Rom. Ein zentrales Fundstück in der Ausstellung ist ein Solidus Karls des Großen, der aus dem Pfalzbereich stammt. Das Stück gilt als einzige Goldmünze aus der Regierungszeit als Kaiser (800–814), die Karl im Porträt zeigt. Daher ist ihr ein eigener Ausstellungsbereich zugewiesen.
Texte und moderne Medien erlauben es dem Besucher, die Ausstellung des Museums intensiv zu erleben. Darüber hinaus sei auf einen „eGuide" hingewiesen, der im Museum ausgeliehen werden kann und durch die erhalten Reste der Kaiserpfalz führt.
Am Museum bzw. Besucherzentrum beginnt auch der „Kaiserpfalz-Rundweg", der mit 18 Stationen die Geschichte der Pfalz beleuchtet. Einzelne Stationen betreffen auch Teile der Pfalz, die aus dem hier abgesteckten zeitlichen Rahmen fallen.

Abb. 30
Ingelheim, Museum bei der Kaiserpfalz. Modell der Kaiserpfalz im karolingischen Zustand.

Literatur
Stadt Ingelheim am Rhein – Forschungsstelle Kaiserpfalz (Hrsg.), Historischer Rundweg durch das Kaiserpfalzgebiet, Kaiserpfalz Ingelheim [3](2010); K. H. Henn – E. Kähler – Stadt Ingelheim am Rhein (Hrsg.), Karl der Große in Ingelheim. Bauherr der Pfalz und europäischer Staatsmann, Beiträge zur Ingelheimer Geschichte 43 (1998).

„Rom am Rhein", vom Legionslager zur Hauptstadt einer römischen Provinz – Mogontiacum hatte alles, was man zum urbanen Leben benötigte.

[30] MAINZ – HAUPTSTADT EINER RÖMISCHEN PROVINZ

Rheinland-Pfalz

Ein wichtiger Legionsstandort zur Sicherung des Imperiums

Mainz, das römische Mogontiacum, zählt mit zu den ältesten römischen Städten in Deutschland. Am Anfang stand an dieser Stelle ein Doppellegionslager, das auf einer Hochterrasse des linken Rheinufers angelegt wurde. Dies geschah im Jahr 13/12 v. Chr. durch Nero Claudius Drusus Germanicus (Drusus maior), den Stiefsohn des Augustus. Bezogen auf das heutige Stadtgebiet lag es auf dem Kästrich und wies eine Fläche von ca. 360.000 m^2, also von ca. 50 Fußballfeldern, auf. In dieser ersten Phase handelte es sich um eine Holz-Erde-Konstruktion, die erst in der Regierungszeit des Kaisers Vespasian (69–79 n. Chr.) in Steinbauweise ersetzt wurde.

Aufgrund der günstigen strategischen Lage bot sich Mogontiacum als Basis für die Eroberung der *Germania Magna*, des freien Germaniens, an, einem langfristigen strategischen Ziel des Augustus. Dieses Vorhaben sollte Drusus in den Jahren ab 12 v. Chr. durchsetzen, konnte diese Aufgabe aber durch seinen frühen, tragischen Tod im Jahr 9 v. Chr. nicht mehr vollenden. Sein Leichnam wurde in Mainz aufgebahrt, bevor er nach Rom überführt wurde. Ihm wurde ein Kenotaph errichtet, der noch heute, bekannt als „Drusustein" oder „Eichelstein" (s. S. 108f.), erhalten ist.

Ein schwerer Schlag für die römische Germanienpolitik war zudem die Niederlage des Varus im Jahr 9 n. Chr. (s. Bramsche S. 44ff.). Weil Vergeltungsaktionen zu keinem wirklich positiven Ergebnis zu führen schienen, wurden im Jahr 16 n. Chr. weitere militärische Operationen eingestellt. Mogontiacum kam dann zusammen mit Vetera (s. Xanten S. 89ff.) die Aufgabe der Grenzsicherung am Rhein zu. In dieser Funktion wurden die Truppen zeitweise auf vier Legionen aufgestockt.

Nach dem Selbstmord Neros im Sommer 68 n. Chr. brachen in Rom unruhige Zeiten an, in denen verschiedene Heerführer um die Kaiserwürde stritten. In dieser Phase kam es zum „Bataver-Aufstand" (69–70 n. Chr.), über dessen Ursachen und Ziele in der Forschung unterschiedliche Auffassungen vertreten werden (s. Trier S. 120ff.). Mainz fiel während der Unruhen in die Hände der Aufständischen und die Mainzer Truppen spielten aus der Sicht des späteren Siegers nicht gerade eine rühmliche Rolle und wurden ausgetauscht.

Wenige Jahre später – im Jahr 88/89 n. Chr. – kam es zu einem Aufstand des Statthalters der *provincia Germania Superior*, L. Antonius Saturninus. Nach dessen Niederschlagung reduzierte man die Truppenstärke in Mainz auf eine Legion, weil man glaubte, so die Gefahr künftiger Aufstände verringern zu können. Schließlich stationierte man die *legio XXII Primigenia* irgendwann zwischen 92 und 102 n. Chr. hier, die bis zur Mitte des 4. Jhs. n. Chr. in Mainz blieb.

Lagervorstadt und Zivilstadt

Wie es bei Legionslagern üblich war, entstand im 1. Jh. n. Chr. eine Lagervorstadt, hier in Mainz im Südwesten. Sicher war die Vorstadt, über die nur wenig bekannt ist, stark vom Militär geprägt. Diese Lagervorstädte boten den Soldaten die Möglichkeit, sich mit Waren und Dienstleistungen zu versehen, die durch die Militärverwaltung nicht angeboten wurden. Daneben lebten hier die Familien der Soldaten, die es eigentlich gar nicht geben durfte. Römischen Soldaten war es nämlich untersagt, während ihrer Dienstzeit zu heiraten. Doch kam es häufig zu Verbindungen mit Frauen aus der einheimischen Bevölkerung. Diese Beziehungen wurden toleriert, denn durch das familiäre Zusammenleben verbreitete sich die römische Lebensart unter der einheimischen Bevölkerung. Viele dieser „Wilden Ehen" wurden nach dem Ende der Dienstzeit legitimiert.
Die wichtigste Veränderung, die die Lagervorstadt erfahren sollte, war die Errichtung einer Verteidigungsmauer im 3. Jh. n. Chr. Die Sicherheitslage an der Grenze zum freien Germanien hin hatte sich verschlechtert und machte diese Verstärkung der Mauern notwendig. Ein Zeugnis der Befestigung ist das ausgegrabene spätantike Stadttor auf dem Kästrich (s. S. 113f.).
Klar von der Lagervorstadt abgegrenzt werden muss hingegen die Zivilsiedlung, die im Nordosten und Osten des Lagers entstand. Über deren Rechtsstatus und Erscheinungsbild sind wir nur mäßig unterrichtet. Aus julisch-claudischer Zeit, also zwischen 13 v. Chr. und 68 n. Chr., gibt es einen inschriftlichen Hinweis (ILS 2465), der zwar mehrere *vici* und einen *conventus civium Romanorum* nennt, sich aber über ein Stadtrecht ausschweigt. Erst 355 n. Chr. wird Mogontiacum als *municipium* bezeichnet.
Dass es sich mit Sicherheit um eine eindrucksvolle Stadt gehandelt hat, lässt sich aus verschiedenen Faktoren erschließen: Das römische Mainz war ab spätdomitianischer Zeit Sitz des Statthalters der *provincia Germania Superior*, die sich vom Neuwieder Becken im Norden bis zum Genfer See im Süden und bis Burgund im Südwesten erstreckte. Im 4. Jh. n. Chr. wurde die Stadt Sitz des *dux Mogontiacensis* und Metropole der neuen Provinz *Germania Prima*.
Das Defizit an Informationen über das Stadtbild lässt sich im Wesentlichen auf die Siedlungskontinuität zurückführen. Die archäologischen Schichten, die in die Römerzeit gehören, liegen heute teilweise 5 m unter dem Straßenniveau. Daher sind nur punktuelle Einblicke in

die Römerstadt möglich. Beispielhaft lassen sich das Heiligtum der Isis und der Magna Mater (s. S. 110ff.) oder das große szenische Theater (s. S. 109f.) anführen. Außerhalb des eigentlichen Stadtgebietes sind römische Spuren, wie z. B. an der Gräberstraße in Mainz-Weisenau (s. S. 114f.), erhalten.

Einen Bruch in der Stadtgeschichte bildete der Abzug der 22. Legion um die Mitte des 4. Jhs. n. Chr., von der vermutet wird, sie sei in der Schlacht von Mursa, heute Osijek in Kroatien, vernichtet worden. Das Lager wurde nicht wieder belegt, sein Steinmaterial für andere Bauprojekte genutzt, so z. B. für Arbeiten an der Stadtmauer.

Ein Schicksalsjahr für das römische Mainz war 406 oder 408 n. Chr., als germanische Völker – Vandalen, Sueben und Alanen – den Rhein überquerten, die Stadt eroberten und plünderten. Im Gegensatz zu vielen anderen römischen Städten gelang es Mainz, die Krisenzeiten zu überdauern. Das ist wohl der Tatsache zu verdanken, dass die Stadt schon im 4. Jh. n. Chr. über eine christliche Gemeinde verfügte und vermutlich Bischofssitz war. Die kirchliche Autorität übernahm zunehmend auch die politische Verantwortung und konnte so Vieles bewahren und weiterentwickeln.

Abb. 31
Mainz, Zitadelle. Der „Eichelstein" ist ein Denkmal für den römischen Feldherrn Drusus, der auf einem Germanienfeldzug starb.

Sichtbare Denkmäler

Der „Eichelstein" – ein Ehrengrab für Drusus (Abb. 31)

Auf seinem Rückweg aus dem freien Germanien kam es zu einem dramatischen Unfall. Drusus, Stiefsohn des Augustus und Befehlshaber des römischen Heeres fiel so unglücklich vom Pferd, dass er aufgrund seiner Verletzungen starb. Velleius Paterculus, ein römischer Historiker und Zeitzeuge der Ereignisse in Germanien, schrieb dazu, die Missgunst des Schicksals habe ihn dahingerafft (2, 97, 3). Wahrscheinlich lag es aber eher daran, dass die Römer keine Steigbügel kannten und so leichter vom Pferd fallen konnten. Nach der Rückkehr des Heeres nach Mainz nahmen die Truppen Abschied von ihrem Feldherrn, dessen sterbliche Überreste in einem Trauerzug zunächst von seinem Bruder Tiberius nach Italien gebracht wurden, um dann von Pavia bis Rom die Führung an Augustus selbst abzugeben. Dort sollte Drusus im Mausoleum des Kaisers auf dem Marsfeld beigesetzt werden.

Aber noch während der Trauerfeiern in Mainz beschlossen die dort stationierten Truppen, für den geliebten Feldherrn ein Denkmal zu

errichten und dort jährlich eine Parade durchzuführen. Aber nicht nur das Heer wollte den Toten ehren. Auch der Gallische Provinziallandtag – Gallien reichte damals bis zum Rhein – beschloss, an dem Denkmal den Manen (den Geistern der Ahnen) des Drusus jährlich Opfer darzubringen.
Dieses Denkmal für Drusus wurde auf dem Jakobsberg, im Bereich der Südbastion der Zitadelle des 17. Jhs., lokalisiert. Heute stellt es sich als Kernbau aus Gussmauerwerk dar, dessen ehemalige Steinverkleidung längst dem Steinraub zum Opfer fiel. Trotzdem gilt der Bau als eines der bedeutendsten, nördlich der Alpen erhaltenen römischen Grabmäler.
Gegenüber der antiken Aufstellungssituation hat sich heute Einiges geändert. In seiner Entstehungszeit und weit darüber hinaus war das Bauwerk schon aus der Ferne sichtbar. Heute ist die frühneuzeitliche Bebauung dicht herangerückt und hohe Bäume verstellen die Sicht.
Aufgrund der vorhandenen Reste konnte das Grabmal aber auf der Grundlage zeitgleicher Vergleichsbeispiele aus Italien recht gut rekonstruiert werden. Auf einer dreistufigen Basis (14,6 x 14,6 m, H 2 m) befand sich ein Podest (12,2 x 12,2 m, H ca. 9,3 m), dem ein zylindrischer Aufbau (Dm 16,6 m, H 10,3 m) folgte. Nach oben hin fand sich ein stumpfkegeliges Dach, das von einem Pinienzapfen bekrönt war. Zwischen den einzelnen Baugliedern befanden sich jeweils Profile oder Gesimse, die dazu beitrugen, die Übergänge harmonisch zu gestalten. Im Podestbereich war ein großes Inschriftenfeld vorhanden. Die zugehörige Inschrift ist nicht überliefert, dürfte aber neben dem Namen etwa die Ämter des Verstorbenen und seine militärischen Leistungen angeführt haben.

Das Bühnentheater

Als man im Jahr 1884 den Bahnhof Mainz-Süd errichtete, stieß man auf römisches Mauerwerk, das sich über eine Länge von mehr als 100 m erstreckte. Schon damals genossen verkehrstechnische Projekte große Priorität, sodass man diese Mauerreste schnellstens abtrug. Immerhin wurden die Befunde des Jahres 1884 halbwegs dokumentiert. Erst 1914 deutete man diese Mauerzüge als Reste eines Bühnengebäudes für ein szenisches Theater, was kleinere archäologische Untersuchungen bis 1916 bestätigten. Das Wüten des Ersten Weltkriegs und seine Folgen für Deutschland verhinderten weitere Ausgrabungen und fast wäre das antike Baudenkmal gänzlich in Vergessenheit geraten.
Im Jahr 1997 zeichneten sich in diesem Bereich umfangreiche Baumaßnahmen ab. Daher wurde der Entschluss gefasst, das, was noch vorhanden war, umfassend zu untersuchen und als wichtiges Zeugnis der Stadtgeschichte zu konservieren.
Bei der Wahl des Bauplatzes für das Theater wurde ein Hang des heutigen Zitadellenhügels ausgewählt, wodurch sich die Bauarbeiten für den Zuschauerraum reduzierten.

Die archäologischen Untersuchungen ergaben schließlich folgendes Bild: Das Theater setzte sich aus dem Bühnengebäude, der Orchestra und dem Zuschauerraum, der *cavea,* mit einem Durchmesser von 116,25 m zusammen. Die Bühne war 41,25 m lang. Besonders der Durchmesser der *cavea*, die Platz für rund 10.000 Zuschauer bot, ist in der Forschung herangezogen worden, um die Bedeutung des Mainzer Theaters zu verdeutlichen; das hervorragend erhaltene Theater im südfranzösischen Orange oder jenes in Lyon sind nur geringfügig kleiner.
Diese Monumentalität – das Mainzer Theater ist das größte nördlich der Alpen – hat natürlich die Frage aufgeworfen, wann dieses errichtet wurde und in welchen historischen Kontext es gesetzt werden muss. Aufgrund der schriftlichen Quellen (Eutr. 7, 13, 4) ist bekannt, dass in Mainz ein Kenotaph für Drusus errichtet wurde und für den Toten jährliche Gedenkfeiern abgehalten wurden. Der Kenotaph, der „Eichelstein", ist nur 340 Meter vom Theater entfernt und könnte damit gezielt für diese Ehrungen errichtet worden sein. Die Datierung führt in die frühe Kaiserzeit. Sicher ist ein Theater in Mainz belegt für das Jahr 39 n. Chr. (Suet. Galba 6,2).
Verschiedene Umbauten deuten darauf hin, dass das Theater noch im 4. Jh. n. Chr. in Betrieb war. Allerdings dürften hier statt der Schauspiele eher etwas rustikalere Veranstaltungen stattgefunden haben.

Heiligtum der Isis und der Magna Mater – versetzte Vergangenheit (Abb. 32)

Taberna archaeologica, Römerpassage 1, 55116 Mainz, Tel.06131-6007493, www.roemisches-mainz.de

Wie in jeder anderen Stadt mit römischer Vergangenheit musste man im Jahr 1999 damit rechnen, bei Neubauprojekten auf archäologische Funde zu stoßen, so auch beim Bau der heutigen Römerpassage, einem Einkaufszentrum. Bei den vorangehenden Ausgrabungen wurde man dennoch gänzlich überrascht: Statt nur einfach auf römische Mauern zu stoßen, sollte sich die Fundstelle als ein Fenster zur Mainzer Geschichte erweisen, das einen Blick bis in die Vorgeschichte hinein erlaubte. Man fand in den untersten Schichten Bestattungen, die aus dem späten 8. Jh. v. Chr. stammten. Eine Siedlungskontinuität ließ sich daraus nicht ableiten, da der Platz bald wieder aufgegeben wurde.
Aber auch die römerzeitlichen Überreste sollten sich als etwas Besonderes herausstellen. Man hatte ein Heiligtum der Isis und der Magna Mater entdeckt, welches in der 2. Hälfte des 1. Jhs. n. Chr. entstanden war. Bei Isis handelt es sich ursprünglich um eine ägyptische Göttin, deren Kult gegen Ende des 2. Jhs. v. Chr. langsam im Imperium Verbreitung fand und nicht immer das Wohlwollen der Machthaber genoss. Erst in der 2. Hälfte des 1. Jhs. n. Chr. sollte der Mysterienkult offiziell zugelassen werden. Für viele Menschen ging von dem Kult ein besonderer Reiz aus, weil es in ihm keine Standesunterschiede gab. Auch der Kult der Magna Mater, der kleinasiatischen Kybele, war ein Mysterienkult. Obwohl die Göttin mit einem großen Tempel in Rom

bedacht worden war, unterlagen ihre Priester und Anhänger strengen Restriktionen; es gab Elemente in der Kultpraxis, die nicht unbedingt römischen Vorstellungen entsprachen.

Abb. 32
Mainz, Römerpassage. Unter der modernen Einkaufspassage kann man das Heiligtum der Magna Mater und der Isis besichtigen.

Bei der Kultstätte in Mainz handelte es sich nicht um einen klassischen Tempel, sondern um einen Sakralbezirk, der von einer Mauer eingefasst war. Darin fanden sich Gebäudereste. Bei den Ausgrabungen stieß man nur auf relativ niedrige Mauerreste aus römischem Gussmauerwerk. Das aufgehende Mauerwerk bestand aus Fachwerk oder Lehmziegelwänden.

Chronologisch betrachtet entstand das erste Heiligtum im letzten Drittel des 1. Jhs. n. Chr. Die Befunde – Brunnen und Herdstellen – ließen darauf schließen, dass es in dem Sakralbau Versammlungen und Kultmahlzeiten gab.

Im 2. Jh. n. Chr. gab es bauliche Veränderungen im Sakralbezirk. Dieser Zustand wurde auch konserviert. Besondere Aufmerksamkeit sollte man den Feuerstellen und Depots mit ihren Opfergaben widmen, weil sie mit Funden, die vor Ort umfassend ausgestellt sind, tiefe Einblicke in das kultische Leben der Menschen jener Zeit bieten.

Unter diesen Funden gab es „Fluchtafeln“ *(tabellae defixionum)*. Diese Tafeln werfen ein bezeichnendes Licht auf die Glaubenswelt der Antike, in der Aberglaube weit verbreitet war. Bei ihnen handelt es sich zumeist um den formelhaften Wunsch oder Befehl an eine Gottheit oder einen Dämon. Ziel des Wunsches war es hauptsächlich, jemandem Schaden zuzufügen, diesen zu bestrafen oder ein Unrecht wieder gutzumachen. Natürlich waren diese Flüche verboten und deren Nutzung wurde sogar mit dem Tode bestraft.

Die Tafeln, die an verschiedenen Orten im ganzen Imperium gefunden wurden, konnten aus unterschiedlichen Schreibmaterialien bestehen. Überdauert haben aber nur solche aus haltbarem Material wie Blei, Kalkstein oder Gefäßscherben. Daher kennen wir auch nur einen sehr kleinen Ausschnitt des Wunschdenkens antiker Menschen. Dass der Einsatz von Fluchtafeln nicht mit dem Siegeszug des Christentums endete, belegen Funde, die vor der Porta Appia in Rom gemacht und zwischen 392 und 423 n. Chr. datiert wurden. Statt der Götter und Dämonen rief man nun alle Engel und Heiligen an.
Es bleibt nur noch die Frage zu beantworten, wann das Heiligtum der Isis und Magna Mater seinen Betrieb einstellte. Die archäologischen Befunde weisen auf das Ende des 3. Jhs. n. Chr. hin.

Zwei Ehrenbögen – Bogen des Dativius Victor aus privater Hand und der Ehrenbogen aus Mainz-Kastel als Ausdruck römischer Machtpolitik

Bogen des Dativius Victor (Ernst-Ludwig-Platz)

Als man zwischen 1898 und 1911 im Umkreis der Martinstraße und der heutigen Gaustraße Bauarbeiten durchführte, stieß man zunächst auf die Überreste der spätrömischen Stadtmauer. Bei näherem Hinsehen erkannte man aber, dass in der Mauer zu einem „Ehrenbogen" gehörige Steine verbaut waren. Weil rund zwei Drittel des ursprünglichen Bauwerks gefunden wurden, war eine Rekonstruktion möglich.
Die Wiederherstellung ergab einen Bogen – das Original befindet sich im Landesmuseum, während sich eine Kopie seit 1962 auf dem Ernst-Ludwig-Platz befindet – mit einem Durchgang, der eine Höhe von 6,50 m, eine Breite von ca. 4,50 m und eine Tiefe von 0,70 m aufweist. Der Durchgang war 2,40 m breit und wies eine Höhe von etwa 3,90 m auf. Zur Gliederung lässt sich festhalten, dass der Bogen ganz typisch gestaltet ist. Über einem kleinen Sockel oder einer Profilzone folgte der Durchgangsbereich, der mit einem Gesims abschloss. Die darauf folgende Attika weist den wichtigsten Bestandteil des Bogens, nämlich das Inschriftenfeld, auf. Endgültig abgeschlossen wird das Bauwerk durch ein Gesims und eine darauf ruhende flache Steinplatte. Die Schauseite ist vollständig mit Reliefs verziert, während an den übrigen Flächen die Dekoration nur bis zum Bogensatz reicht.
Die gefundene Inschrift erlaubt eine Datierung des Bogens in das 3. Jh. n. Chr. Zugleich beleuchtet sie die sich verändernden Verhältnisse an den Grenzen des Römischen Reiches. Dativius Victor stammte aus der *civitas taunensium, Nida* (heute Frankfurt-Heddernheim) und war dort ein angesehener Mann, der verschiedene öffentliche und sakrale Ämter ausübte. Als vorausschauender Mensch hatte er wie vermutlich viele seiner Zeit- und Standesgenossen erkannt, dass die rechtsrheinischen Gebiete immer mehr durch Germanenangriffe gefährdet waren und das Gebiet auf Dauer nicht im Reich zu halten

war. Der Rückzug über den Rhein bot die Möglichkeit, Leib und Leben sowie das Vermögen zu retten. Um sich in Mainz neu zu positionieren, hatte er den dortigen Bürgern den Bogen zu Ehren des Jupiters und des Kaiserhauses sowie eine *porticus* versprochen, die von seinen Söhnen und Erben Victorius Ursus und Victorius Lupus vollendet wurden.

Römischer Ehrenbogen

Ein wichtiger archäologischer Fund wurde wieder einmal eher zufällig gemacht. Im Jahr 1986 wurden bei Bauarbeiten in der Großen Kirchenstraße in Mainz-Kastel große Steinquader entdeckt und vor dem Abtransport bewahrt. In den darauf folgenden archäologischen Untersuchungen erwiesen sich die Blöcke als zu einem Ehrenbogen gehörig, der drei Durchgänge aufwies. Bindet man ihn in das Straßennetz des römischen Mainz ein, so liegt er genau in der Achse Kästrich und der Rheinbrücke mit zugehörigem Lager, also an prominenter Stelle, die geeignet war, den ankommenden Reisenden mit der Ideologie und der Propaganda, die von einem solchen Monument ausging, zu konfrontieren.

Museum Römischer-Ehrenbogen, Große Kirchenstraße 5–11, 55252 Mainz-Kastel, www.museum-castellum.de

Gerne möchte man den Bogen mit Germanicus, der eine enge Beziehung zu Mainz besaß, in Verbindung bringen. Weil aber entsprechende Inschriften fehlen, lässt sich der Bogen ihm nicht unzweifelhaft zuweisen.

Das spätantike Stadttor auf dem Kästrich

Weil sich die politische und militärische Lage an der Grenze zu Germanien verändert hatte, musste auch die Verteidigung der Provinzhauptstadt Mainz reorganisiert werden. Dazu gehörte um die Mitte des 3. Jhs. n. Chr. eine Stadtmauer für die Zivilstadt. Die neue Verteidigungsanlage schloss sich an die alte Mauer des Kastells an und integrierte diese. Als in der zweiten Hälfte des 4. Jhs. das Lager abgerissen wurde, galt es, die dadurch entstandene Lücke in der Mauer zu beseitigen. Um die Stadtmauer wieder funktionstüchtig zu machen, errichtete man einen Mauerabschnitt mit Spolien, wiederverwendetem Baumaterial. Weil die alte Hauptstraße des Lagers auch für die Zivilsiedlung wichtig war, errichtete man ein neues Stadttor, das den spätesten Toranlagen römischer Zeit in Deutschland zugerechnet wird.

Wenn man heute den Fundort besucht, zeichnet sich folgendes Bild ab: Die Stadtmauer selbst hat eine Breite von 2,70 m und ist bis zu einer Höhe von 2 m erhalten. Der Torbereich selbst besitzt eine Breite von 4,10 m und endet in Mauerzügen, die Torwangen ausbilden. In der so entstandenen Tordurchfahrt existierte ein Torturm.

Der aufmerksame Besucher wird sehen, dass der Boden aus einem sorgfältigen Pflaster mit großen Sandsteinplatten besteht, das deutliche Nutzungsspuren durch Fahrzeuge zeigt. Es deutet alles darauf hin, diesen Bodenbelag in die Zeit des Legionslagers zu datieren. Die

Archäologen bringen diesen mit der *via praetoria,* der Hauptstraße des Lagers, in Verbindung.
Bei den Ausgrabungen fanden sich auch Hinweise darauf, wie das Tor geschlossen wurde. Daher geht man von der Existenz eines zweiflügeligen Tores aus.

Mainz-Weisenau – eine römische Landstraße und ihre Randbebauung

Römische Straßen außerhalb der Siedlungen und Städte erfüllten nicht nur die Funktion, zwei Orte miteinander zu verbinden. Ihnen kam auch die Bedeutung zu, Heimstätte für die Toten zu werden, weil man in römischer Zeit glaubte, die Welt der Toten sei düster und für die Lebenden gefährlich. Um Schaden abzuwenden, bestattete man daher die Toten vor den Toren der Städte entlang der Straßen.
Schon im Jahr 1912 wurde in Mainz-Weisenau ein römisches Gräberfeld erkannt und teilweise erforscht. Als zu Beginn der 1980er-Jahre der Neubau eines großen Bürogebäudes anstand, nutzte man die Gelegenheit, hier großflächige Untersuchungen durchzuführen und dabei ein eindrucksvolles Bild einer römischen Gräberstraße zu gewinnen.
Es zeigte sich folgendes Bild: Vermutlich unmittelbar nach Anlage des Legionslagers wurde eine Straße gebaut, die zum Rheinübergang führte, also eine strategische Funktion hatte. Daher begnügte man sich nicht mit einem Provisorium, sondern konstruierte diese von Anfang an solide. Die 6 m breite Straße erhielt einen mehrschichtigen Unterbau, auf den die Straßendecke aus Sand und Kalk aufgebracht wurde, die zu den Fahrbahnrändern hin leicht gewölbt war, damit das Regenwasser abfließen konnte. Aufgrund der starken Nutzung musste die Fahrbahn achtmal erneuert werden. Während man heute zumeist die alten Oberflächen entfernt, legte man in römischer Zeit einfach eine Schicht darüber, sodass schließlich ein Straßendamm mit einer Höhe von 1,40 m entstand.
Unmittelbar südlich der Straße schloss sich eine „Piste“ an, die ebenfalls 6 m breit war. Man darf sich zu Recht fragen, warum unmittelbar neben der Straße ein unbefestigter Fahrweg angelegt wurde. Die Antwort gibt die Konstruktion der Piste: Man trug den Mutterboden ab und ersetzte ihn durch Feinsand. Weil durch die in Germanien so häufig vorkommenden Regenfälle die Radspuren auf der Oberfläche immer wieder ausgeglichen wurden, konnte man dadurch Zugtiere und Wagen schonen und auch die Reisenden selbst wurden nicht so sehr durch Unebenheiten belastet. Außerdem konnten auf solchen Wegen zerbrechliche Handelsgüter besser transportiert werden. Aber auch die Piste bedurfte einer Wasserführung. So legte man nach Süden hin einen Spitzgraben an, der aber gereinigt oder auch erneuert werden musste.

Die Straße und die Piste sowie in der Nähe befindliche Tonvorkommen trugen dazu bei, dass sich Töpfereien hier ansiedelten. Von diesen lassen sich im Gelände deutliche Spuren – etwa Öfen – finden.
Neben den Töpfereibetrieben legten die Einwohner des römischen Mainz zu beiden Seiten der Straßen ihre Grabanlagen an. Besonders an der Südseite, durch den Graben von der Straße getrennt, entstanden zahlreiche Grabkomplexe unterschiedlicher Größe. Dabei handelte es sich zumeist um eingefriedete Bereiche, in deren Zentrum das eigentliche Grabdenkmal stehen konnte. Aber weil sich nicht jeder einen Grabbezirk leisten konnte, fand man bei den Ausgrabungen auch Grabsteine. Außerdem konnten Verbrennungsplätze nachgewiesen werden.
Zum römischen Totenkult gehörten neben der Pflege des Grabes auch Opfer, so etwa Speisen und Getränke. Bei der Entsorgung der Abfälle, die bei diesen kultischen Handlungen entstanden, ging man sehr pragmatische Wege; der Straßengraben, in dem auch Brandspuren nachgewiesen werden konnten, wurde als überdimensionale Mülltonne missbraucht – mit ein Grund für die oben erwähnte Notwendigkeit der Reinigung.

Römisch-Germanisches Zentralmuseum

Ernst-Ludwig Platz 2,
55116 Mainz,
www.rgzm.de

Das Römisch-Germanische Zentralmuseum in Mainz wurde bereits im Jahr 1852 gegründet. Schon damals war es Zielsetzung, vor- und frühgeschichtliche Denkmäler aus Deutschland und den Nachbarländern in Originalen und Kopien für Forschungszwecke zu sammeln. Noch heute wird diese Tradition fortgesetzt und die Werkstätten des Museums, in denen auch die Kopien angefertigt werden, genießen einen hervorragenden Ruf in der Restaurierung.
Zeitlich gesehen reicht die Sammlung von der Steinzeit bis zum frühen Mittelalter. Zurzeit befinden sich diese Sammlungen noch im Kurfürstlichen Schloss in der Mainzer Innenstadt. Jedoch ist ein Umzug geplant, weswegen manche Ausstellungsbereiche bereits geschlossen sind.
Von großer Bedeutung sind natürlich die Denkmäler der römischen Zeit, denen sich der Besucher unter unterschiedlichen Aspekten annähern kann. Weil man römische Geschichte und Kultur nur dann verstehen kann, wenn man das Römische Imperium in seiner Gesamtheit sieht, werden auch die Provinzen behandelt.
Als das frühe Mittelalter wird in den Sammlungen des Römisch-Germanischen Zentralmuseums der Zeitraum vom 6. bis zum 10. Jh. verstanden. Auch hier beschränkt sich die Ausstellung nicht nur auf Geschichte und Objekte aus Deutschland, sondern gibt einen umfassenden Überblick, der etwa auch Byzanz einschließt. Originale, Kopien und Rekonstruktionen vermitteln dabei ein eindrucksvolles Bild einer sonst dem breiten Publikum wenig bekannten Zeit.

Museum für Antike Schiffahrt

Neutorstraße 2b,
55116 Mainz,
Tel. 06131/286630,
www.rgzm.de

Die Geschichte des Museums für Antike Schiffahrt begann im Grunde im Jahr 1981/82, als man bei Bauarbeiten auf fünf gut erhaltene römische Militärschiffe des 3. und 4. Jhs. n. Chr. stieß und sich die Frage stellte, was mit diesen Neufunden geschehen solle. Weil das Römisch-Germanische Zentralmuseum deren Bedeutung besonders hoch einschätzte, wurde das Museum für Antike Schiffahrt als dessen Zweigstelle gegründet.

Neben den tatsächlichen Schiffsfunden bilden vor allem die Nachbauten zweier Schiffe in Originalgröße den Mittelpunkt der Ausstellung. Um diese herum werden das römische Flottenwesen und der Schiffbau der Kaiserzeit beleuchtet.

Im Zuge einer 2012 abgeschlossenen Neugestaltung des Museums wurde das Thema der Schifffahrtsgeschichte deutlich erweitert, indem ein chronologischer Abriss über den Schiffbau der Antike vom Indischen Ozean bis zum Nordmeer gegeben wird. Neben klassischen Elementen einer Museumspräsentation kommen auch multimediale Einrichtungen zum Einsatz.

Das Landesmuseum

Große Bleiche 49–51,
55116 Mainz,
Tel. 06131/ 28 57-0,
www.landesmuseum-mainz.de

Das Landesmuseum Mainz kann auf eine lange Geschichte zurückblicken, die ihren Anfang zu Beginn des 19. Jhs. nahm. Seine Sammlungsbestände umfassen ein Zeitfenster, das über 200.000 Jahre bis in die Gegenwart hineinreicht. Entsprechend der Aufgabe eines Landesmuseums sind hier Funde zusammengefasst, die im Wesentlichen im heutigen Bundesland Rheinland-Pfalz gemacht wurden. In unserem Zusammenhang sind es vor allem die Abteilungen für Ur- und Frühgeschichte, die römische Abteilung und schließlich jene für das Frühmittelalter.

Die letztgenannte Abteilung beschäftigt sich mit der Zeit vom 5. bis zum 10. Jh. Die ausgestellten Gegenstände spiegeln den Kulturwandel von der Spätantike bis zum Mittalter wider. Dabei sind es vor allem die fränkischen Funde aus dem 6. und 7. Jh., die überwiegen.

Literatur
M. Witteyer, Das Heiligtum der Isis und Magna Mater (2004); H. Cüppers (Hrsg.), Die Römer in Rheinland-Pfalz (2002) 458–469 Abb. 374–469; G. Rupprecht, Das römische Mainz – Baugeschichte, Wasserversorgung und Neufunde, in: Frontinus-Gesellschaft e. V. (Hrsg.), Frontinus-Tagung 1988 in Mainz und weitere Beiträge zur historischen Entwicklung der Wasserwirtschaft, Schriftenreihe der Frontinus-Gesellschaft 12 (1989) 13–22.

Wein von der Ahr, der hier noch heute gedeiht, war sicher auch schon in römischer Zeit beliebt. Und weil ein guter Wein ein mildes Klima benötigt, fanden es die Menschen schon damals reizvoll, hier in bevorzugten Wohnlagen zu residieren. Die Villa Ahrweiler ist dafür ein perfektes Beispiel.

[31] BAD NEUENAHR-AHRWEILER – VOM LUXUSANWESEN ZUM FRIEDHOF

Rheinland-Pfalz

Als man im Jahr 1980 damit begann, entlang des nördlichen Abhangs des Ahrtales eine neue Bundesstraße zu bauen, stieß man am nordwestlichen Ortsrand von Ahrweiler überraschend auf antike Baureste. Glücklicherweise konnten die Bauarbeiten gestoppt werden und die nachfolgenden Ausgrabungen, die bis 1990 dauerten, brachten eine aufwendige *villa rustica* ans Tageslicht. Diese ist heute als Museum für Besucher zugänglich.

Die Villa

Museum Römervilla, Am Silberberg 1, 53474 Bad Neuenahr-Ahrweiler, Tel. 02641/5311, www.museum-roemervilla.de

Was fanden die Archäologen? Die wichtigste Erkenntnis bestand darin, dass um die Mitte des 1. Jhs. n. Chr. eine erste Villa errichtet wurde. Über deren Aussehen ist aber relativ wenig bekannt, weil dieses Gebäude später vollständig abgetragen wurde, um Platz für einen Neubau zu schaffen. Erhalten haben sich ein Keller, der nur zugeschüttet worden war, und ein Heizraum, der später nachgenutzt wurde.

Dass die erste Version der Villa schon sehr komfortabel war, wird auch durch die Existenz eines separat errichteten Bades belegt. Dieses ließ sich besser untersuchen, da es in weiten Teilen nicht überbaut wurde. Neben der klassischen Raumabfolge ließ sich auch ein kreisrundes Schwitzbad *(sudatorium)* nachweisen.

Als das Haus I in der zweiten Hälfte des 1. Jhs. n. Chr. abgerissen wurde, verfolgte der Besitzer mit seinem Neubau große Pläne. Er ließ eine „Portikusvilla“ errichten, die eine Länge von 73 m und eine Tiefe von 18–25 m besaß. Damit stand eine überbaute Fläche von ca. 1000 m^2 zur Verfügung.

Bei den Ausgrabungen zeigte sich, dass die Wandkonstruktion aus einem gemauerten Sockel, der Rest aber aus Fachwerk bestand, einer durchaus üblichen Bauweise. Dies tat der Wohnqualität keinen Abbruch, weil alle Wände mit mehreren Schichten Unterputz versehen waren, dem ein Feinputz als Malgrund hinzugefügt wurde. Eine weitere wichtige Erkenntnis, die man aus den Befunden gewinnen konnte, betraf die Raumabdeckung: Eine Reihe von Räumen besaß Tonnengewölbe.

Nach außen hin dominierte eine *porticus* mit Arkaden an der Südseite des Hauses. Weil aber das Niveau der *porticus* über dem des Geländes lag, entstand eine Freitreppe, die im Laufe der Nutzungsdauer dreimal umgebaut wurde. Die *porticus* selbst erfuhr zu einer nicht näher bestimmten Zeit eine Verlängerung in Richtung der Thermen für Haus II. War schon das Äußere des Hauses recht beeindruckend, so bestätigte auch die Innengestaltung den Wohlstand der Familie. Die Böden etwa verfügten über Steinbeläge, die das Material betreffend sehr unterschiedlich waren. Neben lokalem Baumaterial für den Bodenbelag wurde auch Marmor aus Griechenland verwendet. Dieser wurde auch nicht einfach verlegt, sondern in vielen Räumen durch Steineinlegearbeiten *(opus sectile)* verziert.

Abb. 33 Neuenahr-Ahrweiler, villa rustica. *Der Besitzer wusste den Luxus zu schätzen, wie das Bad II der Villa belegt. Mit einer Fußbodenheizung wurde der Raum beheizt.*

Die Wände im Haus waren überwiegend mit Malereien versehen, von denen man an vielen Stellen Reste sehen kann. Der Hausherr liebte wohl geometrische Motive, die mit floralen und figürlichen Elementen gekoppelt sein konnten. Gelegentlich wurde Marmor durch die Malerei imitiert, was eine übliche Praxis war.

Zu einem nicht näher zu bestimmenden Zeitpunkt, aber gleichzeitig mit der Verlängerung der *porticus* entstanden im Westen des Hauses drei weitere Räume, die wie die meisten anderen mit Fußbodenheizungen ausgestattet waren.

Weil das Bad der ersten Villa ebenfalls abgerissen worden war, ließ der Eigentümer an dessen Stelle einen vollständigen Neubau errichten. Solange die Villa im eigentlichen Sinne als luxuriöses Wohnhaus genutzt wurde, gab es nur eine kleinere bauliche Veränderung. (Abb. 33)
Die Bewohner der Villa benötigten natürlich auch Wasser. Bei den Ausgrabungen konnten zwei Kanäle nachgewiesen werden, denen einerseits die Aufgabe zukam, das Hangwasser zu drainieren, aber auch die Wasserversorgung zu gewährleisten.
Trotz des Komforts, den die Villa ihren Bewohnern bot, gaben diese den Komplex etwa 259/260 n. Chr. auf. Die Ursache dafür lässt sich nur vermuten und wird in der zunehmenden Gefahr durch germanische Überfälle gesehen.

Die Herberge

Gegen Ende des 3. Jhs. n. Chr. sollte die Villa aber eine neue Nutzung als Herberge *(mansio)* erfahren. Eine Reihe von Räumen im Hauptgebäude wurde in kleinere Räume aufgeteilt, um so Platz für die Gäste zu schaffen. Den neuen Anforderungen entsprechend entstanden weitere Küchen.
Damit die Gäste sich wohlfühlen konnten, wurde auch das alte Bad reaktiviert. Im Kontext der Badeanlage entstand eine Latrine, die den Erfordernissen einer Herberge entsprach.
Um 350 n. Chr. endete der Herbergsbetrieb, was aber nicht bedeutete, dass der Platz gänzlich aufgegeben wurde. Es etablierte sich nämlich eine Metallschmelze, die wohl Blei und Silber verarbeitete. Um 400 n. Chr. endete auch dieser Betrieb.

Der Friedhof

Als von der Villa wahrscheinlich längst nichts mehr zu sehen war, erfuhr das Gelände seine letzte Nachnutzung. Es entstand ein christlicher Friedhof mit einer Belegung vom 7. bis zum 8. Jh. Insgesamt 32 Gräber wurden nachgewiesen.

Literatur
A. v. Berg, Zuerst Villa, dann mansio: Bad Neuenahr-Ahrweiler, in: V. Rupp – H. Birley (Hrsg.), Landleben im römischen Deutschland (2012) 138–140; H. Fehr, Römervilla. Führer durch die Ausgrabungen am Silberberg in Bad Neuenahr-Ahrweiler, Archäologie an Mittelrhein und Mosel 7 [2](2003); H. H. Wegner, Bad Neuenahr-Ahrweiler, in: H. Cüppers (Hrsg.), Die Römer in Rheinland-Pfalz (2002) 324 Abb. 228.

Im Moseltal, wo einst der Stamm der Treverer seine Heimat hatte, entschieden die Römer um das Jahr 17 v. Chr. über die Neuordnung der Provinz Gallien, deren Hauptort in mehreren Etappen COLONIA AUGUSTA TREVERORUM und schließlich im 4. Jh. zur Kaiserresidenz werden sollte. Eine Reihe eindrucksvoller Großbauten aus römischer Zeit lassen den Besucher verstehen, warum diese Stadt im 4. Jh. n. Chr. schließlich zur Kaiserresidenz und damit zum Herz des Römischen Reiches wurde. Seit 1986 zählen diese Gebäude zum UNESCO Weltkulturerbe.

[32] TRIER – RESIDENZ RÖMISCHER KAISER UND ÄLTESTE STADT DEUTSCHLANDS

Rheinland-Pfalz

Die Stadt Trier liegt im mittleren Tal der Mosel an deren rechtem Ufer. Schon in römischer Zeit war Trier eine der größten Städte des Reiches: Im 4. Jh. n. Chr. lebten hier nämlich 80.000–100.0000 Menschen. Diese Zahl ist erstaunlich, wenn man bedenkt, dass Trier heute auch nur rund 100.000 Einwohner hat.

Auch wenn der Gründungsmythos, die Stadt sei um das Jahr 2050 v. Chr. durch einen assyrischen Königssohn gegründet worden, natürlich jeder Realität entbehrt und auf mittelalterliche Fantasievorstellungen zurückgeht, so ist doch unbestritten, dass Trier die älteste Stadt Deutschlands ist. Tief hinein in die Vor- und Frühgeschichte reichen Siedlungsspuren im Trierer Raum aus dem 3. Jt. v. Chr. Kontinuierlich wurde die Region weiter bewohnt bis hin zu den keltischen Treverern in den letzten Jahrhunderten v. Chr.

Mit der Eroberung Galliens durch Caesar zwischen 58 und 51 v. Chr. geriet das Gebiet der Treverer in das Blickfeld Roms. Frühe Zeugnisse römischer Präsenz finden sich auf dem Petrisberg, auf dem 30 v. Chr. kurzfristig ein Militärlager errichtet wurde, das in jüngster Zeit wieder in das Zentrum der Forschung gerückt ist, und in der Moselbrücke (s. S. 122f.).

Im Rahmen der Neuordnung Galliens unter Augustus (reg. 27 v. Chr. – 14. n. Chr.) wurde Trier im Jahr 16 v. Chr. als *Augusta Treverorum* gegründet. Ausschlaggebend für die Platzwahl war die verkehrstechnisch günstige Lage als Kreuzungspunkt mehrerer Fernstraßen.

Auch wenn im heutigen Stadtbild von der augusteischen Bebauung nichts mehr wahrnehmbar ist, so muss man sich für das frühe Trier eine Stadtanlage mit rechtwinkligem Straßennetz, Forum und Tempeln vorstellen.

Unter Claudius (41–54 n. Chr.) wurde der Rechtsstatus der Stadt in den einer *colonia* geändert, praktisch die höchste städtische Rechtsform in der römischen Kaiserzeit. Mit dieser Maßnahme gingen auch der Ausbau der Stadt und damit verbunden die Verbreitung römischer Kultur einher. Zugleich bot man Anreize für die lokalen Eliten, in ihre Heimat zu investieren.

So wurde mit der rechtlichen Aufwertung Triers eine Entwicklung eingeleitet, die im 2. Jh. n. Chr. ihren ersten Höhepunkt erreichen sollte. Es entstanden die Barbarathermen (s. S. 128f.), das Amphitheater (s. S. 130ff.), die Stadtmauern mit ihren Toranlagen, von denen ein kleiner Teil im Untergeschoss des „Stadtmuseums Simeonstift" zu sehen ist und von denen die Porta Nigra (s. S. 123ff.) ein eindrucksvolles Zeugnis ablegt. Vom Circus, der um 100 n. Chr. entstand, lässt sich im heutigen Stadtbild nichts mehr erkennen. Jedoch spiegeln Mosaike wie jenes in den Trierer Kaiserthermen gefundene und im „Rheinischen Landesmuseum" aufbewahrte Mosaik (RLM Trier, Inv. 62.412) mit der Darstellung des Polydus mit seinem Leitpferd Compressor die Bedeutung der Wagenrennen, wohl die beliebteste Art der Massenunterhaltung im Römischen Reich, auch für die *Colonia Augusta Treverorum* wider.

Im Jahr 260 n. Chr. gelang es Postumus (260–269 n. Chr.), Britannien, Gallien und Spanien aus dem Reichsverband zu lösen und das „Gallische Sonderreich" (260–275 n. Chr.) zu schaffen. Während Postumus seine Residenz noch in der *Colonia Claudia Ara Agrippinensium,* dem heutigen Köln, hatte, verlegte einer seiner Nachfolger, Victorinus (Ende 269–271 n. Chr.), die kaiserliche Residenz nach Trier.

Erhebliche Schäden musste die Stadt durch die Alamannen im Jahr 275 n. Chr. hinnehmen. Jedoch sollte Trier zwischen 293 und 392 n. Chr. eine der Kaiserresidenzen werden, die durch die Reichsreform Diokletians (284–305 n. Chr.), der verwaltungstechnischen Teilung des Reiches in eine westliche und eine östliche Hälfte mit jeweils einem Augustus und einem Cäsar an der Spitze, notwendig geworden war.

Ein massiver Stadtausbau erfolgte unter Konstantin dem Großen (306–337 n. Chr.). Sichtbare Zeugnisse dafür sind die Palastaula, oder auch Palastbasilika genannt (s. S. 125ff.), die Kaiserthermen (s. S. 129f.) und die Doppelbasilika (s. S. 132), die sich in Teilen noch im heutigen Dom findet. Unter einer Doppelbasilika versteht man zwei nebeneinander liegende Kirchenbauten, von denen eine Kirche durch die schon getauften Christen als Gotteshaus genutzt wurde, während die andere von jenen aufgesucht wurde, die erst noch Christen werden wollten.

Dieser Ausbau erklärt sich vor allem daraus, dass Trier Konstantins Regierungssitz war und er – wie seine großen Vorgänger in Rom – durch Architektur seinen Machtanspruch zum Ausdruck bringen wollte. Auch nachdem Konstantin seine Residenz im Jahr 330 n. Chr. nach Konstantinopel verlegt hatte, verlor die Stadt nicht an Bedeutung.

Konstantin II. residierte hier von 328 bis 340 n. Chr., Valentinian I., Gratian und Valentinian II. in der Zeit von 367 bis 392 n. Chr.
Mit der zunehmenden Schwäche des Römischen Reiches drangen immer wieder germanische Stämme und Hunnen in das Reichsgebiet ein, bis dann im Jahr 475 Trier endgültig fränkischer Besitz wurde.
Eine wichtige Zäsur in der Geschichte Triers war schließlich auch die Eroberung der Stadt durch die Wikinger im Jahre 882. Dabei wurde die Stadt fast vollständig zerstört und Raum für die mittelalterlichen Stadtstrukturen geschaffen.

Die heute sichtbaren römischen Denkmäler

Die Brücke über die Mosel – eine römische Investition in die Zukunft

Flüsse bilden seit Jahrtausenden Grenzen, die je nach Breite und Tiefe nur schwer zu überwinden sind. Dauerhaft eine Flussquerung durch Brücken zu schaffen, war daher eine wichtige Aufgabe und lieferte darüber hinaus eine Grundlage für die Anlage von Siedlungen. Das gilt auch für die römische Moselbrücke in Trier, die seit 1985 in die Liste des UNESCO Weltkulturerbes eingetragen ist.
Die Brücke hat eine lange Tradition, die durch archäologische Untersuchungen nach dem Zweiten Weltkrieg weitgehend geklärt werden konnte. So steht fest, dass bereits im Jahr 122 v. Chr. hier eine Holzbrücke errichtet worden war, die im Zuge der augusteischen Stadtgründung durch eine weitere Holzbrücke ersetzt wurde. Dieses Datum ist durch dendrochronologische Untersuchungen an Pfählen gesichert, die heute im Rheinischen Landesmuseum Trier aufbewahrt werden.
Im Jahr 45 n. Chr. folgte dann die erste Steinbrücke, deren Bau man vielleicht im Kontext der Erhebung Triers zur *colonia* sehen kann. Die neue Brücke ist stromabwärts in geringer Entfernung von dem heutigen Brückenbau verortet. Sie wurde während des „Bataveraufstandes" im Jahr 69 n. Chr. schwer beschädigt. Bei dem Aufstand hatten zunächst germanische Hilfstruppen am Niederrhein unter der Führung des Julius Civilis, eines vornehmen Batavers, gegen weitere Aushebungen rebelliert. Nachdem sich die Rebellion ausgeweitet hatte, war eventuell sogar die Schaffung eines Sonderreiches geplant.
Als die Unruhen unter Vespasian (69–79 n. Chr.) niedergeschlagen waren, konnte man im Jahr 71 n. Chr. daran gehen, die Brücke umfassend zu sanieren. Die ersten beiden römischen Brücken hatten eine Länge von 370 m. Die ältere Brücke ruhte auf elf Pfeilern, von denen acht im Flussbett standen und drei im stadtseitigen Uferbereich. Bei der jüngeren Brücke reichten neun aus.
Zu Beginn der 140er-Jahre n. Chr. wurde ein Neubau nötig, weil es möglicherweise zu vermehrten Hochwassern der Mosel gekommen war. Daher begann man im Jahr 144 n. Chr. mit einem Neubau, der zwischen 152 und 155 n. Chr. abgeschlossen wurde. Von der vespasi-

anischen Brücke aus setzte man Pfahlreihen als Baurampen in den Fluss. Dann wurden doppelte Spundwandkästen an den Stellen im Fluss versenkt, an denen später die neuen Brückenpfeiler entstehen sollten. Durch das Einbringen von Lehm in den Zwischenräumen der Kästen, waren diese wasserdicht gemacht worden. In ihrem Schutz wurde der Flussgrund bis zum anstehenden Felsen abgegraben; so entstand ein solides Fundament. Das Verfahren folgt hinsichtlich der Fundamentarbeiten im Wasser ganz den Anweisungen des Militäringenieurs und Architekten Vitruv (Vitr. 5, 12, 4). Die Pfeiler, aus unterschiedlichem Steinmaterial errichtet, waren in der Strömungsrichtung spitz zugerichtet, während die gegenüberliegende Seite abgerundet war.

Um die Pfeiler gegen Schiffsunfälle und die Strömung zu schützen, ließ man die Spundwandkästen stehen. Über den Pfeilern 3 und 5 errichtete man Pylone, um der Schifffahrt zu verdeutlichen, wo die Fahrrinne lag.

Die eigentliche Brücke bestand aus einer Holzkonstruktion. Wie man sich deren Aussehen vorzustellen hat, vermittelt etwa eine Darstellung auf der Traianssäule in Rom, in der der Kaiser bei der Überquerung der Donau mittels einer Brücke Opfer darbringt. Als Grund dafür kann man vielleicht anführen, dass es nur schwer möglich war, hier Gerüste für die Brückenbögen aufzustellen. Darüber hinaus stand ausreichend Holz zur Verfügung.

An den Brückenköpfen errichte man repräsentative Torbauten. An der Stadtseite des Flusses wurde der Torbau in die Befestigung integriert. Erst im Jahr 1343 wurde die inzwischen mehrfach erneuerte Holzkonstruktion durch Bögen ersetzt. Diese bilden noch heute die Grundlage für die Brücke, die – sieht man einmal von Sprengungen durch französische Truppen im Jahr 1687 ab – Kriegswirren und Modernisierungen weitgehend unbeschadet überstanden hat.

Die Porta Nigra – Transformation eines Denkmals (Abb. 34)

Das Wahrzeichen Triers, die Porta Nigra, nimmt unter allen römischen Stadttoren aufgrund ihres Erhaltungszustandes und ihrer Größe eine Sonderstellung ein. Der Name des Tores ist nicht antik: Er erscheint erstmals urkundlich im 11. Jh. Das Denkmal ist auch in seiner Baugeschichte äußerst komplex und so lassen sich in diesem Rahmen nicht alle Einzelheiten der nachantiken Nutzung darstellen.

Das heutige Erscheinungsbild der Porta Nigra als freistehendes Bauwerk entspricht natürlich nicht dem antiken. Die Toranlage war in die Befestigungsanlagen eingebunden und stadtseitig führte eine von Säulenhallen begleitete Straße zum Tor. Durch die nachantike Nutzung wurden das Tor und seine Umgebung vollständig verändert, die mit den Restaurierungen des 19. Jhs. entfernt wurden, sodass sich der Torbau als freistehendes Denkmal präsentierte.

Die Geschichte der Porta Nigra führt uns in das letzte Viertel des 2. Jhs. n. Chr. zurück. In dieser Zeit wurde das Stadtgebiet erweitert und in diesem Zusammenhang erhielt die *colonia* eine Stadtmauer, die über vier monumentalere Toranlagen verfügte; zu diesen Toren zählt auch die Porta Nigra.

Mochten die Befestigungen zunächst als Ausdruck der Repräsentation verstanden worden sein, sollten sie im Jahr 197 n. Chr. doch militärische Funktionen wahrnehmen. Nach der Ermordung des Kaisers Commodus (180–192 n. Chr.) hatten sich mehrere Militärbefehlshaber von ihren Truppen zum Kaiser ausrufen lassen. Im Kampf um die Macht versuchte Clodius Albinus Trier zu besetzen, das auf der Seite des Kaisers Septimius Severus (193–211 n. Chr.) stand.

Angesichts der drohenden Belagerung räumte man in Trier die Baugerüste an der Porta Nigra ab und begnügte sich mit Provisorien, die ausreichten, bis schließlich Entsatz kam. Allerdings sollte danach die

Abb. 34
Trier, Porta Nigra. Ansicht des Stadttores von der Feldseite aus.

Toranlage nicht vollendet werden. Davon zeugen die nicht geglätteten Schauseiten der Steinquader, unvollendete Profile, Halbsäulen u. Ä.

In der Zeit der Spätantike konnte das Tor unbeschädigt überdauern. Erst mit der Eroberung der Stadt durch die Franken um 475 sollte durch Vernachlässigung und den damals üblichen Metallraub – Quadersteine wurden in römischer Zeit durch Eisenklammern, die mit Blei vergossen waren, zusammengehalten – Schaden nehmen.

Die Porta Nigra hätte vermutlich das gleiche Schicksal erfahren wie die übrigen Toranlagen, die wahrscheinlich im 11. Jh. abgetragen wurden, wenn sich nicht im Jahr 1028 der gebildete und welterfahrene Simeon im Ostturm des Tores als Eremit hätte einmauern lassen. Die katholische Hagiographie (Lebensbeschreibungen von Heiligen) überliefert bereits zu Lebzeiten des Simeon verschiedene Wunderheilungen, sodass schon 1035 die Heiligsprechung erfolgte. Daraufhin wurde der Torbau in eine Kirche umgewandelt und überstand so die Jahrhunderte.

Das Wiedererstehen des römischen Torbaus ist letztendlich der Französischen Revolution zu verdanken. Im Jahr 1795 besetzten Revolutionstruppen Trier und in deren Folge wurden kirchliche Einrichtungen aufgelöst. Aber erst Napoleon I. befahl 1804 die Entfernung aller nachantiken Ein- und Anbauten. Nach der Niederlage Napoleons 1815 fielen die Regionen im Umkreis von Rhein und Mosel an Preußen. Lokalpatriotismus sollte schließlich verhindern, dass der letzte Teil der alten Kirche, die Apsis, ebenfalls abgerissen wurde.

Was lässt sich nun nach der Freilegung über das ursprüngliche, antike Erscheinungsbild sagen? Die Porta Nigra ist ein symmetrisch angelegtes Doppeltor aus weißgrauem bis grünlichem Sandstein, der aus der Umgebung Triers stammt. Das Tor weist eine Breite von 36 m, eine maximale Tiefe von 25,50 m und eine am Westturm erhaltene Höhe von 29,30 m auf. Der Mittelteil zwischen den Türmen ist 22,65 m hoch. Allein durch diese Dimensionen wird der repräsentative Charakter des Torbaus deutlich.

Die Fassade der Stadtseite bildet eine Gerade, während die Landseite von zwei halbkreisförmig vorspringenden Türmen bestimmt ist. Noch heute überragt einer der Türme den mittleren Teil des Torbaus um ein Stockwerk und zwischen Außen- und Innentor liegt der Torhof. Für das Außentor war ein Fallgitter vorgesehen, während für das innere Tor Flügeltüren geplant waren.

Der untere Bereich des Tores stellt sich als geschlossene Fläche dar, die durch Halbsäulen gegliedert und von den Toren durchbrochen wird. Im Gegensatz dazu weisen die oberen Bereiche insgesamt 132 Fenster zwischen Halbsäulen auf, die den repräsentativen Charakter des Baus herausstellen. Die zum Torhof ausgerichteten Fenster sind während der Nutzung als Kirche in Form von Arkaden gestaltet worden.

Im Westturm können alle vier Geschosse begangen werden. Die Holzbalkendecken entsprechen den antiken Vorgängern. Die Gewölbekonstruktionen hingegen müssen der mittelalterlichen Kirche zugerechnet werden.

Die Palastbasilika – vom kaiserlichen Repräsentationsanspruch zur Kirche

Einer der eindrucksvollsten Bauten Triers ist die Palastbasilika aus konstantinischer Zeit. Sie bildete das Zentrum des kaiserlichen Palastes. Im Laufe der letzten 1700 Jahre hat der Bau eine wechselvolle Geschichte erfahren. Nach dem Untergang Roms geriet er in fränkischen Besitz, wurde dann königliches Eigentum. Ab 902 gehörte er schließlich den Bischöfen von Trier, die ihn im 17. Jh. zu einem Wohngebäude umbauten und den noch heute existierenden Bischofspalast, jetzt Sitz der Bezirksregierung, anfügten. Dabei wurden die antike Ost- und Südwand abgerissen. Nach dem Reichsdeputationshauptschluss im Jahr 1803, bei dem alle kirchlichen Fürstentümer des Heiligen Römischen Reiches Deutscher Nation aufgehoben wurden und kirchlicher Besitz in weltliche Hände überging, wurde aus dem Palast zunächst ein Lazarett und dann eine Kaserne. Der gebildete und an antiker Architektur interessierte preußische König Friedrich Wilhelm IV. (reg. 1840–1858, gest. 1861) ließ von 1846 bis 1856 alle Um- und Einbauten aus der Basilika entfernen und die zerstörten römischen Mauern wieder herstellen. Dabei kam Rotsandstein und geglättete Ziegel zum Einsatz, sodass sehr gut zwischen Antikem und Modernem zu unterscheiden ist. Eine Nachnutzung fand das Gebäude als evangelische Kirche. Im August 1944 wurde der Bau schwer beschädigt und konnte erst Ende 1956 der Öffentlichkeit als Kirche wieder übergeben werden.

Ursprünglich befand sich an der Stelle der Palastbasilika, in das Straßennetz eingebettet, ein großes Gebäude mit Peristylhof und einer reichen Ausstattung, das im 2. Jh. n. Chr. entstanden war. Als es zum Sitz eines kaiserlichen Beamten wurde, erfolgten Ausbaumaßnahmen, zu denen bereits ein Apsidensaal zählte. Nach der Zerstörung durch Germanen im 3. Jh. n. Chr. wurde die Fläche planiert und ein Notbau errichtet. Im Zuge der konstantinischen Baumaßnahmen wurde der Bereich erneut eingeebnet, um so Platz für den Neubau zu schaffen. Diese Befunde der älteren Bebauung sind unterhalb der Basilika teilweise konserviert.

Die heute sichtbare Palastbasilika steht als monumentaler Baublock weitgehend frei im Raum. Dies entspricht nicht dem ursprünglichen Erscheinungsbild. Der Südseite war eine lange, schmale Halle vorgelagert, die im Westen in einer Apsis endete. Unmittelbar auf den Hauptraum bezogen lag im Süden der Eingang. Die Existenz einer Hypokaustenheizung deutet darauf hin, dass auch diese Halle intensiver genutzt wurde. Entlang der Langseiten der Basilika befanden sich Höfe, die mit Säulenhallen eingefasst waren. Neben ihrer Funktion als Material- und Lichthöfe boten sie auch den Übergang zu weiteren Räumen, die wohl der kaiserlichen Verwaltung dienten, zum Teil in der Forschung aber auch als privater Wohnpalast angesprochen werden. Bei Ausgrabungen in den 1980er-Jahren kamen hier zahlreiche Mosaiken ans Tageslicht.

Der Neubau bestand aus einer großen, mit einer Apsis versehenen Halle, deren Innenraum 67 x 27,20 m groß ist. Ihre Fundamente greifen tief in die Substanz der Vorgängerbauten ein. Das aufgehende Mauerwerk besteht aus Ziegeln und erreicht heute eine Höhe von 33 m; die ursprüngliche Höhe ist unbekannt. Es war mit einem Verputz

überzogen, von dem noch heute Reste zu sehen sind. Die Fassaden des Langhauses und auch der Apsis sind durch Pfeilervorlagen, die nach oben hin durch Bögen abgeschlossen sind, gegliedert. Die Mauerflächen weisen zwei Reihen von bogenüberspannten Fenstern auf. Einlassspuren unterhalb der Fensterreihen belegen umlaufende Außengalerien. Besonders im Bereich der Fenster lassen sich Spuren der ursprünglichen Dekoration des Innenraumes beobachten. Dabei handelt es sich um figürlich-ornamentale Malerei.
Doch auch im angenehmen Klima der Moselregion war es notwendig, die Basilika im Winter zu beheizen. Dazu hatte man eine Hypokaustenheizung eingebaut, die über fünf *praefurnien* (Heizstellen) betrieben wurde. Die Fußbodenheizung wurde durch eine Wandheizung ergänzt, die bis zur unteren Fensterreihe reichte. Dabei wurden die Rauchgase der Fußbodenheizung in Hohlziegel, sog. *tubuli,* geleitet und über eine Ringleitung schließlich nach außen abgeführt.
Angesichts unserer heutigen Bemühungen, Energie zu sparen, stellt sich die Frage, ob man im 4. Jh. n. Chr. vergleichbare Zielsetzungen verfolgte. Tatsächlich ließen sich bei der Fußbodenheizung Trennwände beobachten, die es erlaubten, den riesigen Raum abschnittsweise zu beheizen.
Stellt sich der Innenraum heute als schlichter Ziegelbau dar, so muss man sich ihn in seiner Entstehungszeit prächtig ausgestattet vorstellen. Für den Boden konnte *opus sectile*, eine Art Steinmosaik, mit schwarzem und weißem Marmor nachgewiesen werden. Dübellöcher, die bis zur zweiten Fensterreihe reichen, belegen eine Wandverkleidung mit Marmor. Darüber waren die Wände mit bemaltem Putz versehen. Die nördliche Stirnwand des Raumes und die Wand der Apsis wiesen mit Goldmosaik dekorierte Nischen auf, denen *aediculae* vorgelegt waren. Teile der Ausstattung befinden sich heute im Rheinischen Landesmuseum Trier.

Die Thermen am Viehmarkt – ein frühes Badevergnügen
Bis in die 1980er-Jahre waren in Trier lediglich die Barbarathermen und die Kaiserthermen bekannt. Dies sollte sich ändern, als in der Trierer Altstadt das neue Hauptgebäude der Stadtsparkasse und eine Tiefgarage geplant wurden. Archäologische Untersuchungen in den Jahren 1987 bis 1997 brachten eine große Thermenanlage mit einer Fläche von fast 8400 m² ans Tageslicht. Natürlich war die Fläche nicht von späteren Überbauungen und Steinraub verschont geblieben; die letzten massiven Eingriffe stellten Splittergräben und ein Löschteich aus der Zeit des Zweiten Weltkriegs dar.
Der Komplex, dessen Baubeginn um 80 n. Chr. angesetzt wird, stellt einen frühen Versuch dar, die verschiedenen Badevorgänge – die Römer bevorzugten geregelte Abläufe beim Baden – auch in einer entsprechenden architektonischen Form zu fassen. Nachgewiesen werden konnten die klassischen Raumeinheiten wie *apodyterium, frigidarium, caldarium*

und *palaestra*. Dazu kamen diverse Serviceräume, die für den Betrieb der Thermen nötig waren. Nachträglich wurden in den Thermen Wannen eingebaut und die Beckeninstallationen verändert.

Obwohl weitere Thermen entstanden, blieb die Anlage am Viehmarkt bis in das späte 4. Jh. n. Chr. in Betrieb. Dies wird durch zahlreiche Münz- und Keramikfunde belegt.

Weil die Thermen am Viehmarkt bei ihrer Entdeckung nicht nur bei den Archäologen, sondern auch innerhalb der breiten Öffentlichkeit auf besonderes Interesse stießen, wurden zu ihrem Erhalt und für die Präsentation Änderungen des ursprünglichen Bauplans notwendig. Statt der Tiefgarage, die später versetzt gebaut wurde, entstand über dem Ausgrabungsgelände ein kubischer Schutzbau aus Glas und Stahl, der von dem bekannten Architekten und Architekturtheoretiker O. M. Ungers entworfen wurde. Außerdem wurde in der Platzpflasterung der Verlauf der römischen Straßen gekennzeichnet, um die Lage der Thermen im ursprünglichen römischen Stadtplan nachverfolgen zu können.

Die Barbarathermen – die größten römischen Thermen in Deutschland

Im Gegensatz zu den Thermen am Viehmarkt waren die Barbarathermen nie ganz aus dem Stadtbild verschwunden. Nach dem Ende des Badebetriebes dienten sie in Teilbereichen als Wohnsitz einer Trierer Familie im Dienst der Kirche, was noch ein gütiges Schicksal war. Im 16. und 17. Jh. wurde die Ruine als Experimentallabor für die Erprobung von Kanonen und als Steinbruch genutzt. Für die Thermen waren Sprengungen durch Truppen des französischen Königs Ludwig XIV. (1661–1715), die in einer der vielen kriegerischen Auseinandersetzungen des 17. Jhs. Trier besetzt hatten, eine verheerende Katastrophe. Im Jahr 1877 begann der erste Direktor des Rheinischen Landesmuseums Trier, Felix Hettner, mit den umfassenden Untersuchungen der Barbarathermen in einem Areal, das von der Südallee, der Friedrich- Wilhelm-Straße und der Bäderstraße begrenzt wird. Die Forschungen in den Thermen sind bis heute noch nicht abgeschlossen.

Als die Thermen im 2. Jh. n. Chr. errichtet wurden, musste im Stadtgebiet eine ausreichende Baufläche zur Verfügung gestellt werden. Dazu wurde u. a. auch ältere Bebauung abgerissen. Auf insgesamt 42.500 m^2 – das entspricht einer Fläche von sechs Fußballfeldern – entstand eine monumentale Anlage mit Seitenlängen von 170 x 250 m, in die der mit 170 x 100 m deutlich kleinere eigentliche Baukörper mit den Badeeinrichtungen inkorporiert war.

Im architektonischen Entwurf folgen die Barbarathermen einer Nord-Süd-Achse, an der sich die Baderäume in der Folge *frigidarium, tepidarium* und *caldarium* reihten und sich symmetrisch spiegelten. Ergänzt wurde dies durch eine *palaestra*. Entsprechend ihren Funktionen waren die Räume mit Becken und Wannen ausgestattet und verfügten über Hypokaustenheizungen.

Die Bauausführung war grundsolide, sodass in den mehr als 250 Jahren der Nutzung keine größeren Umbauten nötig waren. Lediglich die Wannen- und Beckenböden mussten als Folge von Verschleiß einmal während der Betriebszeit erneuert werden.
Die heutige Ruine vermag nur noch bedingt, den einstigen Glanz zu vermitteln. Aufgrund archäologischer Befunde ist bekannt, dass Böden und Wände mit verschiedenen Marmorsorten versehen waren und die Säulen aus Buntmarmoren bestanden. Dort, wo kein Marmor an den Wänden angebracht war, fand sich Malerei. In den Gewölbedecken waren Mosaiken vorhanden, bei denen Muschelbänder und Muschelornamente vorkamen. Auch kostbare und seltene Glasmosaiken müssen zur Ausstattung der Thermen gehört haben, wie die Überreste von Mosaiksteinchen aus Glas in unterschiedlichen Farben bezeugen, die bei den Ausgrabungen ans Tageslicht kamen. Ergänzt wurde die Ausschmückung durch Skulpturen, von denen die bedeutendste wohl der Torso einer Amazone ist. Dabei handelt es sich um eine werkgetreue Kopie eines Werkes des Phidias, des großen Meisters der griechischen Klassik, der u. a. für eines der sieben Weltwunder der Antike, für die Statue des Zeus von Olympia, verantwortlich zeichnete. Seine Schaffenszeit erstreckte sich von ca. 460 bis 430 v. Chr. Von eher politischer Bedeutung waren hingegen Porträts von Angehörigen der kaiserlichen Familie, wie etwa eine Darstellung der Julia Soaemias belegt, die als Mutter des Kaisers Elagabal (218–222 n. Chr.) auch in die Politik des Sohnes eingriff.

Die Kaiserthermen – der imperiale Anspruch

Mit der Erhebung Triers zur Residenzstadt ergaben sich umfangreiche Ansprüche an die Architektur, die den kaiserlichen Repräsentationsvorstellungen gerecht werden musste. Maßstäbe in dieser Hinsicht hatte Traian (98–117 n. Chr.) in Rom mit seinen Thermen gesetzt und viele seiner Nachfolger wählten diese Bauform als Zeichen der kaiserlichen Selbstdarstellung. So muss es auch nicht verwundern, dass im letzten Jahrzehnt des 3. Jhs. n. Chr. auch in Trier eine Thermenanlage von monumentaler Größe entstehen sollte.
Als Bauplatz wählte man einen Bereich aus, der am Rand der bebauten Stadtfläche lag. Die hier vorhandene Bebauung war aufgrund der Zerstörungen um die Mitte des 3. Jhs. n. Chr. schwer in Mitleidenschaft gezogen worden, sodass man sie planierte.
Auf der so gewonnenen Fläche errichtete man einen Komplex mit einer Länge von 250 m und einer Breite von 145 m, was eine Gesamtfläche von 36.250 m² ergibt. Im Grundriss folgen die Thermen dem „Kaisertypus“. Damit ist eine Thermenanlage gemeint, die entlang einer Längsachse die Raumabfolge spiegelt. Von Westen nach Osten folgten der Eingangsbereich mit einer Halle, die von Säulenhallen umgebene *palaestra*, das *frigidarium*, das *tepidarium* und schließlich

das *caldarium*. Dieser Raumfolge waren verschiedene Säle und Funktionsräume zugeordnet.
Die Architektur des Kernbaues, so betont die Literatur, war von großen Apsiden bestimmt. Mit ihren Fenstern erfuhr der Raumeindruck sicherlich eine Steigerung.
Als die kaiserliche Residenz endgültig nach Konstantinopel verlegt wurde, bestand für die monumentale Anlage kein Bedarf mehr. Wie der Komplex in den Jahrzehnten danach genutzt wurde, bleibt im Dunklen. Erst unter Valentinian (364–375 n. Chr.) sind wieder Baumaßnahmen an den Kaiserthermen belegt, die einen vollkommenen Umbau und eine Umnutzung mit sich brachten. Die alte Eingangsarchitektur wurde zugunsten eines einfacheren Torbaus ersetzt. Die ehemalige *palaestra* wurde zu einem Platz umgestaltet, der an allen vier Seiten von *porticen* umgeben war. Im Kernbau wurden die seitlichen Raumfluchten abgetragen, das Untergeschoss verfüllt und alle Badeeinrichtungen entfernt. Über die neue Nutzung des Komplexes gibt es verschiedene Ansichten. Sie reichen von der Interpretation als Kaiserforum bis hin zur Nutzung als kaiserlicher Palast. Für die letzte Variante spricht, dass die kaiserlichen Privatpaläste im Dombereich aufgegeben worden waren und mit diesem neuen Komplex ein rascher Ersatz gefunden wurde.
Das nachantike Schicksal der Kaiserthermen ist vergleichbar mit dem anderer Großbauten in Trier. Teile wurden in die mittelalterliche Stadtbefestigung einbezogen, andere Teile zur Gewinnung von Baumaterial abgetragen und das frei gewordene Gelände neu bebaut.

Das Amphitheater – ein Ort der Massenunterhaltung von besonderer Art

Das Amphitheater liegt am Abhang des Petrisberges im Osten der Stadt. Ausschlaggebend für die Standortwahl war zunächst die Geländesituation. Römische Baumeister pflegten für ihre Großprojekte möglichst solche Stellen auszuwählen, die Arbeitsprozesse und damit auch Kosten reduzierten. Daneben gab es aber noch einen anderen gewichtigen Grund für die Auswahl der Baufläche, die recht weit vom Stadtzentrum entfernt war. Von Orten der Massenunterhaltung – seien es nun Circusanlagen oder Amphitheater – ging eine nicht unerhebliche Lärm-, Geruchs- und Schmutzbelästigung aus, die man aus den Innenstädten fernhalten wollte. Außerdem sprach die Existenz einer Fernstraße, über die die Besucher aus dem Umland das Gebäude leicht erreichen konnten, für die Errichtung an diesem Ort.
Die archäologischen Untersuchungen zeigten, dass an dieser Stelle noch in der zweiten Hälfte des 1. Jhs. ein kleineres Amphitheater aus Holz bestanden hatte. Mit dem Wachstum der Stadt genügte diese Vergnügungsstätte aber den Ansprüchen nicht mehr, sodass in den Jahren um 100 n. Chr. der heute sichtbare Bau errichtet wurde. Der östliche Teil der *cavea*, des Zuschauerraums, wurde an den Hang ge-

setzt. Dazu war es erforderlich, diesen entsprechend den Erfordernissen abzutragen. Der anfallende Abraum wurde auf der gegenüberliegenden Seite zusammen mit dem Aushub für die Unterkonstruktion der Arena als Unterbau der *cavea* genutzt.
Weil die Veranstaltungen im Amphitheater ein überaus beliebtes Freizeitvergnügen waren, das zudem kostenlos angeboten wurde, strömten die Massen in diese Bauten. Daher war es wichtig, schon bei der Planung Maßnahmen zu ergreifen, um die vielen Menschen sicher zu ihren Plätzen zu führen und ihnen im Fall einer Katastrophe, von denen in den schriftlichen Quellen mehrfach berichtet wird, auch die Flucht zu ermöglichen. Ein wichtiger Bestandteil der Besucherführung wurde von den monumental gestalteten Zugängen gebildet, von denen es in Trier vier gab. Der Zuschauerraum war in drei Ränge gegliedert. Zwischen den einzelnen Rängen verliefen jeweils breite Podien, denen eine wichtige Funktion bei der Verteilung der Zuschauer zukam. Ein weiteres Podium, das ebenfalls von Zuschauern genutzt werden konnte und an seiner Außenseite durch eine Mauer begrenzt war, kam hinzu. Vom ersten Podium aus verliefen sechs Treppen bis zur obersten Ebene des Baus durch. Zwei weitere Treppen über den Eingängen im Norden und Süden begannen erst am zweiten Podium. Eine weitere Verteilung erfolgte über Treppenhäuser.
Obwohl das Amphitheater im Mittelalter als Steinbruch herhalten musste, konnten die Archäologen errechnen, dass etwa 18.000 Menschen im Zuschauerraum Platz fanden. Dabei ging man von 26 Sitzreihen und einer Platzbreite von 40 cm aus. Aus der Antike kennen wir aber auch geringere Platzbreiten. Mit den Plätzen verbindet sich aber noch ein interessanter Aspekt: Inschriften, die von Sitzblöcken stammen, belegen die Möglichkeit, sich dauerhaft Sitzplätze reservieren zu lassen.
Waren die Zuschauer nun sicher an ihren Plätzen angekommen, so galt es auch, sie vor den Gefahren aus der Arena zu schützen. Klassischerweise errichte man eine 4 m hohe Umfassungsmauer vor dem ersten Podium, der zusätzlich ein hölzerner Zaun vorgelagert war. Wilde Tiere konnten diese Barriere nicht überwinden und so Zuschauer töten oder Panik auslösen.
Die Arena in Trier ist 75 m lang und 50 m bereit, wies also eine Fläche von 3.750 m² auf, die Fläche eines guten halben Fußballfeldes. Auf dem Arenaniveau in den Felsen eingearbeitet fanden sich insgesamt vierzehn Eingänge, die zu Räumen führten, in denen Tiere und Menschen für die Kämpfe in der Arena vorgehalten wurden. Gleiches gilt auch für den Arenakeller, der kreuzförmig angelegt war. Er diente aber auch dazu, verschiedene Kulissen über eine Mechanik in der Arena erscheinen zu lassen, wie bei den Ausgrabungen gefundene hölzerne Teile der Bühnentechnik belegen.
Als im 2. Jh. n. Chr. die Stadtmauer errichtet wurde, erhielt das Amphitheater eine zusätzliche Funktion: Es wurde Stadttor. Dazu ver-

stärkte man den Aufschüttungsbereich mit Pfeilern und Bögen. Auf der Krone wurde die Befestigungsmauer errichtet. Die Zugänge im Norden und Süden bekamen Torcharakter und die Arena diente als Torhof, ohne aber die Funktionen als Austragungsstätte von Gladiatorenkämpfen und Tierhetzen zu beeinträchtigen.
Das Schicksal des Amphitheaters war besiegelt, als im Jahr 1211 einem Kloster erlaubt wurde, den Bau als Steinbruch zu nutzen. Ab Ende des 19. Jhs. erfolgten archäologische Untersuchungen, die erst nach und nach das heute sichtbare Bauwerk wieder zutage förderten.

Das frühe Christentum – aus Palästen werden Kirchen

Noch heute bestimmen der Dom, in der Literatur auch als Nordkirche bezeichnet, und die Liebfrauenkirche (Südkirche) das Stadtbild Triers und stehen in einer Tradition, die bis in die konstantinische Zeit reicht. Durch verschiedene Ausgrabungen seit dem 19. Jh. und vor allem während des Zweiten Weltkrieges sowie den anschließenden Renovierungsphasen konnte die Baugeschichte geklärt werden. Man hatte lange angenommen, allein der Dom gehe auf die Baumaßnahmen Konstantins zurück – antikes Mauerwerk war schließlich sichtbar –, während die Liebfrauenkirche im 13. Jh. als homogener gotischer Bau entstanden sei. Diese Ansicht musste nun revidiert werden. Vielmehr gab es an dieser Stelle schon zur Zeit Konstantins eine Doppelkirche.
Die konstantinische Doppelkirche nahm eine Fläche von zwei Wohnquartieren ein, von denen das östliche durch private Wohnpaläste der kaiserlichen Familie belegt worden war. Einem Festsaal eines dieser Paläste wird eine ca. 70 m² große Deckenmalerei, die sich heute im „Museum am Dom Trier“ befindet, zugerechnet. Man geht davon aus, dass Saal und Malerei anlässlich der Hochzeit des Crispus, des Sohns Konstantins, mit einer sonst unbekannten Helena errichtet worden sei. Nach seiner durch den Vater befohlenen Hinrichtung im Jahr 326 n. Chr. und der unmittelbar darauf folgenden Ermordung seiner Stiefmutter Fausta wurde der gesamte Palastkomplex abgetragen. Da bereits um das Jahr 326 n. Chr. mit der Errichtung der Doppelbasilika begonnen wurde, spekuliert man darüber, dies sei auf Drängen der Kaisermutter Helena als Zeichen der Sühne geschehen.
Die Nordkirche wurde um 348 vollendet. Der Bau fasste wohl 6000 Menschen. Bedingt durch die schnelle Zunahme der christlichen Gemeinde musste schon Kaiser Gratian (375–383 n. Chr.) den östlichen Querbau in eine quadratische Halle ohne Apsis umbauen, die heute den „römischen Kernbau“ bildet. Dieser „Kernbau“ öffnete sich nach Westen zu einer dreischiffigen Basilika. Sein aufgehendes Mauerwerk ist heute noch mit einer Höhe bis 30 m erhalten und besteht aus rotem Sandstein und Ziegelbändern. In der Nord- und Südwand des „Kernbaus“ befanden sich jeweils zwei übereinanderliegende Reihen von je fünf Fenstern. Die unteren Fensterreihen wurden im Barock verkleinert und die oberen gänzlich geschlossen. Zugesetzte Balkenlöcher

unterhalb der Fenster deuten darauf hin, dass ursprünglich eine Galerie umlief.
Im Innenraum des „Kernbaues“ trugen ursprünglich vier Säulen aus Syenit, einem harten Gestein, die flache Decke. Die Säulen wurden nach Zerstörungen im 5. Jh. durch Kalksteinsäulen ersetzt. Vor dem Dom liegt heute ein etwa vier Meter langes Fragment einer Syenitsäule, das als „Domstein“ bezeichnet wird. Im Jahr 882 wurde der Dom durch Wikinger zerstört und dann im 11. Jh. unter Verwendung älterer Baureste neu errichtet.
Die Südkirche, der Vorgängerbau der Liebfrauenkirche, war etwas kleiner als die Nordkirche. Sie fasste wohl nur 5600 Gläubige. Sie war ebenfalls dreischiffig, endete aber in einer rechteckigen Apsis. Bis zum gotischen Neubau wurde sie mehrfach umgebaut. Dieser Neubau folgt in den Dimensionen dem konstantinischen Vorgänger.
Zwischen beiden Kirchen konnten verschiedene Taufkapellen nachgewiesen werden. Sie reichen ebenfalls bis in konstantinische Zeit zurück und ihre Grundrisse sind heute in der Pflasterung gekennzeichnet.

Museum am Dom Trier

Museum am Dom Trier (Bischöfliches Dom- und Diözesanmuseum Trier), Bischof-Stein-Platz 1, 54290 Trier, Tel. 0651-710525, www.bistum-trier.de/museum

Das Museum am Dom Trier ist eine Einrichtung des Bistums Trier. Daher erklärt sich der Schwerpunkt der Sammlungen im Bereich christlicher Kunst. In Anbetracht der langen Tradition der Katholischen Kirche in Trier ist es natürlich nicht ausgeblieben, dass auch archäologische Fragestellungen durch das Museum behandelt werden. In die Zuständigkeit des Hauses fallen die archäologischen Untersuchungen auf kirchlichem Gelände wie etwa im Bereich Dom/Liebfrauenkirche. Mit modernen didaktischen Mitteln werden die Bestände den Besuchern präsentiert.
Der vielleicht wichtigste Fund, der in das Museum gelangte, ist das große Deckenbild aus konstantinischer Zeit, das aus einem Palastbau der kaiserlichen Familie stammt. Aus mehr als 30.000 Fragmenten konnte die Malerei wieder zusammengesetzt werden.
Neben mythologischen Darstellungen ist vor allem die Wiedergabe von drei Philosophen und von vier Frauen zu sehen. Die Darstellung des zentralen Bildfeldes wird als die der Ehefrau Konstantins, Fausta, interpretiert.
Im Bestand des kirchlichen Museums finden sich nichtchristliche Grabdenkmäler und eine reiche Sammlung frühchristlicher Grabinschriften. Sie liefern tiefe Einblicke in das spätantike bzw. frühchristliche Leben und Sterben.

Stadtmuseum Simeonstift Trier

Simeonstraße 60, 54290 Trier, Tel. 0651-7181459, www.museum-trier.de

Das Stadtmuseum geht auf eine Reihe privater Stiftungen des 19. Jhs. zurück. Schwerpunkt ist dabei die Stadtgeschichte, die an einem his-

torischen Ort, dem Simeonstift unmittelbar an der Porta Nigra, einen passenden Rahmen gefunden hat. Nach einer umfassenden Sanierung der historischen Bausubstanz wurden die einzelnen Abteilungen nach modernen museumsdidaktischen Prinzipien gestaltet. Diese umfassen Ausstellungsobjekte von der Antike bis zur Gegenwart.
Bedingt durch die Entstehungsgeschichte besitzt das Museum ein weites Spektrum in seinen Sammlungen. Diese sind inzwischen thematisch gegliedert. Die Abteilungen stehen unter Überschriften wie „Das Leben in der Antike“, „Wirtschaft, Tourismus und Verkehr“, „Glaubensgemeinschaften, Sport, kulturelles Leben“ oder widmen sich Bildern und Skulpturen.
Für Besucher, die sich vielleicht nur begrenzt für die nachantike Geschichte der Stadt interessieren, sind der „Trebeta–Saal“ mit einer großformatigen Darstellung der Gründungslegende Triers und der Bereich, der sich mit der Porta Nigra und ihrer Geschichte auseinandersetzt, zu empfehlen.

Rheinisches Landesmuseum Trier

Weimarer Allee 1, 54290 Trier, www.landesmuseum-trier.de

Literatur
A. Thiel, Die Römer in Deutschland (2008); Rheinisches Landesmuseum Trier (Hrsg.), Führer zu archäologischen Denkmälern des Trierer Landes, Schriftenreihe des Rheinischen Landesmuseums Trier 35 (2008); A. Demandt – J. Engemann (Hrsg.), Konstantin der Große (2007) 304–341; K.-P. Goethert, Trier – des Kaisers neue Residenz, AW 38 / 3, 2007, 17–23; H. Cüppers, Trier, in: H. Cüppers (Hrsg.), Die Römer in Rheinland-Pfalz (2002) 577–588.

Das Rheinische Landesmuseum Trier wurde im Jahr 1877 gegründet. Seine Aufgabe ist es, die Geschichte der Region Trier von der Ur- und Frühgeschichte bis in das 18. Jh. darzustellen. Zu diesem Zweck stehen heute 18 Ausstellungssäle mit einer Gesamtfläche von 3500 m^2 zur Verfügung, auf denen etwa 3000 Objekte präsentiert werden.
Im Bereich der Ur- und Frühgeschichte reichen die Funde von Steinwerkzeugen über bronzezeitliche Hortfunde bis hin zu keltischen Gräbern, von denen einige über eine reiche Ausstattung verfügten.
Einen breiten Raum in den Ausstellungen nehmen jedoch die römischen Funde ein, die nicht nur aus Trier selbst stammen. Hervorgehoben seien an dieser Stelle die so bekannten Grabdenkmäler wie jenes mit der Darstellung des Weinschiffs oder das „Schulrelief“, beide aus Neumagen. Nicht im Original, aber dafür in einer Kopie mit der Rekonstruktion der ursprünglichen Bemalung, hat die Igler Säule, UNESCO Weltkulturerbe, hier ihren Platz gefunden.
Sehr großen Raum nimmt der Bestand der Mosaiken ein; die Sammlung wird als die größte nördlich der Alpen bezeichnet. Verschiedene Säle beleuchten unterschiedliche Themen: So ist die römische Religion vertreten, aber auch die Architektur der Großbauten des römischen Trier.
Die nachantike Zeit – die man der Einfachheit halber als fränkische Zeit bezeichnen kann – wird durch zahlreiche Grabfunde dokumentiert. Dass das christliche Trier im Laufe der Zeit eine bedeutende Rolle gespielt hat, belegen romanische und gotische Bauskulpturen aus den Kirchen und Klöstern.

Die Saalburg gilt als eines der besterforschten römischen Kastelle und ist heute ein Anziehungspunkt für viele Besucher

[33] BAD HOMBURG – DIE SAALBURG

Hessen

Wie die Saalburg aus Ruinen auferstand

Wie bei so vielen anderen römischen Denkmälern war der Saalburg kein gutes Schicksal beschieden, weil das Kastell über Jahrhunderte hinweg als Steinbruch diente. Erst 1818 wurde das Denkmal unter Schutz gestellt und das Gelände zwei Jahre später durch den Landgrafen Friedrich VI. aufgekauft.

Archäologische Untersuchungen erfolgten ab den 1840er-Jahren durch verschiedene Altertumsvereine, die teilweise nur sehr kurz bestanden. Wichtige Impulse zur Erforschung gingen schließlich von der 1892 gegründeten Reichs-Limes-Kommission aus.

Wie kam es aber nun zur Rekonstruktion des Kastells und wie sieht diese genau aus? Dazu muss man einige Jahre zurückgehen. Schon der spätere Kaiser Wilhelm I. hatte 1868 sein Interesse an den Ausgrabungen gefunden. Aber besonders die Begeisterung Kaiser Wilhelms II. für die Archäologie, die nicht nur der Saalburg galt und der hier in seiner Jugend mit gegraben hatte, führte schließlich 1897 zu dem Beschluss, das Kastell auf seinen Grundmauern zu rekonstruieren. Vorarbeiten hatten dazu aber schon 1885 eingesetzt, sodass der teilweise Wiederaufbau bereits nach wenigen Jahren abgeschlossen war, der bis heute die Grundlage für das Saalburgmuseum ist. Im Lauf der letzten Jahre hat das Land Hessen große Geldsummen investiert, um die Saalburg als Museum, Forschungseinrichtung und Touristenmagnet zukunftstauglich zu machen. Dazu wurden Teile des historischen Altbestandes den modernen Erfordernissen angepasst, weitere Gebäude rekonstruiert und ein Rundweg angelegt. Außerdem entstand das „Zentrale Limesinformationszentrum Hessen“ im Eingangsbereich der Saalburg. Hier werden mehrsprachig Fakten zur Geschichte und Archäologie des UNESCO-Weltkulturerbes „Limes“ vermittelt (Abb. 35).

Römerkastell Saalburg/ Archäologischer Park, Saalburg 1, 61350 Bad Homburg, Tel. 06175/9374-0, www.saalburgmuseum.de

Die Saalburg – die Ausgrabungen

Das Kastell

Das Kastell, wie es sich dem Besucher heute darstellt, erklärt sich in seiner Struktur fast von selbst. Die Rekonstruktion spiegelt die Bauphase 5 nach Schallmayer wider. Dabei handelt es sich um ein Holz-Stein-Kastell, das vermutlich zwischen 155 und 160 n. Chr. erbaut wurde.

Die eindrucksvolle rechteckige Anlage besitzt vier Tore, die jeweils von zwei Türmen flankiert sind. Seine Fläche beträgt 3,25 ha.

Die Steinmauer war durchgängig an der Außenseite verputzt und erhielt durch Bemalung den Charakter von Quadermauerwerk. Dies findet sich an einigen Stellen auch in der Rekonstruktion. Zu den üblichen Verfahren der römischen Befestigungstechnik gehörte auch eine Erdaufschüttung an der Innenseite der Mauer. Sie bildet zugleich einen Zugang zu dieser.
Trotz des jahrhundertelangen Steinraubs war die Mauer bei der Ausgrabung noch mit einer Höhe von 2,40 m erhalten; bei der Rekonstruktion ging man von einer originalen Höhe von 4,80 m aus. Da die Mauerkrone fehlte, stellte sich die Frage nach der Gestaltung der Zinnen. Während frühe Rekonstruktionen richtigerweise von sehr weit auseinander stehenden Zinnen ausgingen und diese etwa an der Südwestecke des Kastells realisiert werden konnten, finden sich auch enger gesetzte. Dies war dem größten Sponsor des Projektes, Wilhelm II., geschuldet, der auf dieser Variante bestand. Dass diese durchaus dem Zeitgeist entsprach, zeigt sich etwa bei den Zinnen des „Römerturms“ in Köln (s. S. 76f.).
Zu den Verteidigungsanlagen eines Kastells gehören auch Gräben. Für die Steinbauphase konnten zwei umlaufende Spitzgräben nachgewiesen werden, die sich in der Rekonstruktion wiederfinden. Der äußere Graben war rund 10 m breit und zwischen 2,50 und 3 m tief, während der innere bei annähernd gleicher Tiefe immerhin noch 8 bis 8,75 m breit war.
Die Gräben mussten vor den Toren überbrückt werden. Bei den Ausgrabungen zeigte sich, dass das Grabensystem an diesen Stellen unterbrochen und mit einer Holzbrücke überspannt worden war. Unter dieser Brücke darf man sich allerdings keine mittelalterliche Zugbrücke vorstellen, sondern muss von einer festen Konstruktion aus Holz ausgehen.
Bei der Rekonstruktion des Kastells stellten die Tore ein Problem dar. So entschloss man sich bei den vier Lagertoren, die alle von Türmen flankiert waren und in ihrer Breite etwas variierten, unterschiedliche Möglichkeiten anzubieten. Dabei stellt sich die *porta praetoria* als Tor mit zwei Durchgängen dar, während die anderen mit einem Durchgang versehen sind. Im Kontext der Tore lässt sich auch ablesen, welche Begeisterung das Vorhaben des Wiederaufbaus nicht nur in Deutschland auslöste. Stifterinschriften belegen, dass auch Privatpersonen mit ihrem eigenen Geld *(sua pecunia)* das Projekt förderten. Eines der Tore fand sogar einen Förderer in den USA.
Betritt der Besucher heute das Innere der Saalburg, findet er sich in einer parkartigen Landschaft wieder. Aber so hat das Kastell in römischer Zeit nicht ausgesehen. Dicht an dicht, durch die Lagerstraßen gegliedert, war die Fläche mit Kasernen, Ställen, Vorratsbauten und den zentralen Verwaltungsbauten gefüllt.
Im Zentrum des Kastells, ganz seiner Bedeutung für das Lager entsprechend, findet sich die rekonstruierte *principia*, das Stabsgebäude.

Abb. 35
Bad Homburg,
Saalburg. Luftbild
des Kastells.

In dessen Nähe liegt das *praetorium*, der Wohnsitz des Befehlshabers; das rekonstruierte Gebäude dient heute als Sitz des Forschungsinstituts der Saalburg.

Der *vicus*

Eine Besonderheit der Saalburg ist, dass auch die Zivilsiedlung gründlicher erforscht und teilweise konserviert wurde. Mit Sicherheit gab es bereits vor der Errichtung des steinernen Kastells einen *vicus*.
Die Siedlung entwickelte sich südlich des Lagers, was gute Gründe hatte: Es bestand ein Bezug zur *porta praetoria*, die mit Sicherheit eine hohe Durchlauffrequenz hatte, weil hier auch das Kastellbad, das gegenüber dem älteren Badegebäude noch um ein Schwitzbad (*sudatorium*) erweitert worden war, und eine Herberge, eine *mansio*, lagen. Sowohl die Thermen als auch die Herberge sind in ihren Fundamten noch erkennbar.
Mit den jüngsten Erweiterungen hat man im Eingangsbereich der Saalburg zwei für den *vicus* typische Häuser, „Streifenhäuser"', rekonstruiert. Ihr Name leitet sich von ihrem Grundriss ab: Er ist langgestreckt und das Gebäude steht mit seiner Giebelseite an der Straße. Diese Reste vermögen es zwar nicht, eine Vorstellung über die Zahl der Bewohner des *vicus* zu geben, jedoch wird geschätzt, dass hier etwa bis zu 1500 Menschen lebten.

Literatur
E. Schallmayer (Hrsg.), Hundert Jahre Saalburg. Vom römischen Grenzposten zum europäischen Museum (1997).

In einer PROVINCIA GERMANIA hätten die Römer in der Zeit des Augustus Städte angelegt, so behauptete der römische Geschichtsschreiber Cassius Dio (um 150 – um 235 n. Chr.) kühn und wurde in der Altertumsforschung als unglaubwürdig bezeichnet, wusste doch jeder, dass es keine PROVINCIA GERMANIA gegeben und Rom sich endgültig nach der Niederlage des Varus von seinen Plänen hinsichtlich Germaniens verabschiedet hatte. Der Fundort Waldgirmes belehrt uns nun eines Besseren und rehabilitiert Cassius Dio nach rund 1700 Jahren.

[34] WALDGIRMES – EINE RÖMISCHE STADT, DIE ES EIGENTLICH NICHT GEBEN DÜRFTE

Hessen

Förderverein Römisches Forum Waldgirmes e.V., Geschäftsstelle, Georg-Ohm-Str. 2, 35633 Lahnau-Waldgirmes, www.roemerforum-lahnau.de

Heimatmuseum „Hedwig-Schmidt-Haus", Friedenstrasse 20, 35633 Lahnau-Waldgirmes, www.waldgirmes.de

Die Entdeckung

Als Gerda Weller 1990 am nordwestlichen Ortsrand von Lahnau-Waldgirmes (Landkreis Gießen) bei einer Feldbegehung die ersten Scherben römischer und germanischer Keramik fand, konnte sie nicht ahnen, dass im Jahr 1993 an dieser Stelle eine der wichtigsten Ausgrabungen Deutschlands beginnen sollte.

Ausgrabungen und Funde

Schon bald nach Beginn der archäologischen Untersuchungen erkannte man eine Anlage, die rund 80.000 m² groß war, eine Fläche, die etwa elf Fußballfeldern entspricht, und über Befestigungen verfügte. Diese bestand aus einer Holz-Erde-Mauer und zwei vorgelegten Spitzgräben. Eine Interpretation als römisches Militärlager wäre durchaus möglich gewesen, wenn sich nicht genauso schnell gezeigt hätte, dass die Innenbebauung nicht mit der anderer Kastelle übereinstimmte. Auch die Funde entsprachen so gar nicht denen eines Militärlagers; während Waffen weitgehend fehlten, kamen viele Gegenstände ans Tageslicht, die aufgrund ihrer Qualität eher einer zivilen Oberschicht zugerechnet werden mussten. Irritierend war sicher auch, dass innerhalb der Befestigungen einheimische, germanische Keramik gefunden wurde.

Endgültig aufgegeben werden musste die Idee eines Lagers, als im Zentrum der Anlage die Fundamente eines ca. 2200 m² großen Gebäudekomplexes freigelegt wurden. An drei Seiten stellte man Säulenhallen fest, während an der vierten, im Norden, eine große, geschlossene Halle vorhanden war, die um drei Annexbauten – ein rechteckiger zwischen zwei halbrunden – erweitert war.

Der Komplex ließ sich schnell als ein typisches römisches Forum interpretieren und das gehörte in eine Stadt, die es hier eigentlich nicht hätte geben dürfen. Die schriftlichen Quellen gaben darüber keine Auskunft.

Noch spektakulärer wurde es, als nach und nach etwa 160 Fragmente einer lebensgroßen Reiterstatue aus vergoldeter Bronze gefunden wurden, die ursprünglich auf dem Forumsplatz gestanden haben muss, so wie es die heutige Rekonstruktion zeigt (Abb. 36). Der fast vollständig erhaltene Kopf des Pferdes zeigt eine außerordentliche Kunstfertigkeit.

Wie aber war diese römische Stadt einzuordnen und welche Auswirkung hatte diese Entdeckung für die Geschichtsschreibung? Aufgrund der Funde stellte sich heraus, dass die Siedlung spätestens im Jahr 3 v. Chr. angelegt worden sein musste und damit die älteste römische Stadt in der Germania Magna, also östlich des Rheins, und vielleicht als Hauptstadt einer neuen Provinz geplant gewesen sein könnte.

Sind diese Vermutungen zwar etwas spekulativ, so lässt sich zumindest das Ende der Stadt sicher klären: Nachdem Varus im Jahr 9 n. Chr. mit seinen drei Legionen in der „Schlacht im Teutoburger Wald" vernichtet worden war, glaubte kaum einer mehr daran, dass hier eine Provinz entstehen würde. So zog man bald nach der Niederlage des Varus aus Waldgirmes ab und suchte Schutz hinter den Reichsgrenzen.

Abb. 36 Waldgirmes, Forum. Heute kann man die Grundmauern des Forums gut erkennen. Im Zentrum des Platzes ist die Anmutung des Reiterstandbildes eines römischen Kaisers dargestellt.

Literatur

Landkreis Gießen (Hrsg.), Kelten und Römer im Gießener Land (2010); A. Becker – G. Rasbach, „Städte in Germanien": Der Fundplatz Waldgirmes, in: R. Wiegels (Hrsg.), Die Varusschlacht. Wendepunkt der Geschichte? (2007) 102–116.

Archäologie international – unter dieser Bezeichnung findet man in Bliesbruck-Reinheim ein eindrucksvolles Projekt, das deutlich macht, dass weite Teile Europas schon vor 2000 Jahren ein Kulturraum waren. Archäologische Funde von der Steinzeit bis hin zur Völkerwanderungszeit finden sich im Europäischen Kulturpark, der im Jahr 1989 grenzübergreifend entstand. Eine Reihe von Fundstätten wurde für den Besucher in ansprechender Form zugänglich gemacht.

[35] BLIESBRUCK-REINHEIM – PARC ARCHÉOLOGIQUE EUROPÉEN/EUROPÄISCHER KULTURPARK

Saarland

Europäischer Kulturpark Bliesbruck-Reinheim, Maison Jean Schaub, Robert-Schuman-Straße 2, 66453 Gersheim-Reinheim, Tel. 06843-900211, www.europaeischer-kulturpark.de

Das Grab der „Fürstin" von Reinheim

In der Geschichte der Entstehung des Europäischen Kulturparks war ein spektakulärer Fund aus dem Jahr 1957 ausschlaggebend. Man grub nämlich einen keltischen Grabhügel aus, der eine überaus reiche Frauenbestattung aufwies. Schnell war die Bezeichnung der Verstorbenen als Fürstin gefunden.

Bei der Ausgrabung zeigte sich, dass der Grabhügel ursprünglich einen Durchmesser von 23 m und eine Höhe von 4,60 m besaß. Im Inneren war eine hölzerne Grabkammer angelegt. Das Skelett war nicht erhalten und auch von den vermutlich vorhandenen hölzernen Beigaben wurde nichts konserviert. Jedoch fand man den Schmuck der Toten (Goldfibeln, Korallen, Bernstein- und Glasperlen u. Ä.), Gegenstände des täglichen Lebens aus Bronze (ein Spiegel, ein mehrteiliges Trinkgeschirr) und eine bronzene Röhrenkanne. Aufgrund dieser Funde konnte das Grab in die Jahre um 400 v. Chr. datiert werden.

Von der Bedeutung der Funde beeinflusst, entschloss man sich, den Grabhügel zu rekonstruieren und die nachgebildete Grabkammer für Besucher zugänglich zu machen. Der Zugang erfolgt heute über einen modernen Eingangsbereich. Damit ein Kontext entstand, wurden noch zwei weitere Grabhügel rekonstruiert.

Der *vicus*

Ein wichtiges Instrument, um neu eroberte Gebiete dauerhaft für Rom zu sichern, bestand darin, Siedlungen nach römischem Muster anzulegen und den Einheimischen so das „zivilisierte Leben" nahezubringen. Dies geschah auch, als die Römer in das Tal der Blies vordrangen. Der Ort, dessen Name bislang unbekannt ist, entwickelte sich eventuell aus einer alten, nicht nachgewiesenen keltischen Siedlung um die Landstraße von Bliesbruck nach Reinheim herum gegen Ende des 1. Jhs. n. Chr. zu einer stadtähnlichen Siedlung. Im 2. und 3. Jh. n. Chr. erreichte sie ihre größte Ausdehnung und der Siedlungskern wies

eine Fläche von 20 ha auf. Die Archäologen schätzen, dass zu dieser Zeit etwa 1500 bis 2000 Menschen hier lebten.
Zu beiden Seiten der Hauptachse konnten Streifenhäuser – rechteckige Gebäude, die mit ihrer Schmalseite zur Straße hin orientiert waren – nachgewiesen werden. Vor den Häusern fanden sich *porticen*, so wie man es auch aus anderen römischen Städten kennt.
In diesen Häusern betrieben Handwerker und Händler ihre Geschäfte und wohnten auch hier. Dass sowohl die Handwerker als auch die Kaufleute gut verdienten, belegen viele Gegenstände des täglichen Lebens, die aus entfernten Regionen des Imperiums hierher gelangten und von einem gewissen Wohlstand zeugten. Auch die Häuser – ein Handwerkerviertel wurde museal aufbereitet – zeugen mit Hypokaustenheizungen und Kellern von der wirtschaftlichen Potenz ihrer Besitzer. Als Quelle des Wohlstandes darf man gewiss die Landwirtschaft in der Region ansehen. Die Landgüter belieferten nämlich in großem Umfang die römische Armee mit Produkten. Das so eingenommene Geld floss in die lokale Wirtschaft. Auch das Militär selbst dürfte Aufträge an externe Unternehmer vergeben haben.
Das politische und das religiöse Zentrum des Ortes scheinen sich an einem Straßenzug befunden zu haben, der parallel zur Hauptachse verlief. Bislang konnten die Archäologen eine öffentliche Thermenanlage ausgraben, die durch ihre Größe überraschte. Die Anlage wurde im 1. Jh. n. Chr. errichtet. Dabei sind die Thermen in einen Gebäudekomplex eingeschlossen. Läden und *porticen* konnten ebenfalls nachgewiesen werden. Die Thermen liegen heute unter einem Schutzbau und die Besucher können über Stege durch die Ruinen wandern.
Bei den Ausgrabungen der Badanlage war deutlich geworden, dass sich vor ihnen ein freier Platz befunden haben muss. Bei der Auswertung von Luftbildern und durch geophysikalische Untersuchungen stellte man fest, dass hier weitere öffentliche Gebäude gestanden haben müssen.
Auch über die weitere Infrastruktur der Stadt lassen sich schon Aussagen treffen. Zumindest die 6 m breite Hauptachse wies eine Pflasterung auf, im Untergrund fand sich ein Abwasserkanal und die Wasserversorgung basierte auf mehreren Standbeinen. Neben Brunnen, die den Häusern zugeordnet waren, ließen sich Spuren von hölzernen Wasserleitungen, „Deichelleitungen“, beobachten. Das Holz wurde nicht konserviert, doch die Verbindungselemente hatten sich im Boden erhalten.

Die Villa (Abb. 37)

Die Villa von Reinheim gehört zu den größten Anlagen ihrer Art nördlich der Alpen. Sie diente sehr wahrscheinlich einem Großgrundbesitzer als ständiger Wohnsitz.
Die Villenanlage erreichte im 2. Jh. n. Chr. oder in der 1. Hälfte des 3. Jhs. ihre größte Ausdehnung mit etwa 7 ha. Der Komplex war Nord-Süd-orientiert und zeigte einen längsaxialen Grundriss.

Nachgewiesen werden konnte eine räumliche Trennung des herrschaftlichen Wohnhauses (*pars urbana*) und des Wirtschaftsbereichs. Der repräsentative Teil misst 80 x 62 m. Vom Typ her handelt es sich um eine Risalitvilla, deren zwei vorspringende Seitentrakte, die Risalite, durch einen Mitteltrakt mit dem Säulengang verbunden sind.
Im Westflügel des Hauptgebäudes konnten der Wohnbereich und die Privatthermen des Hausherrn nachgewiesen werden. Außerdem wurde ein Keller gefunden.
Bei vielen ländlichen Villen vermutet man, dass die Badeanlagen des Hausherrn auch den übrigen Bewohnern der Villa zur Verfügung standen. Hier in Reinheim kann dies aber ausgeschlossen werden, weil in der naheliegenden Siedlung, dem *vicus*, eine große öffentliche Thermenanlage existierte.
Als dekoratives Element verfügte die Villa an der zum Fluss hin gelegenen Seite über ein langes schmales Wasserbecken aus Kalksteinplatten mit einer Länge von 40 m und einer Breite von 3 m. Dieses Becken, das man auch als *euripus* bezeichnen kann, ist in der römischen Villenarchitektur nicht ungewöhnlich.
Der Wirtschaftshof mit seinen 300 x 135 m war mit *porticen* eingefasst. An den Außenseiten der Längsportiken konnten in regelmäßigen Abständen rechteckige Nebengebäude festgestellt werden, sodass die Symmetrie, die vom Herrenhaus vorgegeben war, auch in diesem Bereich aufgegriffen wurde.
Im 3. Jh. n. Chr. wurde die Villa zerstört. Als man diese wieder aufbaute, hatten sich die Rahmenbedingen offenbar verändert. Ein deutliches Zeugnis für diese Veränderungen lässt sich am Herrenhaus beobachten, in dessen Mittelteil nun die Küche und eine Werkstatt

Abb. 37
Reinheim, Europäischer Kulturpark Bliesbruck-Reinheim. Eingang zur römischen Villa in Reinheim.

entstanden. Auch in den Gebäuden des Wirtschaftsteils kam es offenbar zu Nutzungsänderungen.
Gab es im 3. Jh. n. Chr. noch Besitzer, die bereit waren, die Schäden zu beseitigen, so sollte eine erneute Zerstörung um die Mitte des 4. Jhs. n. Chr. das Ende der Villa mitsichbringen.

Keltendorf Taradunum

Im Kulturpark findet auch die experimentelle Archäologie ihren Raum. Im Rahmen eines Projektes, das unter dem Namen „Keltendorf Taradunum" läuft, werden Gebäude aus der Keltenzeit mit den damals üblichen Werkzeugen errichtet. So entsteht ein Grubenhaus, das aus der Zeit um 450 v. Chr. stammt. Das Konzept des Grubenhauses geht davon aus, dass der Boden des Gebäudes etwa 1 m eingetieft war und mit Lehm ausgekleidet wurde. Weil man in vielen Grubenhäusern Webgewichte und Spinnwirtel fand, glauben die Archäologen, diese Häuser hätten der Textilproduktion gedient, da aufgrund des Raumklimas ideale Bedingungen für dieses Handwerk vorhanden gewesen waren.

Literatur
W. Reinhard, Kelten, Römer und Germanen im Bliesgau (2010).

Die rekonstruierte Villa in Borg bietet dem Besucher einen faszinierenden Eindruck davon, wie die einheimische Oberschicht vor rund 2000 Jahren gelebt hat. Aber dieser Eindruck ist nicht nur visuell erfahrbar, man kann hier auch Essen und Trinken wie die Römer.

[36] PERL (LKR. MERZIG) – VILLA BORG: ANTIKE ERLEBEN!

Saarland

Die Ausgrabung

Schon lange wusste man, dass es in Borg eine römische Villenanlage gab, bei der es sich um eine *villa rustica* handeln musste. Aber erst im Jahr 1987 entschloss man sich, die Fundstelle richtig zu erforschen, und es sollte sieben Jahre dauern, bis dieses Vorhaben größtenteils abgeschlossen werden konnte. Archäologische Untersuchungen finden aber nach wie vor statt.

Was wir heute sehen ist der *pars urbana* der Villa, also der Bereich, in dem der Besitzer mit seiner Familie lebte. Die riesige Villenanlage stellte nun die Verantwortlichen vor die Frage, was mit ihr geschehen sollte. Schließlich entschloss man sich, die Villa als Gesamtkomplex zu rekonstruieren und daraus ein Freilichtmuseum zu machen (Abb. 38, 39).

Die rekonstruierte Villa

Römische Villa Borg,
Im Meeswald 1,
66706 Perl-Borg,
Tel. 06865-91170,
www.villa-borg.de

Der Besucher von heute betritt das 7,5 ha große Areal des archäologischen Parks wie seine römischen Vorgänger durch das inzwischen rekonstruierte Torhaus, das den Zustand des 2. und 3. Jhs. n. Chr. zeigt, heute aber als Museumsshop, Kasse und Verwaltungsbau dient. Nach Durchschreiten des Tores sieht er die großartige Kulisse der Villa in ganzer Pracht. Die dreiflügelige Anlage wurde in den Jahren 1997 bis 2001 rekonstruiert. Am Beginn stand der Westflügel, der die Taverne (Die Bezeichnung ist wohl eher der Neuzeit geschuldet), Küche und das Villenbad umfasst. In der Abfolge der Rekonstruktion folgte das Hauptgebäude im Süden. Den Abschluss bildete der Ostflügel mit seinen Wohn- und Wirtschaftsbereichen.

Besonders beeindruckend für den Besucher ist aber auch die Badeanlage der Villa, die vollständig rekonstruiert und betriebsbereit ist. Das Villenbad dürfte auch einer der wenigen Orte sein, an dem der moderne Mensch – so er denn in einer Gruppe kommt und etwas Geld mitbringt – wie ein Römer baden kann.

Auch die Küche ist funktionstüchtig aufgebaut worden. Ihr Besuch mag den einen oder anderen Besucher dazu verleiten, sich in der Taverne mit römischen Speisen näher vertraut zu machen.

Abb. 38
Perl. Römische Villa Borg, Hauptgebäude.

Das Haupthaus spiegelt deutlich das Selbstverständnis der Oberschicht wieder. Schon die Empfangshalle mit ihren 100 m² Grundfläche beeindruckt den Besucher, der schnell dazu neigt, seine eigenen Wohnverhältnisse in Relation zu diesem Raum zu setzen. Natürlich muss hier auch Einiges relativiert werden. Der Besitzer dieser Villa hatte Aufgaben und Pflichten zu erledigen, bei denen viele Menschen anwesend waren. Aber nicht nur die Größe der Räume, sondern auch die Einrichtung, die nach Vorbildern aus anderen Ausgrabungen oder aus Bild- und Schriftquellen gefertigt wurde, beeindruckt den Besucher. Mosaiken und Marmor prägen das Bild der Räume mit.
Zugleich hat man im Haupthaus die Gelegenheit, archäologische Funde im Original oder als Replik zu sehen. Dabei überwiegen zwar Funde aus römischer Zeit, jedoch gibt es auch Objekte aus der Vor- und Frühgeschichte zu bestaunen, die hier gefunden wurden.
Bei der Rekonstruktion legte man großen Wert darauf, dass auch das Umfeld der Gebäude römischen Vorstellungen entsprach. Realisiert wurde dies im Jahr 2000, indem Gärten angelegt wurden, über deren Gestalt man aus antiken Quellen und aus Ausgrabungen, etwa in Pompeji oder Herculaneum, informiert ist.
So wurde der Innenhof, begrenzt von den Gebäuden, mit symmetrischen Bepflanzungen angelegt. Zur Eingangsseite, nach Norden hin, schließt ein großes rechteckiges, von Rosenstöcken umgebenes Wasserbecken den Komplex ab. Der Besucher findet seinen Weg über eine Brücke. An der Westseite, hinter der „Taberna“ und dem Küchentrakt, liegt der Kräutergarten, in dem man so bekannte Kräuter wie etwa Schnittlauch und Oregano, daneben aber auch heute fast unbekannte

Abb. 39
Perl. Römische Villa Borg, Grundskizze.

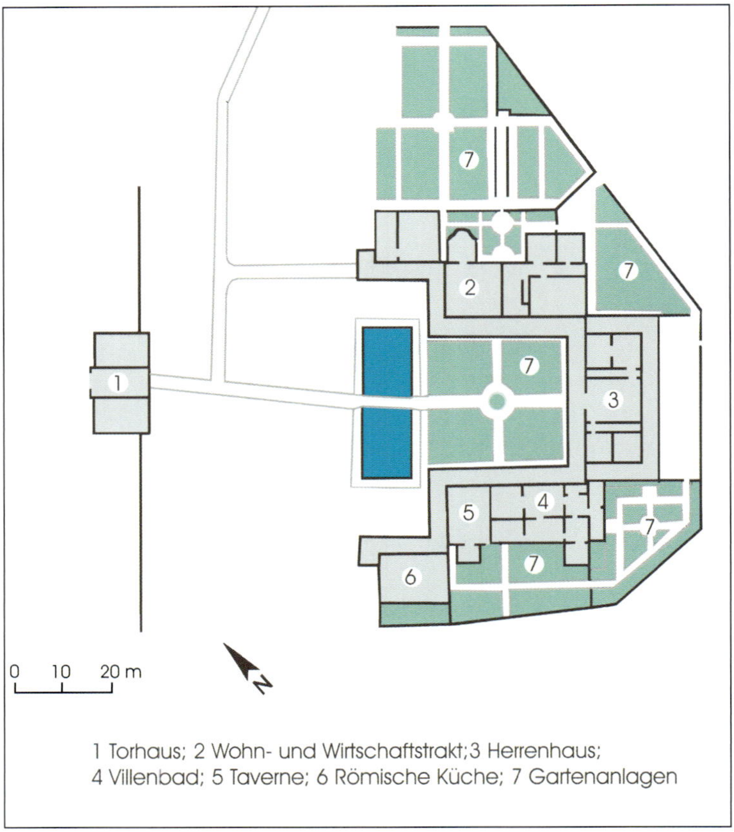

Kräuter, findet. Auf der gegenüberliegenden Seite finden sich der Gemüse- und Obstgarten der Villa. Aber hier ist auch noch Platz für einen symmetrisch angelegten Garten. Weitere Gärten ergänzen den Komplex.

Die Siedlung

Dort, wo heute der Parkplatz liegt, befand sich in römischer Zeit eine kleine Siedlung, von der man wahrscheinlich annehmen darf, dass ihre Bewohner in einem Abhängigkeitsverhältnis zum Herrn der Villa standen. Ein größeres Gebäude, welches hier nachgewiesen werden konnte, wird als Herberge gedeutet. Diese Vermutung ist schlüssig, weil hier nämlich die Verbindungsstraße von Trier nach Metz verlief.

Die Datierung

Eine Frage stellt sich aber noch. Wann entstand die Villa und wie lange wurde sie genutzt? Die Ausgrabungen haben eine Siedlungskontinuität dokumentiert, die in der Latènezeit – also als noch Kelten bzw. Gallier hier lebten – begann und die erst im 5. Jh. n. Chr. endete. Daraufhin scheint die Villa einfach nur aufgelassen worden zu sein.

Literatur
B. Birkenhagen, Die Römische Villa Borg – Ein Begleiter durch die Anlage (2004).

Aalen ist heute eine Stadt mit rund 66.000 Einwohnern am oberen Lauf der Kocher im Ostalbkreis mit einer bedeutenden Vergangenheit als freie Reichsstadt, die sich noch heute im Stadtbild spiegelt. Aber schon viel früher, in der römischen Kaiserzeit, war Aalen mit seinem Kastell am Obergermanisch-Rätischen Limes ein wichtiger Punkt.

[37] AALEN – EIN BEDEUTENDES KASTELL AM LIMES

Baden-Württemberg

Bis in das 16. Jh. hinein sollen die Ruinen des Lagers noch zu sehen gewesen sein, aber von einer Erforschung war man damals weit entfernt, weil das Interesse am Steinmaterial für neue Bauwerke weitaus größer war. Die Anfänge der wissenschaftlichen Erforschung reichen aber dennoch bis in die Jahre um die Mitte des 19. Jhs. zurück. Systematische Untersuchungen fanden 1894/95 durch die Reichs-Limes-Kommission statt, unter Bedingungen, die jeder Archäologe heute als traumhaft bezeichnen würde: Die Fläche des römischen Lagers war nämlich zum größten Teil noch nicht überbaut. Inzwischen sieht die Situation gänzlich anders aus: Ein Drittel des Areals liegt unter einem alten, inzwischen nicht mehr genutzten Friedhof, ein weiteres Drittel ist durch Wohnbebauung überlagert und das letzte Drittel schließlich gehört zum Limesmuseum Aalen mit seinen Außenanlagen. Aber dennoch gelang es in einer Reihe von archäologischen Untersuchungen, die Geschichte des Kastells zu erforschen. Wenden wir uns zunächst einmal den Truppen, die hier stationiert waren, zu: Durch Inschriften ist bekannt, dass die *ala II Flavia miliaria* aus dem oberitalischen Aquileia im Jahre 150/155 n. Chr. hierhin verlegt wurde. In der älteren Literatur vertrat man die Meinung, diese Einheit sei bis zum Ende des Kastells hier verblieben. Aufgrund neuerer Ausgrabungen scheint es aber möglich, dass es in der Spätphase des Kastells zu einem Truppenwechsel gekommen sein könnte. Die neuen Forschungen nahmen ihren Anfang, als man 1964 damit begann, das Limesmuseum zu errichten. Bis 1977 konzentrierte man sich auf das Nordwesttor. In den folgenden Jahren richtete man das Augenmerk auf die *principia*, das Stabsgebäude, und schließlich auf die Umwehrungen.

Das Lager

Dabei zeigte sich, dass das Lager einen fast rechteckigen Grundriss aufwies, ca. 277 x 214 m groß war, also eine Fläche von 6,07 ha aufwies. Damit ist es das größte Auxiliarkastell am Obergermanisch-Rätischen Limes. Der Befestigung diente eine 1,40 m starke Mauer, der wahrscheinlich ein System von vier Gräben vorgelagert war. Dies

ist bislang archäologisch nur an der Südostseite belegt. Die Mauer selbst war durch Eck- und Zwischentürme verstärkt. Die vier Tore besaßen jeweils zwei Durchgänge und waren durch Türme gesichert.
Einer der wichtigsten Bauten des Lagers, die *principia* (Abb. 40), war bereits durch die Reichs-Limes-Kommission erforscht und als Steinbau ausgeführt worden. Neben der *principia* konnten die archäologischen Untersuchungen Reste weiterer Steinbauten ans Tageslicht bringen, die vermutlich mit Quartieren für die Offiziere in Verbindung zu bringen sind. Die Mannschaften hingegen waren in Fachwerkbauten untergebracht, von denen nur geringe Reste gefunden wurden.
Ein weiteres Augenmerk legte die Forschung auf den *vicus*. Er wurde im Norden, Osten und Südosten des Lagers verortet. Im Norden konnte ein Thermengebäude festgestellt werden.
Eine Unklarheit bei der Erforschung betrifft den Friedhof. Man vermutet, dass das Gräberfeld weiter südlich angelegt worden war.

Das Museum und der Archäologische Park

Limesmuseum Aalen, St.-Johann-Straße 5, 73430 Aalen, Tel. 07361 5282870, www.museen-aalen.de

Das Museum und der Archäologische Park sind eine Zweigstelle des Archäologischen Landesmuseums Baden-Württemberg. Die Entstehungsgeschichte des Hauses begann schon in den 1950er-Jahren, als die Stadt Aalen angesichts der Wohnungsnot im Nachkriegsdeutschland die Fläche des Kastells als Baugrund ausweisen wollte. Bürgerliches Engagement und letztendlich die Einsicht zugunsten des römischen Erbes führten dazu, dass man die Pläne aufgab. In Verbindung mit dem Land Baden-Württemberg entstand in den Jahren 1963/64 auf dem Kastellgelände das Museum. Dass diese Entscheidung richtig war, zeigten die hohen Besucherzahlen. Aber schon 1977 erkannte man die Notwendigkeit, das Museum zu erweitern. Von 1979 bis 1981 entstand ein Erweiterungsbau, in dem nicht nur Funde aus Aalen, sondern auch aus der gesamten Region ausgestellt wurden. Mit der Aufnahme des Obergermanisch-Rätischen Limes in das Weltkulturerbe der UNESCO im Jahr 2005 beschloss man, das Museum nochmals zu erweitern.
An den ursprünglichen Intentionen des Hauses hat sich aber im Laufe der Jahre nichts geändert. In den Ausstellungsräumen werden die typischen Funde aus Ausgrabungen in Aalen gezeigt. Dazu gehören Gegenstände des täglichen Lebens wie Keramik, Metallobjekte oder Schmuck, aber auch Waffen und andere militärische Ausrüstung. Darunter befindet sich etwa ein Maskenhelm, der von römischen Reitern getragen wurde.
Daneben spielen Steindenkmäler eine große Rolle, weil in Südwestdeutschland viele Weihesteine und Inschriften gefunden wurden, die Aufschluss über das Leben, die Religion und Verwaltung in der römischen Provinz geben. Unter den Steindenkmälern wird besonders eine in die Jahre um 200 n. Chr. datierte Jupiter-Giganten-Säule, die aus

dem Lagerdorf des Kastells in Walheim kommt, hervorgehoben, die mit ihren 6,50 m Höhe bis in das Obergeschoss des Museums reicht. Bei dieser Art von Denkmal handelt es sich um eine isoliert stehende Säule, die als Kultmal diente und in den Nordwest-Provinzen des Römischen Reiches verbreitet war.

Viele wichtige Altfunde, die das römische Leben in Südwestdeutschland beleuchten, finden sich in anderen Museen. Daher wurde die Ausstellung durch Repliken ergänzt. Um den Besuch attraktiv zu gestalten, bedient man sich außerdem moderner Medien, ohne aber klassische Vermittlungselemente zu vergessen.

Abb. 40
Aalen, Limesmuseum. Die konservierten Grundmauern zeigen die Größe der principia.

Zum Museum gehört ein Freigelände, das man auch als archäologischen Park bezeichnen kann. Hier sind wichtige Bestandteile des Kastells konserviert und teilweise rekonstruiert worden, um dem Besucher eine Vorstellung von der Anlage zu vermitteln. Darüber hinaus wurden Kopien von Statuen, Weihereliefs und Inschriften aufgestellt.

Literatur

J. Obmann, Landesentwicklungsplan Baden-Württemberg. Schutz, Erschließung und Erforschung des Welterbes (2007) 119 f.; Ph. Filtzinger – D. Planck – B. Cämmerer (Hrsg.), Die Römer in Baden-Württemberg [3](1986) 203–212 Abb. 54–59

Kam man noch vor rund 40 Jahren in das im südlichen Schwarzwald gelegene Badenweiler, so tauchte man in eine Welt ein, von der man glaubte, sie würde nicht mehr existieren. Das idyllische Ortsbild, von einer Burgruine überragt, mit historischen Häusern, einem wunderschönen Kurpark mit altem Baumbestand und klassischem Kurkonzert – aber auch die Gäste erinnerten an das 19. oder wenigstens an das frühe 20. Jh., als der Kurort ein beliebter Rückzugsort für die bürgerliche Gesellschaft war. Ein Pfund, mit dem Badenweiler wuchern konnte. Die römischen Thermen aber führten lange Jahre ein Schattendasein, das erst vor wenigen Jahren endete.

[38] BADENWEILER – EIN ORT MIT BADETRADITION

Baden-Württemberg

Über das römische Badenweiler ist insgesamt recht wenig bekannt. An verschiedenen Stellen konnten neben den Thermen, die als bedeutendste römische Heilthermen nördlich der Alpen gelten, weitere antike Bauten festgestellt werden. Sie spiegeln durchaus einen wohlhabenden Ort wider. Unter der evangelischen Paulus-Kirche konnten die Reste eines großen Podiumstempels nachgewiesen werden. Spuren eines weiteren Großbaus sowie von Läden und Werkstätten fanden sich ebenfalls. Durch geophysikalische Methoden gelang der Nachweis eines Komplexes, der als Gästehaus interpretiert wird, und eines Wohnhauses. Aber im Zentrum all dieser Bauten liegt die römische Heiltherme als einziges sichtbares Zeugnis der römischen Siedlung. Die Römer waren jedoch keineswegs die ersten, die hier die Thermalquelle, die noch heute eine tägliche Schüttung von einer Million Liter besitzt, nutzten. Bereits die Kelten, so belegen es Funde, waren hier anzutreffen.

Die Thermen – der Zerstörung entkommen

www.badenweiler.de/sehenswuerdigkeiten_in_Badenweiler/roemische_baderuine

Am Anfang der Erforschung der römischen Thermen stand ein Verwaltungsakt des Markgrafen und Großherzogs von Baden, Karl Friedrich (1728–1811), der im Sinne der Aufklärung im Jahr 1783 die Leibeigenschaft aufhob. Die Stadt Müllheim, nur wenige Kilometer von Badenweiler entfernt, wollte sich für diese großherzige Tat bedanken, indem man Baumaterial für den Umbau des Amtshauses zu Badenweiler besorgte. Dazu sollte eine Fläche in Badenweiler, die auch schon in der Vergangenheit immer wieder Steinmaterial geliefert hatte, herhalten. Was aber Anfang 1784 an Mauern zutage kam, erschien dem damaligen Ortspfarrer Isaak Gmelin (1714–1789) so bedeutend, dass er den örtlichen Vertreter des Markgrafen dazu über-

reden konnte, beim Landesherrn hinsichtlich der weiteren Verfahrensweise – Erhalt oder rücksichtslose Zerstörung der Ruine – nachzufragen. Immerhin wurden sofort die ersten Pläne angefertigt. Derweil kam aus Karlsruhe die Anweisung, eine örtliche Kommission möge darüber entscheiden. Wie noch heute oft üblich, wurde Kommerz über Kultur gestellt und für eine weitere Ausbeutung der Ruine plädiert. Immerhin schickte man regelmäßig Berichte nach Karlsruhe, und als in einem dieser Berichte mitgeteilt wurde, man hätte eine Badeanlage freigelegt, änderte sich die Lage schlagartig. Ein Kabinettsmitglied, der Freiherr von Edelsheim, verbot zunächst in einem privaten Schreiben alle weiteren Zerstörungen und ließ sich dies nachträglich vom Markgrafen bestätigen. Damit begann die reguläre Erforschung der Ruine, wenngleich Archäologen heute manchmal über die damaligen Methoden den Kopf schütteln. Die Darstellung der einzelnen Abschnitte der Erforschung würde jedoch den Rahmen an dieser Stelle sprengen.
Über dem Thermengebäude wurden Schutzbauten erstellt. Allerdings bot sich der Komplex aufgrund dieser Maßnahmen auch für eine andere Nutzung an: So mussten die Thermen als Depot einer Kavallerieeinheit oder als Abstellgelegenheit für diverse Gerätschaften herhalten. Als sich in den 1970er-Jahren Renovierungsbedarf einstellte, nutzte man die Gelegenheit zu neuen Untersuchungen. Zwischen 1995 und 2001 entstand dann auch der neue Schutzbau aus Glas (Abb. 41).

Die Ruine und ihre Einordnung

Im Lauf der langen Forschungsgeschichte gelang es, den Bau weitgehend zu erklären und ihn entsprechend zeitlich einzuordnen. Dabei zeigte sich, dass es zunächst in der unmittelbaren Nähe der Quellen Vorläuferbauten gab, die im 1. Jh. n. Chr. entstanden. Die heute sichtbaren Reste der Thermen wurden dann um die Mitte des 2. Jhs. n. Chr. auf einem terrassierten Gelände errichtet. Diese Hanglage erforderte aber umfassende Drainagearbeiten, von denen heute noch ein u-förmig umlaufender Kanal zeugt.
Der Grundriss der Anlage wurde symmetrisch angelegt, wobei die Räume gedoppelt wurden: So konnte der westliche Teil als Männerbad, der östliche hingegen als Frauenbad genutzt werden. Diese Trennung nach Geschlechtern ließ sich aufgrund der Funde eindeutig belegen.
Im Wesentlichen bestanden beide Bäder jeweils aus einer Eingangszone, die überdacht war und der große, überwölbte Räume mit Apsiden in den Schmalseiten folgten. Diese dienten als Umkleideräume, nahmen aber auch zugleich die ersten Becken auf, die heute im Sinne von Duschen verstanden werden. In weiteren Nischen in den Umkleideräumen waren Statuen aufgestellt. Es folgten schließlich die wichtigsten Räume der Thermen, die Baderäume mit ihren rund 60 m^2 großen Becken und einer recht geringen Tiefe von einem Meter. Mehr war

Abb. 41
Badenweiler, Schutzbau über den römischen Thermen im Kurpark von Badenweiler.

nicht nötig, weil kein Sport getrieben werden, sondern das Wasser den Kranken Heilung bringen sollte. Ergänzt wurde das Badeerlebnis durch jeweils fünf Wannenbäder an den Schmalseiten der durch große, verglaste Fenster beleuchteten Badesäle. Über die Ausschmückung der Säle lässt sich festhalten, dass alle wasserführenden Bestandteile (Becken und Wannen) sowie Böden und Sockelzonen der Wände mit fein geschliffenem wasserfestem Verputz versehen waren, während die Wände sonst verputzt und mit Malerei dekoriert waren. Der wasserfeste Verputz an den Böden beleuchtet aber einen hochinteressanten Aspekt: Bei den Ausgrabungen hatte man Heizräume für die sonst üblichen Fußbodenheizungen entdeckt, doch führte man diese Art der Heizung nie aus und die Verbindung zu den Heizräumen wurde geschlossen. Wie aber wurden die Räume dann geheizt? Die Erklärung findet sich im Thermalwasser. Wenn dieses nämlich in römischer Zeit wesentlich heißer war als heute, so konnten das Überlaufwasser und dessen Abwärme aus den Becken die Räume entsprechend aufheizen. Nach außen hin war besonders die Südfassade reich mit vorspringenden Apsiden und *aediculae* mit Statuenschmuck gestaltet. Ergänzt wurde diese Schauseite durch eine Promenade mit beachtlicher Brei-

te. Die Nordseite hingegen, an der sich auch die Serviceräume befanden, war in seiner Architektur eher bescheiden ausgeführt.
Nach einem Brand, der vermutlich durch ein Erdbeben ausgelöst wurde, mussten Teile der Thermen neu gestaltet werden. Dabei ging es vorrangig um die Erweiterung des Raumangebotes, verbunden mit der Nutzungsänderung der bestehenden Räume. Im Osten und Westen wurden jeweils mit Säulenhallen umstandene *palaestren* (Höfe für sportliche Betätigung) und Raumfluchten angelegt, die nun als Umkleide- und Ruheräume dienten. Man könnte sich aber auch durchaus vorstellen, dass hier in aller Öffentlichkeit Kurärzte ihrer Tätigkeit nachkamen, bedenkt man, dass es bis in das frühe 19. Jh. hin bei Untersuchungen und Patientengesprächen keine Privatsphäre gab.
Aus dem alten Umkleideraum wurde ein Baderaum, wobei dessen nördliche Apsis geschlossen wurde. Der alte Baderaum blieb im Wesentlichen bestehen, diente aber auch als Zugang zu einem kleinen Schwitzbad, für das Heizsysteme angelegt wurden.
Dieser Zustand wurde bis zum Ende des Badebetriebes um 260 n. Chr. beibehalten, der durch das Eindringen der Germanen in die römische Provinz herbeigeführt wurde. Die Thermen als Bauwerk sollten aber noch in größeren Teilen bis zum Jahr 1356 bestehen bleiben; dann wurden sie durch das „Baseler Erdbeben“, das als schwerstes Erdbeben Mitteleuropas gilt und den ganzen Oberrheingraben erschütterte, gründlich zerstört.

Literatur
M. N. Filgis, Die römischen Heilthermen von Badenweiler, Kreis Breisgau-Hochschwarzwald, in: Frontinus-Gesellschaft e. V. (Hrsg.), SPA. Sanitas per aquam, BABesch Suppl. 21 (2012) 351–356; Museum für Ur- und Frühgeschichte der Stadt Freiburg i. Br. (Hrsg.), Römische Baderuine Badenweiler. Entdeckung, Erforschung, Faszination (2003).

Breisach liegt unmittelbar am Rhein und spielte aufgrund seiner Lage im Laufe seiner langen Geschichte eine wichtige strategische Rolle, die schon Kelten und Römer zu schätzen wussten. Durch ihre Lage war das Leben dieser Stadt sehr bewegt, denn sie wurde mehrfach zerstört und wechselte im Lauf der Jahrhunderte oft die Herrschaft. Jede Eroberung brachte für die Breisacher Tod und Zerstörung. Die verheerendste Katastrophe war der Zweite Weltkrieg, in dem die Stadt weitgehend zerstört wurde.
Als ein Zeugnis seiner langen Geschichte darf noch heute das Stephansmünster gelten, das mit seiner Architektur, seinen Malereien und dem großen Schnitzaltar das Durchhaltevermögen der Breisacher über die Zeitläufe hinweg dokumentiert.

[39] BREISACH – KELTEN UND RÖMER AUF DEM MÜNSTERBERG

Baden-Württemberg

Der Münsterberg und seine Archäologie

Das Zentrum der Stadt Breisach, das römische Brisiacum, bildet der Münsterberg, der etwa 4 km südwestlich des Kaiserstuhls liegt (Abb. 42). Der Berg erhebt sich mit 50 m über das Niveau der Rheinniederung und fällt zu allen Seiten steil ab. Ursprünglich verlief der Rhein am Fuß des Berges, dessen Plateau 500 x 200 m groß ist. Die frühesten gesicherten archäologischen Spuren stammen aus der Bronzezeit und werden der „Urnenfelderkultur“ zugerechnet.
An Bedeutung gewann der Münsterberg am Übergang von der Hallstattzeit zur Latènezeit (um die Mitte des 5. Jhs. v. Chr.), als hier ein „Fürstensitz“ entstand. Um ein entsprechendes Bauareal zu schaffen, wurde eine Senke auf dem Plateau aufgefüllt, in der sich möglicherweise noch ältere Siedlungsspuren befunden haben könnten. Dazu mussten 50.000 m³ Erde bewegt werden, also etwa das Fassungsvermögen von 1500 Containern. Neben diesem Großprojekt, das einer größeren Zahl von Arbeitskräften bedurfte, die koordiniert eingesetzt werden mussten, sprechen vor allem Funde von importierter Keramik für die Existenz eines „Fürstensitzes“. Die Bedeutung des Münsterbergs als Fürstensitz zeigt sich auch darin, dass in dessen Umfeld mehrere bedeutende „Fürstengräber“ nachgewiesen werden konnten.
Auf dem Berg selbst wurden Spuren zweier Befestigungen gefunden. Eine von ihnen ist zeitlich nicht näher bestimmbar, während die andere aufgrund der Konstruktionsmerkmale mit einer spätkeltischen Besiedlung in Verbindung gebracht werden kann. Diese hatte den Charakter eines *oppidums* (einer größeren Siedlung mit Befestigungsanlagen), welches in das 1. Jh. v. Chr. datiert werden muss.

Abb. 42
Breisach. Blick über die Altstadt auf den Münsterberg.

Die Besiedlung oder Nutzung des Münsterbergs bleibt bis in das 4. Jh. n. Chr. verschwommen. Scherbenfunde aus dem 1. Jh. n. Chr. ließen aber die Vermutung aufkommen, dass hier ein römischer Posten bestanden haben könnte.

In jedem Fall wiesen Archäologen in den 1970er-Jahren die Existenz eines römischen Kastells im 4. Jh. n. Chr. nach. Münzen und Ziegelstempel der *legio I Martia* ermöglichten die Datierung. Diese Maßnahme stand in Verbindung mit einem Ausbau der Grenzbefestigungen unter Kaiser Valentinian I. (364–375 n. Chr.), der sich hier im Jahr 369 n. Chr. aufhielt und sogar ein Edikt herausgab.

Das römische Kastell nahm die gesamte Südhälfte des Münsterberges ein. Dabei wurde die Nordseite, die als einzige nicht durch die steilen Abhänge gesichert war, durch eine 200 Meter lange und mehr als drei Meter breite Mauer geschützt, die wohl 8 m hoch war. Vorspringende Rechtecktürme und ein nach innen gezogener Torbau verstärkten diese geradlinig verlaufende Mauer. Als weitere Sicherung dienten zwei parallel verlaufende Gräben.

Die anderen Seiten des Kastells waren mit wesentlich schwächer ausgebauten Mauern versehen, die den topografischen Gegebenheiten folgten und an verschiedenen Stellen nachgewiesen werden konnten. An der Westseite erhielt sich ein etwas größerer Mauerabschnitt.

Im Innenbereich des Kastells wurde noch ein Baukomplex beobachtet, den man in der späteren Pflasterung des Münsterplatzes für Besucher markierte. Dieser entzog sich lange einer Deutung. Archäologische Untersuchungen zwischen 2005 und 2007 legten nun die Deutung als *praetorium* (Sitz des Militärkommandanten oder des Statthalters, wie beispielsweise in Köln) nahe.

Museum für Stadtgeschichte

**Rheinplatz 1,
D-79206 Breisach,
www.breisach.de**

Empfehlenswert ist der Besuch des „Museums für Stadtgeschichte“, das im „Rheintor“, einem um 1678 errichteten Festungstor, untergebracht ist. Die Dauerausstellung widmet sich der Stadtgeschichte, beginnend mit Funden aus der Steinzeit bis in die Neuzeit hinein.
Besonders die Funde aus römischer Zeit vom Münsterberg belegen aufgrund ihrer Qualität, dass Breisach kein einsamer Außenposten des Römischen Reiches war. Auch das Frühmittelalter ist im Museum vertreten. Neben originalen Funden verdeutlichen Repliken das tägliche Leben in der Stadt, da es früher üblich war, wichtige Funde an übergeordnete Museen abzugeben; außerdem mussten Kriegsverluste ausgeglichen werden.
Für das Leben in den folgenden Jahrhunderten – Hochmittelalter und Neuzeit im weitesten Sinne – stehen Gebrauchsgegenstände wie etwa Glas- oder Keramikprodukte. Aber auch Bilder und Heiligenfiguren vermitteln einen Eindruck vom damaligen Leben.
Ein wichtiger Bestandteil der Museumsammlung steht in einer engen Beziehung zum Stephansmünster. Kostbare Objekte aus dem Kirchenschatz werden hier ausgestellt.

Literatur

M. Zagermann, Der Münsterberg in Breisach III. Die römerzeitlichen Befunde und Funde der Ausgrabungen Kapuzinergasse (1980–1983), Rathauserweiterung/ Tiefgaragenneubau (1984–1986) und der baubegleitenden Untersuchungen am Münsterplatz (2005–2007), Münchener Beiträge zur Vor- und Frühgeschichte 60 (2011); Ph. Filtzinger – D. Planck – B. Cämmerer (Hrsg.), Die Römer in Baden-Württemberg; ^{3}(1986) 257–260 Abb. 99–101.

Der Krieger von Hirschlanden – war er ein Symbol für die Macht des Grabherrn zu dessen Lebzeiten oder muss er als Ausdruck einer besonderen Lebensart mit Hang zum Mediterranen verstanden werden?

[40] DITZINGEN-HIRSCHLANDEN – DIE ÄLTESTE FREISTEHENDE GROSSSKULPTUR MITTELEUROPAS

Baden-Württemberg

Der Grabhügel

Im Spätherbst 1962 grub man im damals noch eigenständigen Hirschlanden einen hallstattzeitlichen, inzwischen rekonstruierten Grabhügel mit einem Durchmesser von 32 m aus, der sich zunächst nicht von anderen Grabanlagen unterschied. Er barg zwei Hauptbestattungen, die übereinander lagen. Außerdem fanden sich noch 14 Nachbestattungen, die in zwei Kreisen angeordnet waren.
Auffällig an diesem Fund ist, dass in einem Abstand von ca. 1 m Steinpfosten aufgestellt und die Zwischenräume mit Trockenmauerwerk verschlossen wurden. Solche Einfassungen sind zwar von anderen Fundplätzen her bekannt, zeigen sich dort aber nicht so prägnant.

Der Fund

Der spektakuläre Fund, vom Fuß des Grabhügels stammend, ist jedoch eine noch gut erhaltene, 1,50 m hohe Grabstele, die eine männliche, unbekleidete Figur darstellt (Abb. 43). Die Füße und ein kleiner Teil der Unterschenkel sind abgebrochen und konnten auch nicht mehr gefunden werden. Die Archäologen gehen aber davon aus, dass die Statue ursprünglich ca. 1,70 m groß war, also etwa lebensgroß.
Diese Plastik lieferte der Forschung einige Informationen, warf aber auch Fragen auf. Ein Teil der Informationen bezieht sich auf die Darstellung selbst. Zum einen verdeutlichte sie, welche Standessymbole im 6. und 5. Jh. v. Chr. verbreitet waren. Dazu gehörte wahrscheinlich ein aufwendig gearbeiteter Gürtel, ein Dolch und ein Halsring. Das wenig ausgearbeitete Gesicht wurde als Totenmaske interpretiert. Und der Hut, der den Kopf des Kriegers von Hirschlanden krönte, wurde als Kegelhut gedeutet. Das Material, aus dem diese Kopfbedeckung in Realität wohl bestanden haben könnte, blieb zunächst offen. Aber spätestens seit den Ausgrabungen des Fürstengrabes von Eberdingen-Hochdorf kann man sich sehr gut vorstellen, dass es sich dabei um einen Hut aus Baumrinde gehandelt haben könnte.
Eine Frage, die die Forschung beschäftigte, war, inwieweit die Stele Vorbilder in der griechischen Kunst hatte oder ob sie gar aus einem griechischen *kouros* gefertigt wurde. Inzwischen ist dies beantwortet.

Abb. 43 Ditzingen-Hirschlanden, „Krieger von Hirschlanden". Die Statue, als Grabmonument gedacht, ist die wohl älteste freistehende Großskulptur Mitteleuropas. In Hirschlanden selbst findet sich eine Kopie; das Original ist im Württembergischen Landesmuseum in Stuttgart zu sehen.

Die Statue besteht aus dem lokalen Stubensandstein. Der Bildhauer muss allerdings griechische Steinmetztechniken gekannt haben, wie Untersuchungen der verwitterten Oberfläche belegen konnten; die Umsetzung eines mediterranen Vorbildes ist ihm jedoch nur sehr bedingt gelungen. Besonders die Arme, aber auch der Dolch erscheinen eher grafisch. Heute sieht man für die Statue des Kriegers von Hirschlanden, die heute im Landesmuseum Württemberg in Stuttgart aufbewahrt wird, enge Beziehungen zu vergleichbaren Objekten aus Oberitalien.

Literatur

Archäologisches Landesmuseum Baden-Württemberg – Landesamt für Denkmalpflege im Regierungspräsidium Stuttgart (Hrsg.), Die Welt der Kelten. Zentren der Macht – Kostbarkeiten der Kunst (2012); Historisches Museum Bern – Landesmuseum Württemberg, Kunst der Kelten 700 v. Chr. – 700 n. Chr. (2009) 180.

Keltische Fürsten liebten den Prunk! Diese Aussage fand ihre Bestätigung in einem intakten Grab im württembergischen Eberdingen-Hochdorf. Faszinierende Funde erlaubten tiefe Einblicke in die längst untergegangene Lebenswelt der keltischen Oberschicht des späten 6. Jhs. v. Chr.

[41] EBERDINGEN-HOCHDORF – EIN JAHRHUNDERTFUND ZUR GESCHICHTE UND KUNST DER KELTEN

Baden-Württemberg

Die Ausgrabung und ihre Ergebnisse

Im Jahr 1978 sollte die archäologische Fachwelt aufhorchen. Man hatte in Eberdingen-Hochdorf einen keltischen Grabhügel angeschnitten, der spektakuläre Funde enthielt. Aber die eigentliche Entdeckungsgeschichte ging zurück auf das Jahr 1968. Eine ehrenamtliche Mitarbeiterin des Landesdenkmalamtes, Renate Leibfried, hatte auf einem Acker einen flachen Hügel beobachten können, der von einem schon beschädigten Steinkranz eingefasst war. Weil der Acker intensiv genutzt wurde, bestand die Befürchtung, der Hügel, bei dem es sich unzweifelhaft um einen Grabhügel handelte, könne im Laufe der Zeit endgültig zerstört werden. Bis zum Grabungsbeginn sollte es aber bis in das Jahr 1978 dauern und die Grabung brachte überraschende Ergebnisse: Nicht nur ein keltischer Grabhügel konnte ausgegraben werden, sondern auch eine jungsteinzeitliche Siedlung, die bisher vom Grab überlagert wurde.

Die Ergebnisse der Ausgrabungen waren in vielerlei Hinsicht spektakulär. Zunächst einmal war es möglich, die Arbeitsabläufe bei der Errichtung des Grabhügels zu klären und diesen entsprechend zu rekonstruieren. Ferner zeigte sich, dass die Grabkammer seit ihrer Anlage nicht mehr gestört worden war und so Rückschlüsse auf den bestatteten Menschen und seine Lebenswelt möglich waren.

Als der Fürst von Hochdorf – er soll der Einfachheit halber hier so bezeichnet werden – starb, begann man mit der Anlage des Grabhügels. Sicher darf man davon ausgehen, dass zunächst ein geeigneter Platz ausgewählt wurde, was sich aber archäologisch nicht nachweisen lässt. Nach Auswahl des Bauplatzes hob man eine Grube aus, welche eine große, rechteckige Grabkammer mit einem Innenmaß von 4,7 x 4,7 m und einer Höhe von 2 m aufnahm. Die Grabkammer bestand aus Eichenholz und erhielt zusätzlich eine weitere Umbauung aus Holz. Das Innere der Grabkammer war mit Stoff ausgekleidet, wie die gefundenen Reste belegen.

Aus dem Aushub und Grassoden wurde ein erster, kleinerer Hügel, ein „Primärhügel“, aufgeschüttet, der einen Durchmesser von ca. 40 m

und eine Höhe von 1,50 m hatte. Im Norden wurde ein Eingang aus Steinmaterial angelegt.
Weil sowohl bei der Ausgrabung in der Grabgrube als auch an der Oberfläche des „Primärhügels“ Pflanzenbewuchs festgestellt werden konnte, schlossen die Ausgräber, dass die Vorbereitungen zur Beisetzung des Toten noch nicht abgeschlossen gewesen waren und sich diese wohl auch noch über einen längeren Zeitraum hingezogen hatten. Während damals zahlreiche Menschen damit beschäftigt waren, noch immer den „Primärhügel“ aufzuschütten, waren in unmittelbarer Nähe des Grabes viele Handwerker tätig, deren Aufgabe es war, die Totenausstattung anzufertigen. Dazu zählten Gegenstände, die im realen Leben durchaus genutzt wurden und die zum Teil sicher aus dem persönlichen Besitz des Toten kamen, aber auch solche, die gezielt für die Beisetzung in einer nicht funktionstüchtigen Version angefertigt wurden. Die Archäologen konnten bei der Ausgrabung entsprechende Werkstätten und „Abfallgruben“ feststellen, die heute Auskunft über die dortigen Gewerke geben. Spezialisten in der Metallverarbeitung fertigten vor Ort Gegenstände aus Bronze oder Gold. Andere Handwerker waren sicher für die Verarbeitung von Bernstein zuständig, wieder andere für Holz.
Die oben erwähnten „Abfallgruben“ darf man aber nicht in dem Sinne verstehen, dass hier Müll entsorgt wurde. Vielmehr kam ihnen nach Ansicht der Archäologen ein kultischer Charakter zu. Abfälle, die bei der Herstellung der Grabbeigaben entstanden, gehörten möglicherweise genauso zur Ausstattung des Toten, sodass man sie nicht für profane Zwecke weiter verwenden durfte.
Nachdem der „Primärhügel“ so weit errichtet und die Grabausstattung vollständig war, konnte der Tote beigesetzt werden. Dieses große Zeitfenster zwischen Tod und Beisetzung ließ in der Forschung die Ansicht aufkommen, man müsse den Verstorbenen in irgendeiner Art und Weise konserviert haben. Dabei darf man aber auf keinen Fall an eine Mumifizierung wie im Alten Ägypten denken. Hinweise auf die Konservierung eines Toten liefert das Zentralgrab vom Magdalensberg, einem Fundplatz in der Nähe von Klagenfurt (Österreich), da man hier in einem erhaltenen Haarbüschel des Verstorbenen Arsen nachweisen konnte. Unbestreitbar ist nämlich, dass die giftigen Eigenschaften des Arsens konservierend wirken.
Als relativ gesichert darf man wohl annehmen, dass im Zusammenhang mit der Beisetzung eine Wagenumfahrt erfolgte und es eine Prozession gegeben haben musste. Zwei Argumente sprechen dafür: Einmal wurde im Grab selbst ein vierrädriger Wagen gefunden, der im Zusammenhang mit der Beisetzung durchaus Verwendung gefunden haben könnte. Zum anderen zeigt die Rückwand auf der Hochdorfer Kline eine entsprechende Prozession.
Nachdem der Fürst mit seinen ganzen Beigaben in das Grab gebettet worden war, begann man mit großer Wahrscheinlichkeit sofort damit,

zunächst die Grabkammer mit einer Steinpackung zu sichern. Ob dabei die Angst vor Grabräubern eine Rolle spielte, lässt sich kaum feststellen. Im nächsten Schritt wurde dann der Hügel in seiner endgültigen Form aufgeschüttet. Dazu legte man am künftigen Hügelfuß einen Steinring mit einem Durchmesser von ca. 60 m an, der durch Holzeinbauten verstärkt wurde. Im Steinring fanden sich senkrecht stehende Pfosten, die über das Niveau des Rings herausragten. Sie trugen vielleicht Dekorationselemente. Das Erdmaterial, das benötigt wurde, um den etwa 6 m hohen Hügel aufzuschütten, grub man um das Grab herum ab. Es darf durchaus gefragt werden, ob diese Vorgehensweise nicht als Ausdruck einer effizienten Arbeitsweise verstanden werden kann. Auch ohne zeitsparende Planungen dürfte sich die Vollendung des Grabes aber über mehrere Jahre hingezogen haben. Konrad Spindler kalkulierte anhand des Fürstengrabes vom Magdalensberg sehr vorsichtig und unter Hinweis auf verschiedene lokale Faktoren, dass rund 2500 m^3 Erde pro Jahr bewegt werden konnten. Überträgt man diese Annahme auf den Grabhügel von Hochdorf, so ergibt sich eine ungefähre Aufschüttungszeit von drei Jahren.
Auch die Grassoden, die die Oberfläche des Grabhügels bildeten, kamen wohl aus der unmittelbaren Umgebung. Auf dem Hügel stand sehr wahrscheinlich ein Grabdenkmal, von dem aber keine Spur gefunden werden konnte, das aber bei anderen „Fürstengräbern“, etwa Ditzingen-Hirschlanden (s. S. 157f.), belegt ist.
Noch während der Aufschüttung des Hügels kam es zu Nachbestattungen. Aufgrund des Erhaltungszustandes konnten nur noch drei nachgewiesen werden, doch dürften es erheblich mehr gewesen sein. Was wissen wir über den Toten selbst, außer der Tatsache, dass er zur Oberschicht gehörte? Weil das Skelett gut erhalten ist, lässt sich sagen, dass der Tote etwa 1,87 m groß und recht kräftig war; somit überragte er deutlich die meisten seiner Zeitgenossen. Auch vom Alter her stellte der Tote eine Ausnahme dar. Während das Sterbealter in dieser Zeit zwischen 20 und 30 Jahren lag, wurde der Hochdorfer Fürst zwischen 40 und 50 Jahre alt. Am Skelett ließ sich Arthritis nachweisen und die Zähne waren erheblich abgenutzt, was durch den Abrieb der Mühlsteine bei der Herstellung von Mehl herbeigeführt wurde. Karies oder Paradontitis – heute weit verbreitete Krankheitsbilder des Zahnapparates – konnten hingegen nicht festgestellt werden.

Die Funde

Im unberaubten Grab fanden sich viele kostbare Gegenstände, die hier nicht alle aufgezählt werden können. Zu den größeren Objekten gehört eine Kline aus Bronzeblech, auf der der Tote aufgebahrt worden war. Die Kline wies statt normaler Füße Figuren auf, die mit ihren erhobenen Armen das Lager zu stützen scheinen und zwischen deren Beinen kleine Räder angebracht waren. Sie wies außerdem ein reiches Dekor auf.

Zu den größeren Objekten zählt ein vierräderiger Wagen mit zahlreichen Beschlägen aus Eisenblech samt Zubehör. Auf diesem Wagen waren verschiedene Beigaben aufgestellt, so z. B. ein Speiseservice aus Bronze.

Ein ganz wichtiges Objekt war ein großer Kessel mit Henkel aus Bronze und Ständer. Auf dem Gefäßrand waren drei liegende Löwenfiguren angebracht, von denen zwei aus einer griechischen Werkstatt stammten, während der dritte aus einheimischer Produktion kam und einen originalen, verlorenen Löwen ersetzte. Zusammen mit den Henkelattschen – darunter versteht man die Befestigungen von Henkeln oder Griffen an Metallgefäßen – konnten die Archäologen diesen um 530 v. Chr. datieren. Allerdings kann deswegen noch lange nicht darauf geschlossen werden, dass die Bestattung zeitnah erfolgte.

Natürlich gab es im Grab auch die persönliche Ausstattung für den Toten. Dazu zählen eine Reihe von Objekten aus Gold, wie etwa ein Halsring, aber auch Waffen. Auffällig war, dass ein Teil der persönlichen Ausstattung extra für die Bestattung gefertigt wurde; dies konnte man feststellen, weil die Ausführung zwar kunstvoll war, aber auf keinen Fall im praktischen Gebrauch funktionieren konnte.

Die Rekonstruktion (Abb. 44)

Biegelspfad, 71735 Eberdingen-Hochdorf

Nach Ausgrabung des Hügels, der sich kaum vom Gelände abgehoben hatte, kam es zu Überlegungen, wie das zerstörte Denkmal – Ausgrabung bedeutet immer auch Zerstörung – in geeigneter Form dargestellt werden konnte. Die einzig logische Antwort war die Rekonstruktion des Grabhügels in seiner ursprünglichen Größe. Um dieses Ziel zu erreichen, mussten im Jahr 1987 rund 7000 m^3 Erde – das entspricht etwas mehr als 200 Containern – und 280 t Steine bewegt werden.

Das Keltenmuseum – erlebbare Geschichte

Keltenmuseum Hochdorf/Enz, Keltenstraße 2, 71735 Eberdingen-Hochdorf/Enz, Tel. 07042 78911 oder 07042-799402, www.keltenmuseum.de

Seit 1991 existiert in Hochdorf das „Keltenmuseum". Das zentrale Thema ist natürlich der berühmte Grabfund. Die Architektur des modernen Museumsbaus versucht, die Dimensionen des Grabhügels zu verdeutlichen, indem man einen großen Metallbogen mit den entsprechenden Höhen- und Längenmaßen errichtete. Weil die Originalfunde heute im Landesmuseum in Stuttgart ausgestellt werden, setzt die Museumspräsentation auf eine eindrucksvolle Rekonstruktion der Grabkammer mit ihrem gesamten Inventar.

Jedoch verfügt das Museum auch über Originalfunde, die aus einer Siedlungsgrabung stammen; sie besitzen obendrein noch einen direkten lokalen Bezug, weil diese Fundstelle auf dem Museumsgelände und südlich daran anschließend liegt. Dabei handelte es sich um eine frühkeltische Siedlung, die in das 5.–4. Jh. v. Chr. datiert wird.

Die Funde, die bei diesen Ausgrabungen gemacht wurden, verdeutlichen die Lebensumstände jener Zeit und belegen, dass die Hochdorfer Siedlung eine Sonderstellung einnahm. Dies zeigen Fragmente attischer Keramik des 5. Jhs. v. Chr., die sich nur Angehörige einer Oberschicht leisten konnten.
Im Freigelände konnte aufgrund der archäologischen Befunde ein Gehöft rekonstruiert werden. So kann der Besucher neben den Funden auch räumlich erfahren, wie die Menschen vor rund 2500 Jahren gelebt und gearbeitet haben.

Abb. 44 Eberdingen-Hochdorf, Fürstengrab. Nach den Ausgrabungen wurde der Grabhügel rekonstruiert.

Literatur

S. Hansen, Archäologische Funde aus Deutschland (2010) 64 f. Abb. 22;
J. Biel, Der Keltenfürst von Hochdorf [4](1998).

Landleben in der römischen Kaiserzeit konnte auch ein Leben in Luxus bedeuten, wie die Ausgrabungen der monumentalen VILLA RUSTICA bezeugen, die vom 1. bis zum 3. Jh. n. Chr. in Betrieb war. Durch die teilweise Rekonstruktion der Gebäude und ihrer Ausstattung bekommt der Besucher einen hervorragenden Eindruck vom Leben in der damaligen Zeit.

[42] HECHINGEN-STEIN – RÖMISCHES LANDHAUS ODER RASTSTÄTTE?

Baden-Württemberg

Römisches Freilichtmuseum, Eichwälde, D-72379 Hechingen-Stein, www.villa-rustica.de

Die Villa von Hechingen-Stein wurde im Jahr 1972 eher zufällig in einem Waldstück entdeckt. Schnell zeigte sich, dass es sich um eine große Anlage mit einer Fläche von etwa 50.000 m² handelte. Aber erst ab 1978 konnten umfassende Untersuchungen durchgeführt werden, als der durch Windbruch und eine Pilzerkrankung geschädigte Wald großflächig abgeholzt werden musste. Die Ausgrabungen sind bis heute noch nicht abgeschlossen.

Bislang konnte Folgendes ausgegraben werden: Das Gelände der Villa war durch eine Mauer eingefasst, die ursprünglich eine Höhe von etwa 2,50 m besaß. Allerdings zeigten die Untersuchungen, dass die Einfassung erst gegen Ende des 2. Jhs. n. Chr. entstanden war. Auch diente die Mauer nach Ansicht der Ausgräber nicht der Verteidigung, sondern der Repräsentation. An der Westseite wurde der Eingang freigelegt und rekonstruiert.

Als wichtigste Gebäude innerhalb des Areals konnten neben dem Haupthaus (s. u.) mit Bad (s. S. 165f.), eine Schmiede (s. S. 166), eine Mühle (s. S. 166) und Speicherbauten in unterschiedlichem Erhaltungszustand freigelegt werden.

Seit 2009 muss die Villa vielleicht neu bewertet werden, weil man auch außerhalb der Begrenzungsmauern Häuser ausgraben konnte. Ob man allerdings so weit gehen kann, hier von einer Siedlung zu sprechen, wird wohl weiteren Untersuchungen vorbehalten sein.

Das Haupthaus

Für das Haupthaus, das bereits zu Beginn der Untersuchungen freigelegt wurde, lassen sich mehrere Bauperioden feststellen. Gegen Ende des 1. Jhs. n. Chr. wurde vermutlich ein Holzgebäude errichtet. Dieses Datum lässt sich mit den Ausbauplänen zum obergermanischen Limes unter Domitian (81–96 n. Chr.) verbinden. Die Truppen an der neuen Grenze, die nicht alle Versorgungsgüter selbst herstellen konnten, benötigten vor allem Lebensmittel. Das war für viele ein Anreiz, in der Grenzregion Landgüter aufzubauen.

Der wirtschaftliche Erfolg dieser Landgüter (*villae rusticae*) zeigte sich auch in Hechingen: Schon mit Beginn des 2. Jhs. wurde das erste Wohnhaus durch ein monumentales Gebäude aus Stein ersetzt, das 32 m lang und 23 m breit war. Dabei handelte es sich um eine „Porticusvilla“ mit Eckrisaliten, deren Front nach Süden hin orientiert war. Unter einer „Porticusvilla“ versteht man im Regelfall ein Gebäude, dem ein Säulengang vorgelagert ist und das an den Enden häufig durch vorspringende Gebäudeteile begrenzt ist.
Gegen Ende des 2. Jhs. beschloss der damalige Besitzer, das Haus umzubauen. Dazu ließ er die alten Eckrisaliten abreißen und durch größere ersetzen, von denen einer rekonstruiert wurde. Die neue Fassade war somit 48 m lang. Außerdem wurden im Norden sechs Räume angebaut, sodass nun eine Wohnfläche von mehr als 500 m^2 zur Verfügung stand.

Das Bad und zwei ungeklärte Gebäude

Nordöstlich des Hauptgebäudes entstand das Bad, das bei einer so bedeutenden Anlage nicht fehlen durfte. In seiner ersten Bauphase bestand es aus vier Haupträumen, von denen drei als Baderäume genutzt wurden (*frigidarium, caldarium* und *tepidarium*), während der vierte als Heizraum (*praefurnium*) und Lagerraum für Holz diente. Durch Sondierungsgrabungen konnte noch ein zweiter Badkomplex im Bereich der Villa entdeckt werden, der jedoch noch nicht vollständig ausgegraben wurde.
In der zweiten Bauphase wurde das Bad durch eine *porticus* mit Haupthaus verbunden. Außerdem entstand gleichzeitig eine Latrine, deren hölzerne Sitze heute ergänzt sind.
Der kultivierte Römer war es natürlich gewohnt, über eine ausreichende Menge an Wasser zu verfügen, ohne die man kein Bad betreiben konnte. Natürlich gab es verschiedene Methoden der Wasserversorgung, die eine ausreichende Menge liefern konnten. Dazu gehörten Brunnen, aus denen das kostbare Nass ganz einfach mit Eimern oder durch andere Hebevorrichtungen geschöpft wurde. Dem Besitzer der Villa von Hechingen-Stein reichte dies aber nicht aus. Er ließ das Wasser über eine hölzerne Leitung, eine „Deichelleitung“, bei der Leitungsrohre aus Holz mit Eisenringen verbunden wurden, in die Villa leiten.
Überraschenderweise konnte innerhalb des Villenareals ein weiteres Haus ausgegraben werden, das eine Grundfläche von rund 255 m^2 aufwies. Den Betrachter mag es im ersten Augenblick wundern, wenn hier von einem Wohnhaus gesprochen wird, weil keine Innenwände nachgewiesen werden konnten. Doch diese waren aus Holz oder Fachwerk gefertigt und anschließend verputzt: Der Verputz war zudem bemalt. Für eine Nutzung als Wohngebäude sprach auch der Fund von Fensterglas.
Ein Problem bei der Deutung als Wohnhaus ergab sich aber: Es konnte nämlich keine Feuerstelle, also keine Küche, nachgewiesen werden.

Diese vermutet man inzwischen im „Nordwestturm", der im Jahr 2006 ausgegraben wurde.
Der Nordwestturm selbst ist etwa 5 x 5 m groß. Die Deutung als Turm stützt sich auf zwei Argumente: Einmal konnte man bei der Ausgrabung massive Fundamente feststellen, die nur dann nötig waren, wenn mehrere Stockwerke geplant waren. Zum anderen gab es an dieser Stelle eine so große Menge an Steinmaterial, dass man diese nicht mit einem niedrigen Gebäude in Verbindung bringen kann.

Wirtschaftsbauten - Speicher, Mühle und Schmiede

Natürlich gab es auf dem Villengelände auch Gebäude, die für den allgemeinen Betriebsablauf nötig waren. Dazu etwa Speicherbauten, eine Mühle, aber auch eine Schmiede.
Als Speicherbau in der Villa ließ sich bislang ein etwa 20 x 14 m großes Gebäude nachweisen. Dies diente dazu, die Erzeugnisse der landwirtschaftlichen Produktion aufzubewahren. Die Interpretation als Speicher beruht vor allem darauf, dass keine Innenwände gefunden wurden und auch keine Spuren, die auf solche hindeuten könnten.
Ein weiteres Argument, das für einen Speicher sprach, war die enge räumliche Nähe zur Mühle der Villa. Das Mühlengebäude war 25 m lang und 18 m breit, wies also eine Fläche von 450 m^2 auf. Im Laufe ihrer Geschichte muss die Mühle einmal abgebrannt sein.
Mühle und Speicher geben vielleicht einen Einblick in die ökonomischen Grundlagen des Villenbesitzers. Der Betrieb muss offenbar so viel an Getreide produziert haben, dass eine eigene Mühle als Investition gerechtfertigt schien.
Wie man durchaus auch heute noch in ländlichen Regionen sehen kann, sind größere Güter häufig mit Werkstätten ausgestattet, um zumeist Reparaturen an Geräten durchzuführen oder gelegentlich auch spezielle Werkzeuge zu fertigen. Eine vergleichbare Situation gab es auch in römischer Zeit. So konnte man bei einer *villa rustica* eine Schmiede erwarten. Tatsächlich stieß man in der Villa von Hechingen auf ein entsprechendes Gebäude, das über zwei Essen, also Feuerstellen, verfügte. Überraschend ist dabei vielleicht, dass es zwei Essen waren, deren Existenz auf ein umfangreicheres Arbeitsaufkommen – über betriebsbedingte Reparaturen und Anfertigungen hinausgehend – schließen lässt.

Der Sakralbezirk

Außerhalb der Umfassungsmauer wurde zwischen 1993 und 1995 ein Sakralbezirk ausgegraben, dessen Existenz in römischen Landhäusern nicht unüblich war. Allein die Tatsache der räumlichen Trennung von der Villa weist ihm aber eine Sonderstellung zu. Es zeigte sich, dass der Bezirk zwei Bauphasen aufwies. In der ersten Phase handelte es sich um einen rechteckigen, mit einer Mauer eingefassten Bereich. In seinem Inneren existierten sieben kleine quadratische Bauten. In der zweiten Bauphase wurde der Bezirk nach Osten und Westen erweitert. Außerdem entstanden drei weitere Kultbauten, bei denen es sich um Ädikulen handelte. Sie boten im Regelfall Platz für die Statue eines Gottes. Zum besseren Verständnis wurde einer dieser Schreine vollständig rekonstruiert (Abb. 45).

Abb. 45
Hechingen-Stein, Freilichtmuseum. Vor der römischen Villa liegt ein Sakralbezirk mit mehreren Gebäuden. Eine Kapelle wurde rekonstruiert.

Das Museum

Im Jahr 1991 wurde im damals rekonstruierten Teil des Hauptgebäudes ein Museum eingerichtet; 2005 wurde es um zusätzliche Räume erweitert. Bei der Museumskonzeption wurden zwei unterschiedliche Richtungen berücksichtigt. Für den Besucher offensichtlich waren die Räume, die mit Wandmalereien und Möbeln einen Eindruck vom Leben der Bewohner vermitteln. Eindrucksvoll sind etwa ein Wohnraum oder der Speiseraum (*triclinium*) hergerichtet.

Daneben finden sich im Museum aber auch zahlreiche Funde im Original, die aber aufgrund der Menge nur in einer Auswahl zugänglich gemacht werden konnten. Dabei handelt es sich um Keramik, Werkzeuge, Schmuck und sonstige Gegenstände des Alltags.

Abgerundet wird die Ausstellung, die sich unmittelbar auf die Villa selbst bezieht, durch Modelle des Haupthauses und des Bades sowie des Sakralbezirks. Ganz den heutigen Anforderungen an ein Museum entsprechend kann man sich in einer Tonbildschau mit der Villa vertraut machen. Zusätzlich vermittelt das Museum Einblicke in die Besetzungsgeschichte Südwestdeutschlands, gibt Informationen zu römischer Bautechnik, Landvermessung u. Ä.

Literatur
St. Schmidt-Lawrenz, Hechingen-Stein: stolzer Großbetrieb mit allem Drum und Dran, in: V. Rupp – H. Birley (Hrsg.), Landleben im römischen Deutschland (2012) 169–172; St. Schmidt-Lawrenz, Das Römische Freilichtmuseum von Hechingen-Stein (2008).

Eine der wichtigsten Ausgrabungsstätten Deutschlands ist der frühkeltische „Fürstensitz" Heuneburg in Herbertingen, Ortsteil Hundersingen (Landkreis Sigmaringen). Archäologische Untersuchungen zwischen 1950 und 1979 erlaubten es, ein anschauliches Bild des Ortes zu zeichnen. Aber im Jahr 2000 rückte die Heuneburg erneut in das Blickfeld der Archäologen, als im Rahmen einer Parkplatzerweiterung für Besucher des Heuneburg-Museums Spuren einer hallstattzeitlichen Siedlung gefunden wurden. Daraufhin konnten ab 2003 im Rahmen eines durch die Deutsche Forschungsgemeinschaft geförderten Projektes zu frühkeltischen Fürstensitzen und ihres Umlandes archäologische Untersuchungen durchgeführt werden, die ein neues Bild dieser Stätte zeichnen und für die der Status des UNESCO-Weltkulturerbes beantragt ist.

[43] HERBERTINGEN (HEUNEBURG) – DIE STADT PYRENE DES HERODOT?

Baden-Württemberg

Was ist ein Fürstensitz?

In der archäologischen Literatur ist der Begriff „Fürstensitz" fest verankert und erweckt daher beim Besucher eine große Erwartungshaltung. Dabei handelt es sich bei einem „Fürstensitz" um eine Zentralsiedlung, die sich vor allem durch ihre günstige Lage und durch das Vorkommen von Waren aus dem Mittelmeerraum auszeichnet. Außerdem finden sich im Umfeld dieser Siedlungen große Hügelgräber, die „Fürstengräber".

Für die Definition als Zentralort spricht die Tatsache, dass zwischen den einzelnen Fürstensitzen Distanzen von 50 oder sogar mehr Kilometern zu beobachten sind. Daraus leitet man gerne Stammesterritorien ab.

Unter den Fürstensitzen lassen sich aber durchaus auch Unterschiede beobachten. So gilt die Heuneburg neben den Fürstensitzen auf dem Mont Lassois in Frankreich und auf dem Hohen Asperg als bedeutendste Anlage.

Die Untersuchungen der letzten Jahre legen durchaus nahe, dass die Heuneburg mit ihrer riesigen Außensiedlung mit der von Herodot (ca. 484–424 v. Chr.) genannten Stadt Pyrene identisch sein könnte. Bei Herodot (2, 33) heißt es: „Dieser [der Istros, die Donau] nämlich entspringt im Lande der Kelten bei der Stadt Pyrene und fließt mitten durch Europa." Da allgemein anerkannt wird, Herodot habe für sein Geschichtswerk auf Hekataios von Milet (ca. 560–480 v. Chr.) zurückgegriffen, entbehrt es nicht einer gewissen Logik, dass der Gewährsmann des Hekataios den Fürstensitz in seiner ganzen Pracht gesehen hatte, vielleicht sogar am Bau der Lehmziegelmauer beteiligt war. Sicher ist aber, dass zahlreiche griechische Händler, vielleicht auch mit diplomatischem Auftrag, hierher kamen und Informationen in ihre Heimatstädte brachten.

Die Forschungen und ihre Ergebnisse

Schon in der Mittleren Bronzezeit, also in der Zeit vom 16. bis 13. Jh. v. Chr. bot sich der Ausläufer eines weit vorspringenden Moränenrückens als Siedlungsplatz an, weil er mit seinen 60 m Höhenunterschied gegenüber der Donauniederung vor Hochwasser geschützt war und sich gut verteidigen ließ. Welche Gründe zur Aufgabe des Siedlungsplatzes führten, lässt sich heute nicht mehr feststellen; eine gewaltsame Zerstörung – etwa durch einen feindlichen Angriff oder eine Brandkatastrophe – konnte archäologisch nicht nachgewiesen werden.

Nach einer Phase, in welcher der Felssporn nicht besiedelt war, entstand in der ersten Hälfte des 6. Jhs. v. Chr. eine neue Siedlung, die als bedeutendste an diesem Ort angesehen werden muss: der frühkeltische „Fürstensitz".

Was zeichnete diesen „Fürstensitz" aus? Zunächst einmal entstanden umfangreiche Befestigungsanlagen, die entlang der Plateaukante verliefen. Im Süden befand sich ein Abschnittswall.

Bei der Errichtung der ersten Mauer um 650 v. Chr. folgte man ganz den bewährten Prinzipien, indem eine Holz-Stein-Erde-Technik angewendet wurde. Dabei wurde ein Kastensystem aus Holz gefertigt, dessen einzelne Elemente mit Steinen und Erde gefüllt wurden. Sowohl die Innen- als auch die Außenseite erhielten eine Blendmauer. Auf dieser Grundmauer, die konstruktionstechnisch bis zu 4 m breit sein musste, befand sich wahrscheinlich auch eine Brustwehr.

Diese eigentlich sehr stabile Mauer hatte jedoch einen gravierenden Nachteil: Das im Inneren der Mauer verbaute Holz verrottete aufgrund der klimatischen Verhältnisse in einem Zeitraum von etwa 15 bis 20 Jahren.

Als die erste Mauer etwa um 600 v. Chr. abgängig war, entschloss sich der Herr der Heuneburg zu einem Experiment. Statt erneut eine traditionelle Mauer zu bauen, orientierte er sich in Richtung Mittelmeer und an den dort vorkommenden Befestigungsbauten.

Die neue Mauer verfügte über einen 3 m breiten und 0,50 m hohen Sockel aus Kalksteinquadern, die 6 km westlich der Heuneburg gebrochen wurden. Darauf errichtete man eine etwa 750 m lange Lehmziegelmauer mit einer Höhe von rund 4 m. Verstärkt wurde diese Mauer durch vorspringende, rechteckige Bastionen. In dieser Mauer konnten zwei Tore nachgewiesen werden. Eines ging nach Norden zur Außensiedlung, das andere öffnete sich zur Donau. Diese Mauerkonstruktion setzte eine gewaltige Arbeitsleistung voraus. Aufgrund der Ziegelmaße, die sich an denen aus dem sizilischen Gela orientieren, und den Erfahrungen, die man bei der Rekonstruktion eines Mauerabschnittes für das Freilichtmuseum Heuneburg (s. S. 171 f.) sammeln konnte, schätzt man für die gesamte Mauer einen Ziegelbedarf von 500.000 Stück.

Was für Gründe mögen den Bauherrn für diese Lösung bewogen haben? Unbestreitbar ist natürlich der repräsentative Charakter des Baus, der in der frühkeltischen Welt kein zweites Mal vorkommen sollte. Zum anderen sprachen aber auch ganz praktische Gründe für diese Bauausführung. Um die ungebrannten Ziegel vor Witterungseinflüssen zu schützen, mussten sie lediglich in regelmäßigen Abständen mit einem neuen Kalkverputz versehen werden, während die traditionelle Mauertechnik wohl immer nach einem vollständigen Neubau verlangte. Tatsache ist auch, dass die Lehmziegelmauer erst nach etwa 70 Jahren, also um 530 v. Chr., durch einen katastrophalen Brand zerstört wurde.

Bei dieser Mauer stellt sich jedoch noch eine grundsätzliche Frage: Wer hat sie erbaut? In der Forschung werden zwei Meinungen vertreten: Es könnte einmal ein Kelte am Mittelmeer die entsprechenden Techniken erlernt haben, während zum anderen ein griechischer Baumeister angenommen wird.

Natürlich bestand die Heuneburg nicht nur aus den Befestigungsanlagen. Ihr Inneres war durch Gassen in verschiedene Bereiche gegliedert. So konnten bei den Ausgrabungen Handwerkerviertel erkannt werden. Metallverarbeitendes Gewerbe – Bronzegießer und Eisenschmiede – ließen sich anhand von Schmelzöfen oder Schlackenfunden belegen. Daneben gab es noch viele andere Gewerbe, sodass man sich das Innere der Anlage als eine bunte Mischung vorstellen kann.

Die Funde der Heuneburg zeigen deutlich auf, dass in dieser Zeit intensive Handelsbeziehungen bestanden. Darauf deuten Keramikfunde unterschiedlicher Herkunft und Qualität hin.

Bei den Altgrabungen außerhalb des befestigten Areals, die sich mit der Frage nach den zugehörigen Friedhöfen beschäftigte, stieß man mehr oder weniger überrascht auf Siedlungsspuren, die man auf zwei getrennte Siedlungsbereiche aufteilte und sie fortan als Außensiedlung und Südsiedlung bezeichnete. Bei der oben schon erwähnten Parkplatzerweiterung stieß man auf weitere Siedlungsspuren, die der Ausgangspunkt für die neuen Ausgrabungen werden sollten. Auch wenn die Siedlungspuren bislang noch nicht vollständig erforscht sind, so muss man schon jetzt die Theorie der zwei Siedlungen aufgeben: Es gab nur eine zusammenhängende Siedlung, die man nun als Außensiedlung bezeichnet. Obwohl eine abschließende Beurteilung noch nicht möglich ist, geht man davon aus, dass sie eine Fläche von bis zu 100 ha gehabt haben könnte. Das Erscheinungsbild der Siedlung, wie es sich bislang darstellt, weist auf Strukturen hin, die an Bauernhöfe erinnern. Hier stellt sich dann auch die Frage nach der Anzahl der Menschen, die hier lebten. Derartige Fragen lassen sich prinzipiell nur schwer beantwor-

ten, weil sehr viele Faktoren berücksichtigt werden müssen. So gibt es Vermutungen, dass hier vielleicht 5000 bis 10.000 Menschen lebten. Selbst wenn man diese Zahlen deutlich nach unten hin revidiert, so bleibt doch eine beachtliche Zahl übrig.
Es sei an dieser Stelle einmal erlaubt, Äpfel mit Birnen zu vergleichen: Schaut man sich die Einwohnerzahlen in Städten des späten Mittelalters an, so besaßen von den damals existierenden 3000 Städten nur 20 eine Einwohnerzahl von 2000 bis 10.000 Menschen.
Sicherlich haben diese Menschen nicht ausschließlich von der Landwirtschaft gelebt. Darauf deuten zahlreiche Funde hin, die aus handwerklichen Tätigkeiten stammen. Es darf vermutet werden, dass diese Produkte – dabei handelt es sich um Textilien, Eisen- und Bronzeprodukte – wohl eher für den lokalen Bedarf im weiteren Sinne hergestellt wurden. Für den Export, im Austausch mit Gütern (z. B. Wein) aus der mediterranen Welt, bedurfte es anderer Handelsgüter. Bei den Ausgrabungen konnten Reste von Bernstein, einem überaus beliebten Produkt an den Gestaden des Mittelmeers, und der begehrte Rohstoff Zinn nachgewiesen werden.
Zeitgleich mit der Lehmziegelmauer ging auch die Außensiedlung unter. An ihrer Stelle sollten Fürstengrabhügel entstehen.
Einen weiteren spektakulären Fund machten die Archäologen im Jahr 2005 bei Untersuchungen im Vorfeld der Heuneburg. Man stieß nämlich auf die Reste eines großen Steintores, das 16 m lang und 9 m breit war. Außerdem ließ sich ermitteln, dass der Torbau rund 5 m hoch gewesen ist und so wahrscheinlich über zwei Stockwerke verfügte. Das aufgehende Mauerwerk bestand aber aus Lehmziegeln. Weil der im Tor verbaute Kalkstein für Witterungseinflüsse sehr empfindlich war, musste der Torbau wieder abgedeckt werden und blieb daher dem Besucher verborgen. Diese unbefriedigende Situation ist inzwischen gelöst, da man die Fundamente des originalen Torbaus weiter abgedeckt lassen, darüber aber eine Rekonstruktion des Befundes einschließlich eines nachgewiesenen Grabens und Walls errichten will. Diese Toranlage soll künftig den Zugang zum Freilichtmuseum „Heuneburg“ bilden.
Aus dem Jahr 2005 stammt noch ein Fund eines Grabes, in dem eine „Fürstin“ bestattet war. Um hier allen wissenschaftlichen Ansprüchen gerecht zu werden, entschloss man sich, die Grabkammer als Block, der rund 80 t wog, in ein Labor nach Ludwigsburg zu bringen und dort auszugraben. Diese Untersuchungen sind jedoch noch nicht abgeschlossen.

Das Freilichtmuseum Keltischer Fürstensitz Heuneburg

www.heuneburg.de/keltenmuseum-heuneburg/freilichtmuseum

Bedauerlicherweise verfügt das Freilichtmuseum über keine direkte Anschrift. Jedoch ist es vom Heuneburgmuseum aus zu erreichen, in-

Abb. 46
Herbertingen, Heuneburg. Hinter den rekonstruierten Gebäuden ist die Lehmziegelmauer zu sehen.

dem man der Binzwanger Straße folgt. Dabei kann man sich auch an der Ausschilderung für den Heuneburg-Rundwanderweg orientieren (s. S. 174). Die Wegstrecke vom Museum aus beträgt rund 2 km.
Bei vor- und frühgeschichtlichen Ausgrabungsstätten stellt sich immer wieder die Frage, wie man einem Besucher das Gefundene vermitteln kann. In der Regel wird dann die exemplarische Rekonstruktion eines Grabhügels, eines Gebäudes oder eines Befestigungsabschnittes erwogen. Nicht anders war es bei der Heuneburg, wo sich schon während der Ausgrabungen diese Frage stellte. Erste Ansätze in dieser Richtung gab es im Jahr 1993, als man beschloss, zwei Grabhügel in der unmittelbaren Nähe des Parkplatzes wiederherzustellen. Eine Erweiterung sollte aber noch bis 1998 auf sich warten lassen. Im Laufe der nächsten drei Jahre sollte in der Südostecke der Anlage ein Komplex mit Rekonstruktionen entstehen (Abb. 46). Dazu zählen ein Abschnitt der Lehmziegelmauer mit einer Länge von 80 m und dem „Donautor“, ein als Herrenhaus bezeichnetes repräsentatives Gebäude, ein normales Wohnhaus mit Speicher sowie eine Schmiede. Bei den Häusern handelt es sich um Fachwerkbauten, die mit Stroh gedeckt sind.
Besonders die rekonstruierte Mauer vermittelt dem Besucher einen Eindruck von der Bedeutung der Heuneburg in frühkeltischer Zeit. Bei der Rekonstruktion, die einen Wehrgang zeigt, bleibt natürlich ungeklärt, ob die Zinnen tatsächlich so ausgesehen haben und ob der Wehrgang tatsächlich gedeckt war, und wenn, mit welchem Material.

Heuneburgmuseum

Binzwanger Straße 14, 88518 Herbertingen-Hundersingen, Tel. 07586-920838, www.heuneburg.de

Das Heuneburgmuseum bildet den zentralen Anlaufpunkt für den Besuch der Ausgrabungsstätte. Es ist in einer alten Zehntscheuer – einem Speicher, in dem Steuern an den Grundherrn in Naturalform aufbewahrt wurden – aus dem Jahr 1783 untergebracht, die zum Besitz des ehemaligen Klosters Heiligkreuztal in Altheim gehörte. Um dem neuen Zweck als Museum gerecht zu werden, erfolgten umfassende Sanierungsarbeiten in den Jahren 1988 bis 1991. Neue Forschungsergebnisse und veränderte Ansprüche an Museumsbauten führten zu einer Restrukturierung der Sammlungen und des Gebäudes.

Heute findet man auf zwei Ebenen ein Museum, in dem die Originalfunde der Heuneburg und ihr Kontext in anschaulicher Weise dargestellt werden. Ein besonderer Anziehungspunkt ist die Rekonstruktion einer frühkeltischen Grabkammer in den Museumsräumen.

Um einen Eindruck von den Bauten der Heuneburg und den Lebenssituationen in frühkeltischer Zeit zu vermitteln, bedient man sich aber auch ganz klassischer, jedoch überaus anschaulicher Mittel, den Dioramen. Sie zeigen nicht nur Kindern, sondern auch Erwachsenen, wie man sich die Welt vor 2600 Jahren vorzustellen hat. Ein wichtiger und interessanter Teil der Ausstellung widmet sich der Geschichte der Forschung auf der Heuneburg und in ihrem Umland. Seit den Ausgrabungen im Jahr 1876 haben sich nämlich Fragestellungen und Methoden der vor- und frühgeschichtlichen Archäologie nachhaltig verändert.

Literatur
Die Ergebnisse der Ausgrabungen auf der Heuneburg werden regelmäßig in Fachpublikationen vorgelegt.
A. Sawall, Bergung XXL – Ein 80-Tonnen-Keltengrab auf dem Tieflader, in: A. Hesse (Hrsg.), Deutschlands Supergrabungen (2012) 60–67;
Gemeinde Herbertingen (Hrsg.), Heuneburg. Lebendige Geschichte – auf den Spuren der Kelten, Kurzführer zum Heuneburgmuseum, zum Freilichtmuseum auf der Heuneburg und zum archäologischen Wanderweg (2003);
K. Spindler, Die frühen Kelten (1983) 67–72.

Der Rundwanderweg

Schon 1993 hatte sich die Erkenntnis durchgesetzt, der „Fürstensitz“ sei nicht als isoliertes Denkmal zu sehen. Daher entschloss man sich, einen archäologischen Wanderweg anzulegen, der eine Reihe von Fundorten für Leute, die gut zu Fuß sind, erschließt. Für die 8 km lange Wegstrecke werden seitens des Heuneburgmuseums einschließlich der Besichtigungen zwei bis drei Stunden angesetzt. Es empfiehlt sich, dem Weg zu folgen, weil er alle wichtigen archäologischen Punkte, die es im Zusammenhang mit der Heuneburg gibt, ansteuert. Alle Denkmäler werden vor Ort durch Informationstafeln ausführlich beschrieben, sodass hier nur eine zusammenfassende Darstellung nötig ist.
Der deutlich gekennzeichnete Wanderweg beginnt am Heuneburgmuseum und führt zu insgesamt elf Punkten unterschiedlichen Charakters. Dabei handelt es sich um mehrere frühkeltische Grabhügel, die zum Teil als Fürstengräber bezeichnet werden, von denen der Hohmichele mit zu den größten Grabhügeln Mitteleuropas zählt. Außerdem haben sich im Gelände die Reste eines Gräberfeldes erhalten.
Zunächst mag es befremdlich wirken, im Verlauf des Wanderwegs auf eine mittelalterliche Burganlage, die Baumburg, zu stoßen. Diese findet aber durchaus ihre Berechtigung, weil die hochmittelalterlichen Bauherren die Gunst des Ortes zu nutzen wussten, indem sie ihre Burg auf einen frühkeltischen Grabhügel setzten und sich so aufwendige Erdarbeiten ersparen konnten.
Ein weiterer Schwerpunkt des Wanderwegs wird durch die zur Heuneburg gehörenden Siedlungen gebildet, deren Ausdehnung und damit ihre Bedeutung für den Fürstensitz sich erst in den letzten Jahren der Forschung erschlossen hat. Als Höhepunkt des Wegs muss man aber unzweifelhaft den befestigten Fürstensitz, dessen Areal heute das Freilichtmuseum bildet, bezeichnen.
Als Abschluss des Wanderwegs muss noch eine spätkeltische Viereckschanze (also 1. Jh. v. Chr.), ein rechteckiges Erdwerk mit wahrscheinlich kultischer Funktion, erwähnt werden. Sie steht nicht mit dem „Fürstensitz“ in Verbindung, auch wenn sie am Rande eines frühkeltischen Feldes mit Grabhügeln liegt.

Wer heute nach Ladenburg, auf halbem Weg zwischen Heidelberg und Mannheim am Unterlauf des Neckars gelegen, kommt, findet ein beschauliches, mittelalterliches Städtchen mit etwa 12.000 Einwohnern vor. Es ist nur schwer vorstellbar, dass hier in römischer Zeit eine wichtige Stadt lag.

[44] LADENBURG/LOPODUNUM – DIE GRÖSSTE RÖMISCHE STADT BADEN-WÜRTTEMBERGS?

Geschichtlicher Überblick

Die Region war bereits in ur- und frühgeschichtlicher Zeit besiedelt. Im Gebiet des heutigen Ladenburg fand sich eine keltische Siedlung, die den Namen Lopodunum trug, das mit „Sumpfburg" o. Ä. zu übersetzen ist. Ab etwa 200 v. Chr. entwickelte sie sich zu einem kultischen und politischen Zentrum. Es haben sich aber nur wenige archäologische Spuren erhalten. Im Zuge der römischen Besatzungspolitik in Südwestdeutschland wurden hier während der Regierungszeit des Tiberius (14–37 n. Chr.) die Sueben angesiedelt, die den Elbgermanen zugerechnet werden. Ihnen kam die Aufgabe zu, römisches Territorium zu schützen. Mit der neuen Heimat nannten sie sich nun *Suebi Nicorenses*, wobei der Zusatz auf den Neckar hinwies.

Im Jahr 74 n. Chr. entschloss sich Rom, hier ein Lager für Hilfstruppen, ein Auxiliar-Kastell, anzulegen. Dabei entstanden zwei aufeinander folgende Lager, von denen eines nur kurzfristig belegt war. Die archäologischen Untersuchungen konnten entsprechende Spuren nachweisen und deren Baugeschichte klären. Wie bei anderen römischen Lagern entstand ein *vicus*. Um 100 n. Chr. muss sich in Ladenburg eine so bedeutende Siedlung entwickelt haben, dass Kaiser Traian (98–117 n. Chr.) den Ort zur *Civitas Ulpia Sueborum*, also zum Hauptort der Sueben, erhob. Ob bei der Entwicklung des Ortes der *vicus* oder die alte Ansiedlung der Sueben von Bedeutung waren, hat die Forschung bislang noch nicht zweifelsfrei klären können.

Sicherlich aufgrund der Statusveränderung sollte sich die Stadt während des 2. und frühen 3. Jhs. n. Chr. massiv entwickeln. Es ist an dieser Stelle aber darauf hinzuweisen, dass sie nie einen höheren Rechtstatus erreichte. Die Entwicklung des Ortes lässt sich durch die archäologischen Befunde belegen. Diese Blüte sollte aber mit den Alamanneneinfällen ein Ende finden: 260 n. Chr. wurde die Stadt zerstört. Erst 369 n. Chr. gelang es Kaiser Valentinian I. (364–375 n. Chr.), die Region um Ladenburg wieder unter römische Kontrolle zu bringen, wie man bei Ausonius (um 310 – 393/94 n. Chr) in dessen „Mosella" (421 f.) nachlesen kann. Jedoch sollte die Herrschaft Roms

in der Mitte des 5. Jhs. endgültig enden. Die fränkischen Merowinger als neue Herren fanden aber Gefallen am Ort und richteten nicht nur einen Königshof ein, sondern erhoben die Stadt auch zum Hauptort des Lobdengaus. In dieser Zeit verstand man unter Gau eine Landschaft, die ihren Namen von Orten oder Herrschaftsmittelpunkten ableitete, hier also von einer verstümmelten Form Lopodunums.
Im Rahmen ihrer Machtpolitik gaben die Merowinger aber schon im 7. Jh. Ladenburg an die Kirche ab, in der man einen treuen Verbündeten sah. Diese Besitzverhältnisse reichten schließlich bis zu einem Punkt jenseits des hier angesetzten Zeitfensters hinaus.

Das römische Ladenburg

Angesichts der Überbauung gibt es keine großflächige archäologische Zone. Daher wurde bereits in den 1970er-Jahren eine Art Freilichtmuseum beim Bischofshof eingerichtet und entsprechend ausgeschildert. Grundlegende Informationen findet man auch im Lobdengau-Museum (s. S. 178).
Beschäftigt man sich mit einem Ort, so stellt man zunächst häufig die Frage, wie groß dieser ist, um ihn in seiner gesamten Bedeutung zu erfassen. Das römische Ladenburg lässt sich in seiner Größe durch die im 3. Jh. n. Chr. entstandenen Stadtmauern erschließen, deren Verlauf weitgehend geklärt ist. Sie umschlossen eine Fläche von rund 40 ha. Streufunde deuten jedoch darauf hin, dass die Stadt etwa 45 ha groß war. Mit dieser Fläche wäre sie dann die größte römische Stadt im heutigen Baden-Württemberg gewesen.
Aber nicht nur die Fläche spiegelt die Größe, wenn man den Aspekt der Bedeutung in das Wort „Größe“ impliziert. Bedeutung zeigt sich auch an der Art der Bauten. In der archäologischen Forschung nehmen dabei das Forum und die Basilika einen weiten Raum ein. Innerhalb des Stadtplans liegen beide im Bereich des aufgelassenen Kastells; heute werden sie von der St. Gallus-Kirche überlagert.
Das Forum besaß eine Größe von 130 x 85 m, hatte also die Größe von eineinhalb Fußballfeldern. Im Westen konnte eine große Eingangshalle aufgedeckt werden, während im Norden und Süden Portiken mit dahinter liegenden Räumen identifiziert wurden. Im Osten lag die Basilika, die man sich aufgrund der Befunde als gewaltigen Baukörper vorstellen muss und die zu den größten römischen Bauten nördlich der Alpen gerechnet wird. Von den Dimensionen her bietet sich die St. Gallus-Kirche an, die dem Raumvolumen der Basilika wohl nicht ganz entspricht. Von diesem Bau, der vermutlich erst im Mittelalter abgerissen wurde, kann man Reste in der Krypta von St. Gallus oder im Kirchgarten sehen (Abb. 47). Darüber hinaus hat man im Pflaster der Kirchstraße mehrfach den Grundriss gekennzeichnet.
Über das Aussehen der Basilika hat die Forschung lange Jahre heftig gestritten, weil die Römer diese Bauten auch variierten. Eine abschlie-

Abb. 47
Ladenburg. Fundamente der römischen Basilika südlich der Kirche St. Gallus.

ßende Untersuchung hat inzwischen Johannes Eingartner vorgelegt, der auch eine Datierung in die 1. Hälfte des 2. Jhs. n. Chr. sieht.
Dass Ladenburg in römischer Zeit ein prosperierender Ort war, belegt die Existenz von zwei weiteren Platzanlagen mit Marktfunktion. Man kann sich durchaus vorstellen, dass dort jeweils unterschiedliche Handelsgeschäfte getätigt wurden.
Für die Bedeutung Ladenburgs spricht auch die Existenz eines großen szenischen Theaters. Über Jahrhunderte hinweg diente es als Steinbruch; 1955 konnte es noch im Luftbild nachgewiesen und 1967 punktuell erforscht werden. Danach überbaute man den Bereich. Zusammenfassend lässt sich sagen, dass das Theater riesig war. Das Bühnenhaus hatte etwa eine Länge von 90 m und die Orchestra besaß eine Breite von 30 m. Unter Vorbehalt wird es in das 2. Jh. n. Chr. datiert.
An einigen Stellen der Altstadt können die Reste von Wohnhäusern besichtigt werden, so in einem kleinen Park östlich des Bischofshofes und südlich davon. Die konservierten Reste stammen aus der Zeit vom 2. bis zum 4. Jh. n. Chr.
Ein besonders interessantes Denkmal stellt der spätantike Burgus dar. Als man im Jahr 1979 einen alten Bauernhof abriss, entdeckten die Archäologen die teilweise noch hoch anstehenden Mauern der spätantiken Befestigung. Im Gegensatz zum Theater konnten diese Reste aber gerettet werden: Der noch 8 m hohe Mittelturm der Anlage konnte an der Westfront des hier entstandenen Neuen Rathauses und in der Tiefgarage konserviert werden.

Bei dieser Befestigung muss man sich ein Quadrat mit einer Seitenlänge von 40 m vorstellen. Spitzgräben bildeten die erste Verteidigungsanlage. Eine Mauer folgte. Dabei nutzte man Teile der alten Stadtmauer. Die außen umlaufenden Mauern umschlossen in Richtung des Flusses zangenartig eine „Schiffslände", während zur Stadtseite ein schmaler Hof existierte. An den Ecken der Festung standen vermutlich quadratische Türme. Im Inneren fanden sich noch die Reste von Kasernen.
Der oben schon erwähnte Mittelturm besteht aus einem massiven Untergeschoss und nimmt eine Fläche von 13,20 x 14 m ein. Die oberen Bereiche wiesen Räume auf. Der ausgezeichnete Erhaltungszustand der Bauten macht diesen Burgus zu einer der besterhaltenen Anlagen zur Sicherung der Reichsgrenze in der Zeit Valentinians I.

Das Lobdengau-Museum im Bischofshof

Amtshof 1, 68526 Ladenburg, Tel. 06203-70271, www.ladenburg.de/museen-in-ladenburg.html

Das Lobdengau-Museum wurde im Jahr 1968 in der Residenz der Bischöfe von Worms, den ehemaligen Landesherren, eingerichtet. Die Sammlungsbestände, auf vier Ebenen ausgestellt, reichen von der Ur- und Frühgeschichte bis zur Geschichte der Neuzeit. Die archäologischen Funde haben im Untergeschoss ihre Heimat gefunden. Den Schwerpunkt bilden dabei die römischen. Zahlreiche Steindenkmäler aus den Ausgrabungen haben ihren Weg hierher gefunden, so die Teile einer „Jupitergigantensäule", die man in einem Brunnen gefunden hatte. Sie war von Novianus Augustus gestiftet und während der Alamanneneinfälle zweimal zerstört und in einen Brunnen geworfen worden. Eine Kopie der Säule steht vor dem Museum.
Ein anderes, wichtiges Denkmal stellt ein Mithrasrelief dar, das den orientalischen Gott in Verbindung mit Sol zeigt. Dieses Relief wurde in einem Heiligtum, einem Mithräum, gefunden.
Dass alte keltische Traditionen und Glaubensvorstellungen auch in der Kaiserzeit noch fortlebten, dokumentiert etwa ein kleines Relief, das die Göttin Epona auf einem Pferd reitend darstellt. Es wird in die 2. Hälfte des 2. Jhs. n. Chr. datiert.
Neben den Steindenkmälern werden Zeugnisse militärischer Präsenz und Kleinfunde ausgestellt. Letztere beleuchten auch das Leben und Arbeiten in der römischen Siedlung vom 1. bis 3. Jh. n. Chr.

Literatur
J. Eingartner, Lopodunum V. Die Basilika und das Forum des römischen Ladenburg (2011); B. Heukemes – H. Kaiser, Ladenburg, in: Ph. Filtzinger – D. Planck – B. Cämmerer (Hrsg.), Die Römer in Baden-Württemberg [3](1986) 383–395 Abb. 207–209 Taf. 51. 53–54. 67. 71–72.

Im Nordosten Baden-Württembergs liegt Osterburken, ein wichtiges Zentrum römischer Grenzpolitik. Archäologische Zone und Museum verdeutlichen diese Funktion in anschaulicher Weise.

[45] OSTERBURKEN – DIE MASSIVE FRONT DES UNESCO WELTKULTURERBES AM LIMES

Die Militärlager

Seit dem 18. Jh. ist bekannt, dass Osterburken in römischer Zeit ein wichtiger Baustein des Limeskonzepts war. Archäologische Untersuchungen begannen aber erst in der zweiten Hälfte des 19. Jhs. und werden bis heute fortgeführt.

Für den Limes bedeutend war heute das weitgehend überbaute Kohortenkastell, eine Anlage, die sich vom Legionslager vor allem durch die Größe unterscheidet. Die Überreste dieses Kastells liegen südöstlich des Altstadtgebietes an einem Talhang. Von dort ist der Limes nur 500 m entfernt. Offenbar wurde hier gleich zu Beginn ein Kastell in Steinbauweise angelegt, denn eine Anlage aus Holz und Erde konnte nicht nachgewiesen werden. Diese aufwendige Bauweise verdeutlicht, dass es sich hier um einen wichtigen Punkt in der Verteidigungsanlage des Limes handelte.

Vom Grundriss her ist das Kastell, von dem man annimmt, es sei in den 160er-Jahren durch die *legio XXII* errichtet worden, klassisch konstruiert. Es handelt sich dabei um eine langrechteckige Befestigung, die 186 x 115 m misst. Das entspricht einer Fläche von 21.390 m^2 oder der von drei Fußballfeldern.

Die aufgehende Mauer bestand aus Kalkstein und schwankte in ihrer Breite zwischen 1,44 und 2,40 m. Als man sie ausgrub, wies sie noch eine Höhe von 0,70 m auf. Hier vor Ort hat man das seltene Glück, Reste des Mauerputzes zu erkennen, denn in der Antike waren diese Mauern keineswegs roh belassen, sondern aufwendig verputzt. Verstärkt wurde die Mauer durch 16 Türme. Dabei waren die vier Tore des Lagers jeweils durch zwei Türme gesichert. Das Verteidigungssystem wurde durch einen breiten Spitzgraben ergänzt.

Von der Innenbebauung konnte die *principia*, das Stabsgebäude, teilweise untersucht werden. Sie nahm eine Fläche von fast 39 x 46 m ein. Andere, geringe Reste deuten auf Magazinbauten hin. Die übrige Innenbebauung, soweit erkennbar, bestand aus Fachwerkbauten.

Deutlich besser stellt sich das heute in einem Park gelegene, an einem Hang errichtete Numeruskastell dar, das auch als Annexkastell bezeichnet wird (Abb. 48). Die Bezeichnung Numeruskastell leitet sich von der Truppenbelegung ab: Als gegen Ende des 1. Jhs. n. Chr. der Limes angelegt wurde, entstand ein großer Bedarf an Soldaten, die u.a. die Grenze bewachen sollten. Für diese Aufgabe zog man Einheimische heran und fasste sie in eigenen Einheiten zusammen. Bei der Bezeichnung dieser neuen Verbände war man nicht sehr einfallsreich; sie trugen einfach den Namen „Einheit“ *(numerus)* in Verbindung mit ihrer Herkunftsangabe.

Die trapezförmige Anlage des Numeruskastells wurde dem ursprünglichen Lager südlich angefügt. Es umfasst eine Fläche von 13.500 m^2. Durch die spezielle Lage war es offenbar in seinem Inneren nicht so dicht bebaut. Die von drei Toren durchbrochene Wehrmauer besaß eine Stärke von 1,60 Metern und war außerdem mit einer Erdaufschüttung hinterfüllt. Wie das Kohortenkastell auch verfügte der Anbau über einen Graben, der sechs Meter breit und 1,70 m tief war. Interessant ist aber, dass der alte Graben beibehalten wurde. In seinen Verfüllungsschichten konnten zwei Zerstörungshorizonte beobachtet werden, die in die 2. Hälfte des 2. Jhs. n. Chr. und in das Jahr 260 n. Chr. datiert werden.

Einen Datierungsansatz in die Jahre zwischen 185 und 192 liefern drei Bauinschriften. Sie identifizieren die *legio VIII Augusta pia fidelis constans Commoda* als ausführende Truppe.

Zu dem Kastell und seinem Anbau gehörten auch zwei Thermenanlagen, die im Bereich des Römermuseums liegen. Eine weitere Badeanlage wurde 2004/2005 freigelegt. Das Bad I legte die *legio XXII* zeitgleich mit dem Kastell an, während das Bad II zusammen mit der Annexanlage entstand. In der ersten Hälfte des 3. Jhs. wurde Bad II umgebaut. Dabei wurde das Raumangebot reduziert. Bad I ist heute in der Pflasterung am Museum eingezeichnet, während Bad II als sichtbarer Befund im Untergeschoss des Museumsaltbaus besichtigt werden kann und zum UNESCO Weltkulturerbe zählt.

Römermuseum Osterburken am UNESCO-Welterbe Limes

Zweigmuseum des Archäologischen Landesmuseum Baden-Württemberg, Römerstraße 4, 74706 Osterburken, www.roemermuseum-osterburken.de

Das Museum sollte nicht nur wegen Bad II unbedingt besichtigt werden. Im Erdgeschoss sind die Lebensweisen der Römer und Germanen dargestellt, während das Obergeschoss ganz der römischen Götterwelt gewidmet ist. Eindrucksvoll ist die Kopie eines im Jahr 1861 gefundenen großen Mithrasreliefs, heute im Badischen Landesmuseum, Karlsruhe. Der Mysterienkult des Mithras stammt aus dem Orient und war in Soldatenkreisen sehr beliebt. Zunehmend wird in der Forschung aber auch die Meinung geäußert, der Kult habe auch Anhänger aus anderen sozialen Kreisen besessen.

Die offizielle Religion ist ebenfalls vertreten. Ein Beispiel liefert eine Statuengruppe, die im Bauschutt eines Tempels am Odenwaldlimes gefunden wurde. Sie besteht aus drei Statuen: Mars vom Typus des *Mars Ultor*, Victoria, auf deren Schild der Zusatz *Augusti* zu lesen ist, sowie einer Statue, die als *Salus Augusti* interpretiert wird. Diese Kom-

bination spiegelt die Verbindung zwischen dem Heer und dem Kaiserhaus wider.

Für ein anderes Zeugnis des religiösen Lebens bei den Truppen muss der Museumsbesucher sich aber in das Untergeschoss begeben. Im Jahr 1982 stieß man bei der Errichtung der heutigen „Benefiziarierbrücke" auf einen Weihebezirk mit einem kleinen Tempel aus Holz und einer ganzen Reihe von Weihesteinen. Diese waren zwischen 174 und 238 n. Chr. von Angehörigen der Benefiziariertruppe aufgestellt worden, die im Laufe der Zeit aus der III., VIII. und XII. Legion hierher abkommandiert worden waren. Bei den Beneficiariern handelte es sich um ausgesuchte Unteroffiziere der römischen Armee, die vom normalen Legionsdienst freigestellt waren und an den großen Straßen Polizeifunktionen wahrnahmen.

Abb. 48 Osterburken, Militärlager. Die Reste des römischen Lagers sind in einen Park eingebettet.

Literatur

J. Obmann, Limesentwicklungsplan Baden-Württemberg. Schutz, Erschließung und Erforschung des Welterbes (2007) 73 f.; D. Planck (Hrsg.), Die Römer in Baden-Württemberg. Römerstätten und Museen von Aalen bis Zwiefalten (2005) 243 ff.; A. Gaubatz-Sattler – W. Seidenspinner, Osterburken. Archäologischer Stadtkataster 16 (2001); Ph. Filtzinger – D. Planck – B. Cämmerer (Hrsg.), Die Römer in Baden-Württemberg [3](1986) 468–476.

Die Last der Geschichte – so könnte man durchaus das Verhältnis der heutigen Stadt Augsburg mit rund 270.000 Einwohnern an den Ufern des Lech und der Wertach zu ihrer Vergangenheit bezeichnen. Bei einem Gang durch die Stadt wird schnell klar, warum dies so ist: Bedeutende Denkmäler aus den unterschiedlichsten Epochen, verbunden mit wichtigen Ereignissen der deutschen Geschichte, begegnen dem Besucher auf Schritt und Tritt und es ist schwierig, bei Baumaßnahmen und Stadtplanung das richtige Maß zu finden. Priorität haben natürlich jene Dinge, die die Zeitläufe weitgehend unbeschadet überdauert haben, während archäologische Funde meist nicht an Ort und Stelle der Öffentlichkeit zugänglich gemacht werden können. Dennoch zählt Augsburg dank seiner Museen und der Mühen der Archäologen vor Ort zu den bekannten archäologischen Stätten Deutschlands.

[46] AUGSBURG – MEHR ALS 2000 JAHRE GESCHICHTE

Bayern

Als man im Jahr 1985 in Augsburg das 2000-jährige Bestehen der Stadt feierte, war dies doch etwas voreilig, weil man die Eroberung des Alpenvorlandes im Jahr 15 v. Chr. mit der Stadtgründung gleichsetzte. Neue Forschungen zeigten aber auf, dass eine römische Präsenz im Bereich der Stadt Augsburg erst zwischen 8 v. Chr. und 37 n. Chr. nachzuweisen ist, sodass man in den nächsten Jahren noch viele Möglichkeiten hätte, ein Stadtjubiläum zu feiern.

Geschichte und Funde

Wie bei vielen anderen römischen Städten war auch hier ein Militärlager der Ausgangspunkt für die Stadtgründung. In einem Zeitraum, der von der Forschung von 8–5 v. Chr. bis 15/16 n. Chr. angesetzt wird, errichteten die Römer am Zusammenfluss von Lech und Wertach – das liegt im heutigen Stadtteil Oberhausen – ein Lager. Zwar bot diese Lage durchaus strategische Vorteile, doch hatte man die Hochwassergefahr unterschätzt. Aufgrund eines solchen Hochwassers gab man das Lager ca. 16 n. Chr. auf. Zeugnisse dieses Lagers kamen Anfang des 20. Jhs. ans Tageslicht, als man an dessen ehemaligen Standort Kies abbaute.

Für den neuen Standort des Lagers wählte man die Spitze der Hochterrassen zwischen den beiden Flüssen aus. Von der Topografie gesehen entspricht dies heute dem modernen Domviertel. Dass diesem Lager für Auxiliartruppen (Hilfstruppen) eine große Bedeutung zukam, zeigt seine Größe; es umfasste etwa 10 ha und hatte eine wahrscheinliche Belegung mit 1000 Mann. Wie bei anderen Lagern

auch entwickelte sich in dessen Umfeld die Zivilsiedlung *Augusta Vindelicorum*, benannt nach dem hier ansässigen keltischen Volksstamm.
Für die Entwicklung des Ortes war sicher nicht unwesentlich, dass Lager und Zivilsiedlung im Jahr 46/47 n. Chr. an die nach Oberitalien führende *Via Claudia Augusta* angeschlossen wurden. Das militärische Kapitel der Stadtgeschichte sollte im Jahr 70 n. Chr. enden, während die Zivilsiedlung weiter gedieh und der damaligen Provinzhauptstadt Raetiens, Cambodunum (s. Kempten S. 190ff.), den Rang ablief.
Einen Bedeutungsgewinn erfuhr die Stadt im 2. Jh. n. Chr., als sie im Jahr 121 n. Chr. durch Hadrian zum *Municipium Aelium Augustum* erhoben wurde. Dieser neue Status spiegelte sich in zahlreichen Großbauten wider, die zwar archäologisch nachgewiesen sind, im heutigen Stadtbild jedoch nicht in Erscheinung treten. Dazu gehörten etwa Forum, Tempel und Bäder.
Für den Forumsbereich dürfte sich vielleicht in nächster Zeit eine Veränderung abzeichnen. Da die Fugger und Welser nicht nur für die Geschichte Augsburgs eine bedeutende Rolle spielten, sondern auch Finanziers der römisch-deutschen Kaiser in der frühen Neuzeit waren, entsteht z. Zt. das „Fugger und Welser Erlebnismuseum“ im „Wieselhaus“, Äußeres Pfaffengässchen 23. Bei den archäologischen Untersuchungen kamen hier Stein- und Holzbauten ans Tageslicht. Die Steinbauten werden mit dem Forum in Verbindung gebracht. Alle Beobachtungen sollen später im neuen Museum vorgestellt werden.
Im Jahrzehnt zwischen 170 und 180 n. Chr. errichtete man auch eine Stadtmauer, sodass eine Stadtfläche von rund 65 ha entstand, die von ca. 12.000 Menschen bewohnt wurde. Beispiele gehobener Wohnkultur sind in Resten in einer archäologischen Zone am Domplatz zu sehen (Abb. 49).
Weitere Einblicke in die römische Zeit bietet der kleine „Archäologische Garten“ im Pfaffengässchen. Dessen Zielsetzung ist es, durch Schautafeln und Markierungen im Gelände einen Überblick über die jeweilige Nutzung zu geben. An dieser Stelle fanden sich im Laufe der Jahrhunderte römische Kasernen, eine Thermenanlage, die vom 2. bis 4. Jh. n. Chr. bestand, und schließlich ein Kloster, das von Karmeliterinnen bewohnt wurde. Ein weiterer Aspekt, der hier thematisiert wird, betrifft Baumaterialien und Bautechniken aus römischer Zeit. Dazu bediente man sich etwa der Nachbildung einer römischen Fußbodenheizung oder eines Herdes.
Wenn man im Stadtgebiet weitere archäologische Funde im Original sehen möchte, muss man sich allerdings auf die Suche machen. Der Humanist Konrad Peutinger hatte im 15. Jh. damit begonnen, Antiken aller Art zu sammeln. Ganz den Vorstellungen seiner Zeit entsprechend, ließ er eine Reihe von Steindenkmälern in der Tordurchfahrt und im Hof seines Hauses, Peutingerstraße 11, einmauern. Sie befinden sich noch heute dort.

Ein anderes Beispiel eines sichtbaren Denkmals findet man in der Fassade des Hauses, Bei den sieben Kindeln 3. Hier wurde die Längsseite eines Sarkophags aus dem 3. Jh. n. Chr. eingebaut. Mit dem Sarkophag verbindet sich eine lokale Sage, die von einem tragischen Unfall berichtet. Sieben Kinder, so wird es überliefert, hätten einst an einem Kanal des Lech gespielt und dabei sei eines von ihnen ertrunken. Weil auf dem Relief sechs spielende Kinder dargestellt sind, glaubte man schon im 16. Jh., das siebte Kind sei eben in diesem Sarkophag beigesetzt.

Mit der Reichsreform unter Diokletian wurde die alte Provinz *Raetia* zweigeteilt. Augsburg konnte den Rang der Provinzhauptstadt für die neue Provinz *Raetia II* halten. Schriftliche Quellen und archäologische Funde, die im Römischen Museum der Stadt aufbewahrt werden (s. S. 185f.), belegen dies.

Abb. 49
Augsburg, Domplatz. Am Domplatz konnten die Reste römischer Häuser freigelegt und konserviert werden.

Wie es um Augsburg im 5. Jh. bestellt war, lässt sich aufgrund einer Überlieferungslücke nicht zweifelsfrei beantworten. Sie lässt nämlich die Frage offen, ob eine ständige Siedlungskontinuität bestand. Jedoch finden wir im fortgeschrittenen 6. Jh. wieder eindeutige Belege: Venantius Fortunatus (ca. 540–600/610), Bischof von Poitiers, Dichter und Hagiograph, erwähnt um 565 die Verehrung des Grabes der Heiligen Afra, die während der Diokletianischen Christenverfolgungen zu Beginn des 4. Jhs. in Augsburg zu Tode kam. Dies setzt mit

Gewissheit eine Siedlung voraus, aus der sich im 8. Jh. die Bischofssiedlung entwickeln sollte.
Über das frühmittelalterliche Augsburg ist nur wenig bekannt. In karolingischer Zeit sollte die Stadt offensichtlich vom Bischofssitz profitieren. Vom karolingischen Dom konnten in den 1990er-Jahren Reste freigelegt werden, die im Diözesanmuseum (s. S. 186) zu besichtigen sind. Von historischer Bedeutung war aber der Widerstand gegen die im 10. Jh. immer wieder einfallenden Ungarn, der im Jahr 955 durch den Bischof Ulrich (923–973 Bischof) und die Augsburger geleistet wurde. Sie ermöglichten es dem späteren Kaiser Otto I. (936–973), ein Reichsheer aufzustellen und die Ungarn endgültig auf dem Lechfeld zu schlagen.

Das Römische Museum Augsburg

Kunstsammlungen und Museen Augsburg, Römisches Museum, Dominikanergasse 15, 86150 Augsburg, Tel. 0821-3244131 und 3244134, www.kunstsammlungen-museen.augsburg.de

Wer sich für die Geschichte Augsburgs interessiert, muss unbedingt das Römische Museum besuchen. Der Name ist vielleicht etwas irritierend, weil er suggeriert, hier seien nur Funde aus römischer Zeit ausgestellt. Tatsächlich reichen die Sammlungsbestände aber von der Ur- und Frühgeschichte bis hin zum frühen Mittelalter. Auch beschränken sie sich nicht nur auf Augsburg selbst, sondern zeigen Funde aus ganz Schwaben.
Betritt man das Museum, das in der ehemaligen Dominikanerkirche St. Magdalena – in den Jahren 1515–1517 errichtet – seit 1966 untergebracht ist, so fallen natürlich die zahlreichen Steindenkmäler auf. Sie bieten tiefe Einblicke in die Gesellschaft des römischen Augsburg, weil sie in Weihinschriften die religiösen Vorstellungen beleuchten, Auskunft über längst vergangene Bauwerke geben oder in Ehreninschriften für den Kaiser und lokale Eliten das öffentliche Leben beleuchten.
Einen großen Raum nehmen bei den Steindenkmäler aber die Grabmonumente ein: Besonders hervorzuheben sind etwa das Pfeilergrabmal der Familie des Titus Flavius Primanus, um 200 n. Chr. entstanden, mit seiner Höhe von 4,50 m und das 6,90 m hohe Grab des Marcus Aurelius Carus, der ein Rechtsgelehrter war. Das letztgenannte Grab entstand zwischen 180 und 200 n. Chr.
Das Museum nur auf die ausgestellten Steindenkmäler zu reduzieren, wäre aber falsch. Als ein zentrales Stück in den Sammlungen darf etwa der Kopf eines Pferdes aus vergoldeter Bronze gelten, der einem Reiterstandbild eines Kaisers aus dem 1. oder 2. Jh. n. Chr. zugerechnet werden muss. Dass eine Vergoldung nicht nur dem Kaiser vorbehalten war, zeigt auch der Helm eines römischen Offiziers aus dem 4. Jh. n. Chr.
Darüber hinaus finden sich in den Sammlungen Gegenstände des täglichen Lebens, so etwa Keramik, Schmuck u. Ä. In der reichhaltigen

Glassammlung fällt ein Stück besonders auf: eine Schale aus klarem Glas, die aufgrund der eingravierten Darstellung unter dem Namen „Adam- und Eva-Schale“ bekannt geworden und zwischen 330 und 340 n. Chr. im Kölner Raum entstanden ist. Ihre Bedeutung gründet aber nicht nur in ihrer Qualität, sondern sie gilt bislang als frühestes Zeugnis des Christentums in Augsburg.
Einen nicht unmittelbaren Bezug zum römischen Augsburg hat ein anderes Ausstellungsstück: die vergrößerte Kopie der *„Tabula Peutingeriana“*. Dabei handelt es sich um die Kopie einer Straßenkarte aus dem 12. oder 13. Jh., die auf ein antikes Vorbild zurückgeht. Der Name erklärt sich durch ihren ehemaligen Besitzer, den Augsburger Humanisten Konrad Peutinger (1465–1547). Das Original, heute in der Nationalbibliothek in Wien, besteht aus elf Einzelblättern, die zu einer Pergamentrolle mit einer Länge von 6,90 m und einer Höhe von 0,33 m zusammengefügt ist. Bedingt durch das Format wirkt die Karte auf den modernen Betrachter etwas befremdlich, weil die Maßstäblichkeit fehlt. Dennoch ist die Karte eine überaus wichtige Quelle der antiken Geografie.

Das Diözesanmuseum Sankt Afra

Kornhausgasse 3–5, 86152 Augsburg, Tel. 0821-3166333, www.bistum-augsburg.de

Das kleine Museum birgt in seinen Sammlungen eindrucksvolle Beispiele sakraler Kunst des Mittelalters aus Augsburg. Als es darum ging, die Ausstellungsflächen zu schaffen, zog man eine Kapelle als Bestandteil des Museums in Betracht. Diese datiert laut Bauinschrift in das Jahr 1484. Jedoch ist sie als „Ulrichskapelle“ schon für das 12. Jh. belegt.
Weil man auch hier mit archäologischen Funden rechnen musste, fanden im Rahmen der Baumaßnahmen archäologische Untersuchungen statt. Dabei wurden die Fundamentreste des karolingischen Doms aus dem Bereich des Querhaues entdeckt.
Überraschend fand man auch sehr gut erhaltene Reste ornamentaler Wandmalerei, die man in das 10. Jh. datieren konnte und dem Domkloster aus der Zeit des Bischofs Ulrich, dem Verteidiger Augsburgs gegen die Ungarn, zuordnen möchte.
Angesichts der Bedeutung der Befunde für die Geschichte der Stadt entschloss man sich, für einige besonders wichtige oder interessante Stellen das Zeitfenster offen zu lassen. Dazu zählen Mauerverläufe, Wandverputze und Böden. Die Fundstücke selbst werden ebenfalls in diesem Raum ausgestellt.

Literatur

L. Bakker, Augsburg, in: W. Czsyz – K. Dietz – Th. Fischer – H.-J. Kellner (Hrsg.), Die Römer in Bayern (1995) 419–425; G. Gottlieb, Das römische Augsburg, AW 16 / 1, 1985, 2–18.

Im ländlich geprägten Umfeld Faimingens, heute ein Teil der Stadt Lauingen, wird der Besucher von einer archäologischen Zone überrascht, die eine Teilrekonstruktion des bislang größten römischen Tempels in Süddeutschland aufweist.

[47] FAIMINGEN – DER GRÖSSTE RÖMISCHE TEMPEL SÜDDEUTSCHLANDS

Bayern

www.lauingen.de/1496_DEU_HTML.php

Von den Ausgrabungen zum Freilichtmuseum

Als Domitian (81–96 n. Chr.) beschloss, das Römische Reich über die Donau hinaus auszudehnen, entstand am nördlichen Hochufer des Flusses ein Brückenkopf am Ort des heutigen Faimingens. Dies war schon lange bekannt. Aber erst gegen Ende des 19. Jhs. sollten systematische archäologische Untersuchungen einsetzen, die mit Unterbrechungen bis 1985 fortgesetzt wurden.

Lange war unklar, wie der Ort in römischer Zeit hieß. Erst im Jahr 1981 wurden unter der Pfarrkirche im benachbarten Gundulfingen zwei Meilensteine aus der Regierungszeit Caracallas (211–217 n. Chr.) gefunden, die den Namen Phoebiana bzw. Phoebianis belegten.

Besonders die letzten Ausgrabungen brachten wichtige Erkenntnisse zur Geschichte des Ortes. Vor allem aber zeigte sich, dass die römischen Truppen nicht in ein menschenleeres Land vordrangen, sondern an dieser Stelle eine keltische Siedlung vorfanden, die über ein Doppelgrabensystem verfügte. Unklar bleibt aber, ob diese Siedlung weiterbestand, als die Römer nachrückten.

Das „ältere Kastell"

Zur Sicherung ihrer Position legten die Römer um das Jahr 90 n. Chr. herum das „ältere Kastell" an. Diese Anlage wies einen breiten Graben auf. Parallel zum Graben konnten in einem Abstand von 1,20 m die Fundamente der Lagermauer nachgewiesen werden. Auch wenn das Lager nicht vollständig untersucht werden konnte, ließen sich jedoch seine Ausmaße und sein Grundriss ermitteln. Dabei handelte es sich um ein leicht trapezoides Reckteck mit abgerundeten Ecken. Die Seitenlänge konnte mit bis zu 150 m bestimmt werden, sodass eine Fläche von 1,7 ha umschlossen wurde. Aufgrund von Vergleichen mit anderen zeitgleichen Lagern darf mit einer Besatzung von 500 Soldaten gerechnet werden.

Der *vicus*

Als Hadrian (117–138 n. Chr.) den Limes weiter ausbauen ließ, wurde das Lager in Faimingen überflüssig und in den Jahren um 140 n. Chr. sogar vollständig zerstört. Jetzt, so müsste man eigentlich denken,

habe der Ort aufgehört zu bestehen. Der *vicus*, der zu jedem Militärlager gehörte, hatte aber dafür gesorgt, dass sich durch seine Anbindung an das römische Straßennetz eine solide wirtschaftliche Grundlage entwickeln konnte, die ohne unmittelbare Verbindung zum Militär auskam.
Bereits in der 2. Hälfte des 2. Jhs. n. Chr. erhielt der *vicus* eine Verteidigungsanlage, die aus einer Holz-Erde-Umwehrung bestand und eine Fläche von etwa 33 ha einfasste. Die Tore, so haben es die Ausgrabungen ergeben, waren aber schon in Stein ausgeführt. Zu Beginn des 3. Jhs. n. Chr. wurde diese Wallkonstruktion durch eine Steinmauer ersetzt, die nun ca. 40 ha umschloss. Die Mauer selbst war durch eine Reihe von Türmen verstärkt und besaß wohl fünf Tore.

Das Heiligtum und sein Kontext
Mit dem Verschwinden des Militärs sollte nun jene Entwicklung eingeleitet werden, die zum größten römischen Tempel in Süddeutschland führen sollte. Anstelle des Lagers trat nämlich das Heiligtum des *Apollo Grannus*, einer Gottheit, die eine Synthese aus der griechisch-römischen und keltischen Glaubenswelt darstellte.
Die Erforschung des Heiligtums begann schon 1888, doch erst die neueren Untersuchungen konnten die Geschichte des Heiligtums klären. Am Anfang stand nämlich ein gallorömischer Tempelbezirk, der nach Himmelsrichtungen ausgerichtet und von einer Palisade umschlossen war. Im Inneren ließ sich ein Gebäude aus Lehmziegeln bzw. aus Fachwerk nachweisen.
Von einem zweiten kleinen Bau konnten innerhalb des Tempelbezirkes Reste aufgedeckt werden. Jedoch war es den Ausgräbern nicht möglich, diesen zu deuten, zumal er nur kurzzeitig bestand.
Bald nach der Mitte des 2. Jhs. n. Chr. begann in Faimingen ein Bauboom, der sich in verschiedenen Großprojekten widerspiegelte. So entstand etwa das Forum mit angrenzender Bebauung. Bedeutender aber ist, dass der alte Tempelbezirk aufgegeben und vollständig überplant wurde.
Nun entstand ein axialsymmetrischer Platz, der an drei Seiten von einfachen Säulenhallen eingefasst und an dessen Nordseite der Tempel herangesetzt worden war (Abb. 50). Die gesamte Fläche des Heiligtums lag bei rund 1000 m^2. Die archäologischen Untersuchungen zeigten ein überaus modernes Phänomen im Umgang mit Großprojekten auf: Der Entwurf des Tempels wurde nämlich zweimal geändert und erst der dritte Plan kam zur Ausführung. Dabei entstand ein typisch italisch-römischer Tempel, der dem Handbuch zur Architektur des Vitruv, eines Militäringenieurs und Architekten aus dem 1. Jh. v. Chr., entsprungen zu sein scheint.
In den heute vorliegenden Rekonstruktionen geht man davon aus, es habe sich um einen Tempel mit vorgelegter Treppe, Vorhalle und *cella* gehandelt. Für dessen Podium geht man von den Maßen 14,80 x 8,50 m

Abb. 50
Faimingen. Modell des Apollon-Heiligtums.

aus. Die Gesamthöhe des Tempels lag bei ungefähr 9,50 m und somit überragte er die umgebenden Säulenhallen deutlich. Die Hallen waren mit einem Abstand von 3 m bzw. 3,50 m recht eng an den Tempel herangerückt und ihre Säulenhöhe lag bei 3,15 m.

Nördlich des Tempelbezirks konnte ein Gebäude mit einer Fußbodenheizung festgestellt werden, das als Thermenanlage bezeichnet wird. Dieser Bau muss aber in den Baubestand des Heiligtums eingegriffen haben.

Wem aber war der Tempel gewidmet? Diese Frage lässt sich wohl aufgrund der verschiedenen Quellen recht gut beantworten. Im Raum Faimingen wurden mehrere Weihesteine gefunden, die dem *Apollo Grannus* gewidmet waren, der ein Heil- und Quellgott war. Der Ortsname Phoebiana deutet ebenfalls auf Apollo hin, der den Beinamen Phoebos (der Leuchtende, dem griechischen Wort *phoibos* entlehnt) trug. Darüber hinaus gibt es bei zwei antiken Autoren, Cassius Dio und Herodian, Belege dafür, dass Caracalla während seines Aufenthaltes in Raetien ein Heiligtum dieses Gottes aufsuchte.

Ausgehend von der Zuweisung des Heiligtums an diesen Gott wurde in der Forschung der Gedanke aufgegriffen, hier ein zentrales Heiligtum anzunehmen, mit dem ein regelrechter Kurbetrieb verbunden war. Die verschiedenen Bauprojekte dieser Zeit, vor allem aber auch die Thermen, könnten sicherlich diese Vorstellung untermauern.

Tempora mutantur – die Zeiten ändern sich: Das Militär kehrt zurück

Die veränderte Sicherheitslage in den 230er-Jahren zwang Rom dazu, auch im Hinterland des Limes wieder Befestigungen anzulegen. In Faimingen entstand ein Auxiliarkastell, das für etwa 1000 Reiter ausgelegt war. Der Not gehorchend, nutzte man auch Steinmaterial aus dem Tempelbezirk, was sich für die Archäologie durchaus als Glücksfall erwies. In den Resten der Lagerbefestigung fanden sich nämlich ausreichend Steine, um den Tempel verlässlich rekonstruieren zu können.

Literatur
W. Czysz, Das Apollo-Grannus-Heiligtum im vicus von Faimingen, in: V. Rupp – H. Birley (Hrsg.), Landleben im römischen Deutschland (2012) 119 f.; G. Weber, Faimingen, Stadt Lauingen/ Donau, Lkr. Dillingen a. d. Donau, Schw.: Kastell und Vicus Phoebiana, in: W. Czysz – K. Dietz – T. Fischer (Hrsg.), Die Römer in Bayern (2005) 441–444; J. Eingartner – P. Eschbauer – G. Weber, Der römische Tempelbezirk in Faimingen-Phoebiana, Faimingen-Phoebiana I, Limesforschungen. Studien zur Organisation der römischen Reichsgrenze an Rhein und Donau 24 (1993).

An den Ufern der Iller liegt die ehemalige Freie Reichsstadt Kempten, das römische Cambodunum, mit ihrer historischen Altstadt. Noch heute prägen zahlreiche Baudenkmäler, die bis in das Mittelalter zurückreichen, das Stadtbild. Verschiedene Kultureinrichtungen – dazu zählt auch eine Reihe von Museen – gestalten für die zurzeit gut 65.000 Einwohner das Leben lebenswert. Auch wenn Mittelalter und Neuzeit das Bild der Stadt prägen, so sind sich die Kemptener Bürger seit der Frühen Neuzeit ihrer römischen Vergangenheit bewusst, die intensiv seit dem späten 19. Jh. erforscht wird. Die bisherigen Ergebnisse werden eindrucksvoll im Archäologischen Park Cambodunum und im Römermuseum dargestellt.

[48] KEMPTEN – VON DER KELTENSIEDLUNG ZUR RÖMERSTADT

Bayern

Cambodunum – Geschichte und Erforschung

Die Stadt Kempten kann auf eine lange Geschichte zurückblicken, auch wenn die schriftlichen Quellen zur frühen Geschichte der Stadt weitgehend schweigen. Aufgrund des überlieferten Namens aus römischer Zeit können wir jedoch eine keltische Siedlung als Vorläufer annehmen. Der Name Cambodunum wird von der Namensforschung in zwei keltische Begriffe zerlegt, wobei *cambo* mit „krumm" übersetzt wird und *dunum* für eine befestigte Siedlung steht. Diese Deutung gewinnt an Wahrscheinlichkeit, weil die Iller noch heute ein stark mäandrierender Fluss ist.

Die früheste Erwähnung Cambodunums finden wir bei dem griechischen Autor Strabon (ca. 64/63 v. Chr. – 23/26 n. Chr.). In seiner „Geographica" (4, 6, 7) bezeichnete er den Ort als Hauptort der keltischen Estiones. Dass es sich bei Kempten auch wirklich um das dort bezeugte Cambodunum handelt, wird durch weitere Belege abgesichert. Am überzeugendsten sind dabei sicherlich die *Tabula Peutingeriana,* die mittelalterliche Kopie einer im 4. Jh. n. Chr. entstandenen Straßenkarte, mit dem Eintrag Cambodunums und ein römischer Meilenstein (CIL III 5987) aus dem Jahr 201 n. Chr.

Das Entstehen der römischen Siedlung hängt hingegen von der Eroberung weiter Teile der heutigen Schweiz, Nordtirols und des südlichen Bayerns in augusteischer Zeit ab. Unabhängig davon, wann die *Provincia Raetia* entstand, deuten einige Funde auf die Anwesenheit von Römern noch in den letzten Jahrzehnten v. Chr. hin. Aber erst für die folgenden Jahrzehnte verdichten sich die archäologischen Informationen, sodass verlässliche Aussagen möglich werden. Das frühe Stadtbild Cambodunums dürfte gewiss nicht besonders ansprechend gewesen sein oder den Eindruck erweckt haben, mehr zu sein als es tatsächlich war. Gerhard Weber zog als Vergleich Pionierstädte des „Wilden Westens“ während des 18. und 19. Jhs. heran. Dies gilt vor allem für die Ausführung der Häuser mit Holz.

Lange Zeit wurde davon ausgegangen, Augsburg, das römische *Augusta Vindelicorum*, sei die erste Hauptstadt der *Provincia Raetia* gewesen. Mit den voranschreitenden Forschungen sowohl in Augsburg als auch in Kempten bedarf diese Ansicht aber wohl einer Revision. Einerseits zeigte sich Augsburg für die ersten Jahrzehnte der Provinz als eine deutlich auf das Militär hin orientierte Siedlung, der – um es etwas vereinfacht zu sagen – ein ausgesprochen städtischer Charakter fehlte, während das römische Kempten sich schon als Stadt darstellte. Daher scheint es auch durchaus gerechtfertigt, Cambodunum den Rang der Provinzhauptstadt zuzuweisen. Das geschah wohl in der Regierungszeit des Kaisers Tiberius (14–37 n. Chr.) oder spätestens unter seinem Nachfolger Caligula (37–41 n. Chr.). Der erste Prokurator, den wir hier kennen, ist Q. Caecilius Ciciacus Septicius Pica Caecilianus, dessen Tätigkeiten bis in die Regierungszeit des Claudius (41–54 n. Chr.) nachgewiesen sind.

Die Monumentalisierung des römischen Kemptens setzte ab der Mitte des 1. Jhs. n. Chr. ein; Steinbauten ersetzten zunehmend die Holzarchitektur aus der Anfangszeit des Ortes. Dabei ging es nicht nur um öffentliche Bauten, sondern auch um die Wohnarchitektur. In diese Phase gehört etwa das „Thermenhaus“, dessen Außenwände aus Steinen bestanden, das in Bezug auf den Grundriss ein italisches Haus mit Atrium und *impluvium* war und als Badeanlage interpretiert wird.

Im öffentlichen Bereich entstanden in den Regierungsjahren der Kaiser Claudius (41–54 n. Chr.) und Nero (54–68 n. Chr.) mehrere Bauten. Dabei handelte es sich um ein Forum und einen großen Sakralbezirk im Süden.

Das Forum, das eine beachtliche Fläche von 100 x 54 m aufwies, verfügte über eine *curia*, ein Rathaus, mit den Maßen 16,20 x 17 m, die um eine kleine Apsis erweitert war. Nach Norden schloss sich eine Halle an, die in mehrere Räume unterteilt war und wohl als Verwaltungsbau gedient haben mag.

In der Nordecke des Forums entstand die erste Basilika, die fast 50 m lang und 25 m breit war. An den Schmalseiten existierten jeweils Apsiden. Bevor das neue Forum (s. S. 192) entstand, wurde die Basilika mehrfach umgestaltet.

Am deutlichsten spiegelt sich aber die Bedeutung Cambodunums im Heiligen Bezirk wider, der rund 238 m lang und 179 m breit war. Das entspricht ca. 4,26 ha oder fünf Fußballfeldern. Dem eigentlichen, wohl von einer 2 m hohen Mauer eingefassten Heiligen Bezirk war ein Vorhof vorgeschaltet. Im Inneren konnte ein großer Altar nachgewiesen werden. Die riesige Fläche bot reichlich Platz, sodass hier vielleicht auch der Provinziallandtag stattfinden konnte.

Die erste Blütezeit, wenn man es so sagen darf, sollte 69 n. Chr. enden. Am 9. Juni 68 n. Chr. beging Nero Selbstmord. Daraufhin entbrannte im Römischen Reich ein Machtkampf um den Thron. Nach den kurzen Gastspielen Galbas und Othos als Herrscher proklamierten die Truppen Niedergermaniens ihren Befehlshaber Vitellius zum Nachfolger Neros, während Vespasian, der gerade mit der Niederschlagung des Jüdischen Aufstandes (66–70 n. Chr.) beschäftigt war, von seiner Armee im ägyptischen Alexandria zum Kaiser ausgerufen wurde. Diese Auseinandersetzung wirkte sich natürlich auch auf die Truppen in den übrigen Provinzen aus: Die Truppen in Rätien entschieden sich für Vitellius und damit für den Verlierer im Konflikt um den Thron. So konnten in ganz Rätien in den Kastellen Zerstörungsschichten festgestellt werden. Aber auch Cambodunum als Verwaltungssitz scheint davon betroffen gewesen zu sein. Das ältere Forum und Teile der Wohnbebauung gingen durch einen Großbrand unter. Unter den Flaviern – also den Kaisern Vespasian, Titus und Domitian – setzte in Cambodunum jedenfalls ein großes Bauprogramm ein, dass weite Teile der Stadt betraf. Zunächst einmal wurde das Stadtzentrum mit seiner Bebauung dem orthogonalen Straßenraster unterworfen, sodass Wohnblöcke (*insulae*) entstanden. Die Straßen selbst wurden von Säulenhallen begleitet; ein typisch mediterranes Stadtbild prägte nun den Ort.

Das zerstörte politische Zentrum der Stadt, das Forum, wurde in dieser Phase der Stadtentwicklung ersetzt. Dabei entstand ein großer städtischer Raum mit repräsentativer Architektur, von dem Teile in einem frei zugänglichen Park besichtigt werden können. Betreut wird der Bereich aber durch den Archäologischen Park Cambodunum (s. S. 194 ff.).

Stellt man sich die Frage, an welche Götter die Einwohner der Stadt glaubten, so lassen die Funde einen weiten Spielraum zu, der durch viele kleinere Funde erhellt wird, hier aber nicht ausführlich dargestellt werden kann. Innerhalb des Stadtgebietes konnten aber einige größere Tempelbauten nachgewiesen werden, so auf dem Forum, zwei in der Nähe der Großen Thermen und in der südlichen Vorstadt. Bei den drei zuletzt genannten Anlagen lässt sich nicht sagen, welchen Göttern sie gewidmet waren.

Der schon erwähnte Sakralbezirk aus der Frühphase der Stadt bestand weiter. Als Bereich entstand schließlich der gallorömische Tempelbezirk. Dieser ist heute Bestandteil des Archäologischen Parks.

Zu den zentralen Einrichtungen der Stadt gehörten auch Bäder. Sie dienten nicht nur der Hygiene, sondern waren auch Stätten der Kommunikation und der Freizeitgestaltung. Je nach Größe des Ortes und seiner Bedeutung gab es durchaus auch mehrere Thermenanlagen, die nebeneinander in Betrieb waren. In Cambodunum wurden bislang drei Thermenbauten gefunden, von denen heute nur die „Kleinen Thermen" im Archäologischen Park besichtigt werden können.

Die früheste Anlage war das schon genannte „Thermenhaus", das in einem engen Kontext zum gallorömischen Umgangstempel (s. S. 194) gesehen werden muss. Der Bau ging schon in der 2. Hälfte des 1. Jhs. n. Chr. durch einen Brand unter. Ein Wiederaufbau erfolgte zwar, doch wurde der Komplex danach überwiegend zu Wohnzwecken genutzt.
Noch während der Betriebszeit des „Thermenhauses" war in der Stadt das Bedürfnis nach einem größeren Bad entstanden. Um die Mitte des 1. Jhs. n. Chr. wurde mit dem Bau begonnen. In der Forschung wird eine Verbindung der „Kleinen Thermen" mit dem *praetorium* hergestellt (s. S. 195 f.).
Der letzte Thermenkomplex, der in Cambodunum entstehen sollte, trägt die Bezeichnung „Große Thermen". Die im nordöstlichen Bereich der Stadt gelegene Anlage gehört zum flavischen Bauprogramm. Von der Ausdehnung und ihrer funktionalen Gestaltung entsprach sie einem Standard, der mit anderen größeren Städten der *Provincia Raetia,* etwa mit *Augusta Raurica* (heute Augst) in der Nähe von Basel, vergleichbar war. In den Jahren um die Mitte des 2. Jhs. n. Chr. wurde der Komplex umgebaut, wobei die Fläche reduziert wurde. Wie lange die Thermen in Betrieb waren, konnte bislang noch nicht eindeutig geklärt werden, doch scheint deren Ende mit den zunehmenden germanischen Überfällen im 3. Jh. n. Chr. in Verbindung zu stehen.
Schon vor dem Alamanneneinfall von 233 n. Chr. scheint Cambodunum von den Überfällen betroffen gewesen zu sein. Äußere und innere Probleme im Römischen Reich zwangen Kaiser Gallienus (253–268 n. Chr.) dazu, die Reichsgrenzen neu zu definieren und dabei Territorialverluste hinzunehmen. Daher wurde aus dem zentral gelegenen Ort Cambodunum eine Grenzstadt, die aufgrund der Lage für die Verteidigung ungeeignet war. So gab man den alten Siedlungsplatz auf und verlegte diesen in Richtung Burghalde, einem Hügel im Stadtbereich des heutigen Kempten. Mit der räumlichen Verlagerung veränderte sich auch der Name; aus Cambodunum wurde Cambidanum.
Auf dem Plateau der Burghalde entstand etwa um 300 n. Chr. ein kleines Kastell. Über die spätrömische Siedlung und das Kastell lassen sich kaum Aussagen machen, weil in diesem Bereich durch eine intensive Nachnutzung – u. a. durch einen Friedhof – Untersuchungen kaum möglich sind. Aufgrund einer Reihe von Einzelfunden konnte die Forschung unter Vorbehalt eine römische Präsenz bis weit in das 5. Jh. hinein feststellen. Danach ging der Ort an die Alamannen, die sich hier einrichteten. Im Jahr 683 wurde die Siedlung in einer der vielen kriegerischen Auseinandersetzungen der Zeit zerstört. Im Jahre 743 kam es zur Gründung eines Klosters, vom dem die Entwicklung der modernen Stadt Kempten ausging. Aus dieser Zeit haben sich im Stadtbild keine Reste erhalten.

Archäologischer Park Cambodunum

Hauptkasse und Tempelbezirk, Cambodunumweg 3, Tel. 0831-79731 oder 0831-2525369 (Info), www.apc-kempten.de

Nach einer langen Zeit puristischer Archäologie und Denkmalpflege, die ausschließlich das Ausgegrabene mit nur geringen Ergänzungen duldete, setzte in den 1970er-Jahren eine neue Entwicklung ein, deren Vorreiter der Landschaftsverband Rheinland mit dem Archäologischen Park in Xanten war. Der große Erfolg, der dort hinsichtlich der Wissensvermittlung gemacht wurde, ließ auch an anderen Orten Archäologische Parks entstehen. Dies galt auch für Kempten, das auf eine reiche römische Vergangenheit zurückblicken konnte. Ab 1983 begann man damit, wichtige römische Gebäude dauerhaft der Öffentlichkeit zugänglich zu machen und sie in einen archäologischen Park einzubetten.

Aufgrund der örtlichen Gegebenheiten sind die einzelnen Denkmäler räumlich voneinander getrennt. Bei einer Besichtigung muss der gallorömische Umgangstempel den Anfang machen, weil sich in seiner unmittelbaren Nähe die „Taberna" befindet, der Museumsladen, in dem auch die Eintrittskarten zu lösen sind. Zugleich findet der Besucher hier auf Schautafeln Informationen zur Geschichte Cambodunums.

Der „Gallorömische Tempelbezirk"

Bereits in der Frühphase der Stadt, in der Regierungszeit des Tiberius (14–37 n. Chr.), entstand auf einem Geländesporn der gallorömische Tempelbezirk. Diese Bezeichnung leitet sich in erster Linie von der dort gefundenen Architektur ab. Daneben dokumentieren die wenigen Inschriften auf Weihesteinen, dass hier Götter und Göttinnen verehrt wurden, die keltischen Ursprungs waren. Außerdem zeigen die Inschriften Namen, die ebenfalls in keltische Richtung verweisen.

Bei dem Tempelbezirk handelte es sich zunächst um Holzbauten, die wohl im letzten Drittel des 1. Jhs. n. Chr. Stück für Stück durch Steinbauten ersetzt wurden. In der Konzeption – sofern man davon sprechen kann – war die Anlage um die Mitte des 2. Jhs. n. Chr. vollendet. Danach umschloss eine u-förmige Doppelhalle an drei Seiten den Tempelbezirk, während er sich nach Norden zur Landschaft hin öffnete. Innerhalb des Areals konnten schon bei den ersten Ausgrabungen in den 1930er-Jahren zwölf Steingebäude festgestellt werden, von denen der gallorömische Umgangstempel (Abb. 51), der im Rahmen des Archäologischen Parks rekonstruiert wurde, der bedeutendste ist. Bei einem weiteren, fast quadratischen Bau wurde später eine Apsis angebaut.

Die übrigen Bauten waren deutlich kleiner. Sie können daher wohl eher als Kapellen bezeichnet werden. Ein Rundbau konnte als Altar für Brandopfer mit einer innen liegenden Grube identifiziert werden. Welche Götter wurden hier in diesem Tempelbezirk verehrt? Durch zwei Weihesteine mit Inschriften sind im Bezirk die ursprünglich keltische Göttin Epona, die in enger Verbindung zu Pferden zu sehen ist,

Abb. 51 Kempten. Archäologischer Park. Der gallorömische Umgangstempel.

und vielleicht Hercules nachgewiesen. Fragmente von Bronzestatuetten belegen weitere Götter; es finden sich darunter Venus, Mercur oder etwa Victoria.

Die „Kleinen Thermen“

Ein wichtiger Bestandteil des Archäologischen Parks sind die „Kleinen Thermen“. Mit Beginn der 2. Hälfte des 1. Jhs. n. Chr. riss man für diese Baumaßnahme eine ältere Bebauung aus Holz ab, weil der Statthalter für seinen Amtssitz, das *praetorium*, eine repräsentative Badeanlage haben wollte. Diese Begründung mag vielleicht etwas weit hergeholt erscheinen, doch zeigten die Ausgrabungen, dass in der ersten Bauphase der Zugang zu den Bädern nur vom *praetorium* aus erfolgen konnte. Es scheint so, als habe dem Statthalter zunächst ein Bad gereicht, das über drei hintereinander angelegte Baderäume verfügte, von denen zwei, das *tepidarium* und das *caldarium*, über Hypokaustenheizungen verfügten. Ergänzt wurde das Bad durch zwei Heizräume. Recht zügig nach dem Entstehen dieses Kernbaus errichte man eine Umfassungsmauer, sodass ein Sportplatz, die *palaestra*, geschaffen wurde.

Die nun bestehende Anlage wies aber noch einen gravierenden Mangel auf: Es fehlte nämlich das *apodyterium*. Dieses sollte zusammen mit einem Schwitzbad, dem *sudatorium* oder *laconicum*, im Nordwesten entstehen. Als Argument für eine Datierung in die Zeit, als Cambodunum noch Sitz des Statthalters war, kann man vielleicht festhalten, dass dieser Anbau, zu dem noch zwei Heizräume gehörten, einfach mitten in die Straße gesetzt wurde.
Als der Sitz des Statthalters nach *Augusta Vindelicorum* (Augsburg) verlegt wurde, verloren sowohl das *praetorium* als auch die Thermen ihre ursprüngliche Funktion. Als Nachnutzung bot sich für das *praetorium* die eines verpachteten Gästehauses an, die es auch erlaubte, die Thermen sinnvoll weiter zu nutzen. Aufgrund der erhöhten Nutzerfrequenz – nicht nur die Herbergsgäste, sondern wohl auch die Bürger der Stadt hatten nun Zugang – und aus Wirtschaftlichkeitsgründen – *pecunia non olet* (Geld stinkt nicht), wie Kaiser Vespasian schon so treffend sagte – entstanden nun zwei Latrinen, von denen eine von der Straße her zugänglich war, während die andere den Thermenbenutzern vorbehalten blieb.

Das Forum und seine Bauten

Nachdem das alte Forum im Zuge des Bürgerkrieges zerstört worden war, begann man schnell damit, das städtische Zentrum zu erneuern. Diese Bauphase lässt sich z. T. im Archäologischen Park nachvollziehen. Nun entstand ein großer Platz (etwa 37 x 69 m), der von einer zweigeschossigen Säulenarchitektur eingefasst war. Hinter den Säulenhallen befanden sich verschiedene Räume und Gebäude, von denen einige eine reiche Ausstattung (Wandmalerei) aufwiesen, sodass man durchaus von einer Nutzung durch öffentliche Einrichtungen ausgehen kann. Spuren im Mauerwerk verschiedener anderer Räume deuteten hingegen darauf hin, dass hier Regale oder andere hölzerne Einrichtungsgegenstände vorhanden waren und die Räume daher einer gewerblichen Nutzung dienten.
In der südlichen Ecke entdeckten die Archäologen einen Apsidenbau (ca. 13,5 x 21 m), der wahrscheinlich als *curia* (Rathaus) zu interpretieren ist. Die Archäologen möchten aber auch nicht ausschließen, dass es sich hier um einen Versammlungsraum im Zusammenhang mit dem Kaiserkult handeln könne.
Ein zentraler Bau auf dem Forum war der große Podiumstempel, der ganz nach klassisch-römischem Vorbild konstruiert war. Er besaß eine Vorhalle aus vier Säulen, deren Höhe bei etwa 9 m lag. Sie trugen den Giebel und schufen so eine eindrucksvolle Fassade. Der eigentliche Kultraum des Tempels, die *cella*, maß 13,3 x 11,9 m. Weil man keine Weiheinschrift finden konnte, lässt sich der Tempel nicht sicher einer bestimmten Gottheit zuweisen. Allerdings spricht die prominente Lage doch dafür, hier einen Tempel der römischen Staatsgötter, der Kapitolinischen Trias mit Jupiter, Minerva und Juno, anzunehmen.

Der wichtigste Platz für die Stadt war aber die Basilika, die jedoch im Laufe der Zeit einige Veränderungen erfuhr, die zeitlich nicht einzuordnen sind. Der in drei Schiffe gegliederte Kernbau der Basilika, so verdeutlichen es auch die konservierten Mauerreste, war etwa 40 m lang und ungefähr 23,5 m breit. Wie schon bei dem Vorgängerbau fanden sich an den Schmalseiten Apsiden.

Literatur
G. Weber (Hrsg.), Cambodunum – Kempten. Erste Hauptstadt der römischen Provinz Raetien? (2000).

Der Zugang zur Basilika erfolgte vom Forum aus über drei große Eingänge. Auf der gegenüberliegenden Seite, in der Achse des mittleren Eingangs, wurde ein weiterer Eingang freigelegt, der unmittelbar mit dem *praetorium* in Verbindung stand.

Die nordwestliche Apsis wies, so wie es heute auch zu sehen ist, ein Podium auf, das in den Raum hineinragte. Dieser Bereich diente wohl als Rednertribüne; diese Nutzung würde auch einen etwas befremdlichen Befund erklären können. Bei den Ausgrabungen fand man vor dieser Tribüne eine Brandschicht, die vielleicht von einer Holztreppe herrühren könnte.

Als man die gegenüberliegende Apsis ausgrub, stieß man auf eine gemauerte Bank in der Form eines Halbkreises. Als Interpretation bot sich hier die eines Auditoriums an.

Zwei Durchgänge seitlich der Tribüne, die im Gelände auch zu sehen sind, führten zu einem großen Anbau, der vielleicht das Archiv der Stadtverwaltung aufnahm.

Römisches Museum

Residenzplatz 31, 87435 Kempten, Tel. 0831-12367, www.museen-kempten.de

Im Jahr 1961 wurde das Römische Museum der Stadt Kempten im „Zumsteinhaus“ untergebracht. Dieses Haus entstand im Jahre 1802 und gilt als einer der schönsten Profanbauten Kemptens. Der Schwerpunkt der Sammlung liegt bei den Originalfunden aus den Ausgrabungen. Dabei zeichnet sich ein umfassendes Bild über das Leben im antiken Kempten ab. Neben Alltags- und Kultgegenständen ist vor allem der „Wiggensbacher Schatzfund“ hervorzuheben: Münzen und Goldschmuck wurden wahrscheinlich im Jahr 233 n. Chr. vergraben, weil man eine Invasion der Alamannen befürchtete.

Auch wenn es den Archäologischen Park gibt, so vermag dieser nicht, die antike Siedlung in ihrer ganzen Ausdehnung darzustellen. Hier sind Modelle, Karten und Pläne im Museum behilflich.

Manching – mit diesem Namen verbinden wir heute in erster Linie Hightech, weil der Ort in den Medien oft präsent ist. Schon 1961 wurde Manching zunächst zum Standort der militärischen Luftfahrtindustrie und dann auch der deutschen Raumfahrtindustrie (DASA, EADS, heute Cassidian). Aber schon vor mehr als 2000 Jahren war dieser Ort ein bedeutendes Wirtschaftszentrum.

[49] MANCHING – EINE FRÜHGESCHICHTLICHE GROSSSTADT AN DER DONAU

Bayern

Die Ausgrabungen

Sicherlich eine der interessantesten und bekanntesten Ausgrabungsstätten Deutschlands ist das keltische *oppidum* von Manching (Abb. 52), dessen Wallanlage schon im Mittelalter aufgefallen war. Beschrieben wurde er aber erstmals im 19. Jh. und erste Ausgrabungen fanden gegen Ende des 19. Jhs. statt. Als in den Jahren 1936 bis 1938 die Wehrmacht im Bereich des *oppidums* einen Militärflugplatz anlegte, entstanden massive Schäden im archäologischen Bestand. Jedoch konnten die Funde teilweise gerettet werden. In den Jahren nach dem Zweiten Weltkrieg hatten die Deutschen zunächst andere Sorgen als Ausgrabungen durchzuführen, vor allem dann, wenn keine aktuelle Gefahr für ein Bodendenkmal bestand. Als die junge Bundesrepublik im Jahr 1955 sowohl die Wiederbewaffnung als auch den Beitritt zur NATO beschloss, rückte der alte Militärflughafen in Manching wieder in das Blickfeld der Politik; er sollte reaktiviert werden. Anders als in den 30er-Jahren konnten nun allerdings archäologische Untersuchungen durchgeführt werden, die seit 1956 durch die Römisch-Germanische Kommission des Deutschen Archäologischen Instituts erfolgen. Die Ergebnisse dieser Untersuchungen, in zahlreichen Fachpublikationen veröffentlicht, sind trotz schwieriger Umstände – zumeist handelt es sich um Rettungsgrabungen – überaus beeindruckend, verdeutlichen aber auch gleichzeitig die Dimensionen des Projektes: Bis heute konnten gerade einmal 30 der 380 ha (also 7 Prozent) des *oppidums* erforscht werden.

Für den Besucher war es aber – trotz eines unter fachlicher Betreuung der Römisch-Germanischen Komission des deutschen archäologischen Instituts und des Bayerischen Landesamtes für Denkmalpflege eingerichteten, 1988 eröffneten archäologischen Heimatmuseums – bis zum Jahr 2006 schwierig, sich ein Bild von der keltischen Siedlung zu machen, weil im Gelände kaum etwas nachvollziehbar ist und die bis dahin gemachten Funde in der Archäologischen Staats-

sammlung in München aufbewahrt werden. Die Situation hat sich durch das neue Museum in Manching (s. S. 201 f.) verändert, das die Geschichte und Kultur der Kelten und Römer anschaulich vermittelt.

Abb. 52
Manching. kelten römer museum, Modell der Stadt. Der Bildausschnitt zeigt einige Straßenzüge mit begleitenden Hallen.

Was von *oppidum* Manching blieb

Schon mit seiner Lage stellt das *oppidum* von Manching eine Besonderheit dar. Es liegt nämlich – im Gegensatz zu meisten anderen *oppida* – nicht auf einer Anhöhe, sondern auf einer hochwasserfreien Niederterrasse der Donau. Diese Wahl wirkte sich aber nicht negativ auf das Sicherheitsbedürfnis seiner Einwohner aus: Moore und die Einmündung der Paar in die Donau glichen das Fehlen der Höhenlage aus.
Die Lage an der Donau bot außerdem auch handfeste Vorteile. Mit dem Fluss war eine Anbindung an einen der wichtigsten Verkehrswege der Region gegeben, sodass man sicher von einem Hafen ausgehen kann.
Auch wenn es im Bereich des *oppidums* Spuren gab, die bis in das Neolithikum zurückreichen, so entstand die Siedlung wohl erst gegen Ende des 4. Jhs. v. Chr. Ein besonders wichtiger Aspekt, der bereits die frühe Siedlung auszeichnen sollte, war ein kleines Heiligtum in deren Zentrum.

Ein Entwicklungssprung vollzog sich in Manching während der Mittellatènezeit, in der die Siedlung beständig wuchs. Die Archäologen konnten für diese Zeit ein Grabensystem feststellen, welches eine Größenentwicklung vorgab, die auch die spätere Siedlung erreichen sollte. Wie sah aber die Siedlung selbst aus? Auch hier konnten die Archäologen schon wichtige Aussagen treffen. Die Menschen wohnten weitgehend in Gehöfteinheiten, d. h. es gab mehrere Gebäude mit unterschiedlicher Funktion, die durch eine Einfriedung begrenzt waren. Dabei konnte es sich etwa um einfache Zäune oder Gräben handeln. Daneben beobachteten die Archäologen aber auch Einfassungen, die an *porticen* erinnern.

Weil während der bisherigen Ausgrabungen auf nur sehr wenig Hüttenlehm – so nennt man den Lehmverstrich bei Fachwerkbauten, der häufig durch Feuer rötlich verfärbt ist – gefunden wurde, gehen die Archäologen davon aus, dass die Häuser wohl überwiegend aus Holzbrettern (Spaltbohlen) bestanden. Diese haben sich aber in der Erde nicht erhalten.

Es wäre aber falsch, das Ortsbild auf diese Anwesen zu reduzieren. Entlang der Wege gab es aufgereiht kleine Gebäude, die als Werkstätten interpretiert werden, denn viele Menschen verdienten ihren Lebensunterhalt mit der Verarbeitung von Eisen, das als Raseneisenerz im unmittelbaren Umfeld vorkam. Die Menge verhütteten Eisenerzes dürfte allerdings für den Export zu gering gewesen sein und erst durch handwerkliche Weiterverarbeitung, so die Forschung, sei es als Handelsgut geeignet gewesen. Daneben gab es aber auch andere Handwerke, die sich z. B. mit der Verarbeitung von Bronze oder Glas beschäftigten, wobei der Glasproduktion eine hohe Qualitätsstufe zukam.

Besondere Aufmerksamkeit durch die Archäologen fanden die „Sonderbauten“, wie Susanne Sievers sie bezeichnet. Vor allem Rundbauten scheinen ihr als Tempel angebracht, weil schon 1956 in der Nähe eines dieser Rundbauten verbogene Waffen – sie wurden so dem profanen Zweck entzogen – und Votivgaben gefunden wurden. An einem dieser Kultbezirke fand man eine Pferdeplastik aus Eisen, die vielleicht als Kultbild gedient haben mag.

Im Laufe des 2. Jhs. v. Chr. erreichte die Siedlung einen Status, der schon fast an den eines *oppidums* heranreichte. Zu den Faktoren, die ein *oppidum* ausmachten, gehören – so bestimmt es die Forschung – eine Befestigungsmauer, eine hohe Einwohnerzahl, eine arbeitsteilige Gesellschaft sowie kultische und administrative Institutionen, die durchaus auch in der Lage waren, Münzen in Gold und Silber zu prägen. Außerdem seien Fernhandelsbeziehungen ein wichtiger Faktor, um von einem *oppidum* zu sprechen. Bis auf die Mauer verfügte die Siedlung von Manching über alle diese Kennzeichen. Bei der Einwohnerzahl glaubt man davon ausgehen zu können, dass diese in der Blütezeit der Siedlung zwischen 5000–10.000 Menschen gelegen habe.

Dem Mangel an einer Befestigung half man in den Jahren um 130 v. Chr. ab. Wer auch immer zu diesem Zeitpunkt in Manching das Sagen hatte, entschied sich für einen Mauertyp, der in der Forschung lange Zeit als aus dem westkeltischen Bereich stammend angesehen und mit der Bezeichnung *murus Gallicus*, versehen wurde. Angesichts neuerer Forschungen wird man aber die Aufteilung der keltischen Welt in einen westkeltischen und einen ostkeltischen Kulturkreis überdenken müssen. Jedenfalls wurde in Manching bislang der östlichste *murus Gallicus* nachgewiesen. Cäsar beschreibt die Mauerart (Bellum Gallicum 7,23) etwa 80 Jahre später ausführlich und schreibt ihr eine außerordentliche Stäbilität zu. Die neue Mauer, die zwei Tore besaß, folgte ganz dem alten Graben. Zeitgleich verlegte man zwei Bäche, sodass im Süden des *oppidums* ein Wassergraben entstand.

Als die Mauer abgängig war, veränderte man ihren Charakter, indem eine Pfostenschlitzmauer vorgelegt wurde. Im Laufe der Zeit sollte eine weitere Renovierung folgen.

Dass um die Wende vom 2. zum 1. Jh. v. Chr. Krisenzeiten angebrochen waren, konnten die Archäologen anhand einer Reihe von Beobachtungen erkennen. Vor dem Osttor grub man nämlich eine Fallgrube aus, deren Holzeinbauten durch dendrochronologische Untersuchungen in die Jahre um 105 v. Chr. datiert werden konnten. Außerdem fanden die Archäologen mehrere Münzschätze, die ebenfalls in diese Zeit eingeordnet werden konnten.

Neben den genannten Belegen, die auf kriegerische Auseinandersetzungen hinweisen, kam es wohl um 80 v. Chr. zu einem wirtschaftlichen Niedergang, der durchaus auch Zeugnis für kriegerische Konflikte sein kann. Importe wie Wein – belegt durch die Transportamphoren – brachen weg. Auch andere Wirtschaftsgüter scheinen zur Mangelware geworden zu sein.

Zu diesem Bild mag auch gehören, dass der Hafen nur noch bedingt funktionierte. Dabei stellt sich natürlich die Frage von Ursache und Wirkung. War es der nicht mehr intakte Hafen, der die Wirtschaft schädigte, oder wurde der Hafen nicht mehr gewartet, weil die Wirtschaft ihn nicht mehr benötigte? Diese Fragen lassen sich wohl nicht beantworten.

Um die Mitte des 1. Jhs. v. Chr. wurde das oppidum aufgegeben. Man darf sich dabei aber nicht vorstellen, dass alle Einwohner zu einem bestimmten Stichtag ihre Koffer packten und wegzogen. Vielmehr dürfte es sich um einen langsamen Prozess gehandelt haben.

kelten römer museum manching

Im Erlet 2, 85077 Manching, Tel. 08459-323730, www.museum-manching.de

Am Ortsrand von Manching entstand 2005 ein moderner Museumsbau, der im Folgejahr eröffnete. Schon durch die Architektur wird deutlich, dass hier zwei große Themenbereiche, die sich schon im Namen des Museums widerspiegeln, behandelt werden. Ganz der Chronologie folgend befasst sich der erste Bereich mit dem keltischen *oppidum*. Dabei bedient man sich einer Reihe von Nachbauten und Modellen. Neben diesen didaktisch wertvollen Objekten sind es aber auch die Funde selbst, die für sich sprechen.

Dazu gehört ein Schatzfund aus dem Jahr 1999 mit mehr als 450 Goldmünzen und einem rund 200 g schweren Goldstück. Nicht die Menge der Münzen allein und auch nicht das Edelmetall selbst machen den Fund so bedeutend. Wichtiger ist vielmehr die Herkunft der Münzen, bei denen es sich um boische Prägungen handelt. Die Boier siedelten im heutigen Böhmen und somit dürfte es sich bei den Münzen um ein wichtiges Zeugnis für die intensiven Handelsbeziehungen zwischen den Regionen handeln. Bedauerlicherweise lassen sich diese Münzen aber nur recht grob in die Zeit des 1. und 2. Jhs. v. Chr. datieren.

Der zweite Bereich des Museums hat die Aufgabe die römische Besetzungsgeschichte des südlichen Bayerns darzustellen. Um diesem Thema gerecht zu werden, konnte man auf die Funde aus der Kastellgrabung Oberstimm (s. S. 203f.), in der Nähe von Manching gelegen, zurückgreifen. Sie erlauben Einblicke in das soldatische Leben vor etwa 2000 Jahren.

Schon in den 1980er-Jahren hatte man dort zwei römische Schiffe entdeckt, die aber erst 1994 ausgegraben werden konnten. Es zeigte sich, dass sie in einem guten Erhaltungszustand waren und nach einer Restaurierung, die in den Werkstätten des Römisch-Germanischen Zentralmuseums in Mainz erfolgte, eine museale Präsentation verdienten. Daher gelangten sie 2005 in das neue Museum von Manching. Dafür entstand eigens die „Schiffshalle".

Bei den Schiffen handelt es sich wahrscheinlich um Patrouillenboote der römischen Armee, die in die in domitianisch-traianische Zeit datiert werden können. Diese Fahrzeuge ergänzen zusammen mit anderen bedeutenden Schiffsfunden – etwa jenen aus Mainz – unsere Kenntnisse über den römischen Schiffsbau und die Möglichkeiten, die das römische Militär hatte, die Flussgrenzen zu kontrollieren.

Im Außengelände des Museums wird Geschichte noch einmal erlebbar, weil man hier ein Stück *murus Gallicus* rekonstruiert hat. Außerdem besteht etwa auch die Möglichkeit, seine eigene handwerkliche Geschicklichkeit auf der „Keltenhaus Baustelle" zu erproben.

Literatur
S. Sievers, Manching, eine Keltenstadt – Die Entstehung eines Oppidums und sein Niedergang, AW 43/ 5, 2012, 24–30; S. Sievers, Manching – Die Keltenstadt. Führer zu archäologischen Denkmälern in Bayern. Oberbayern [3](2007).

Unweit der keltischen Siedlung von Manching entstand an der Kreuzung zweier wichtiger Verkehrswege um das Jahr 40 n. Chr. herum ein relevantes Militärlager. Es diente nicht nur dem Grenzschutz, sondern war auch Versorgungsbasis für die römischen Grenztruppen.

[50] OBERSTIMM – EINES DER ÄLTESTEN KASTELLE RAETIENS

Bayern

Initialzündung Eisenbahn – Anstoß zur Erforschung eines Kastells

Als man in den 1860er-Jahren die Bahnlinie von München nach Ingolstadt baute, stieß man auf ein römisches Gräberfeld. Natürlich vermutete man sofort, hier müsse es ein Kastell gegeben haben. Eine Suche blieb damals aber erfolglos. Im Jahr 1909 führte der Historische Verein aus Ingolstadt in der Flur „Auf der Wiege" Ausgrabungen durch. Tatsächlich gelang es, das *praetorium* auszugraben und damit den Nachweis für ein Kastell zu erbringen.

Zu größeren, systematischen Untersuchungen kam es aber erst in der Zeit von 1968 bis 1971, nachdem in den vorangegangenen Jahren immer wieder Funde gemacht worden waren. Zudem war es gelungen, den Verlauf des Kastellgrabens zu bestimmen. Jedoch war es nicht möglich, die gesamte Anlage zu untersuchen. So ist bislang erst ein Drittel erforscht.

Abb. 53 Manching. kelten römer museum, Schiffsfunde aus Oberstimm.

Die Ausgrabungen

Was fand man bei Ausgrabungen und welche Bedeutung hatte das Kastell? Es zeigte sich, dass das Kastell eine Größe von ca. 140 x 230 m besaß, also eine Fläche von 32.200 m² oder eine Größe von gut vier Fußballfeldern hatte. Das Lager wies ein komplexes Verteidigungssystem auf. Zentrales Element war eine Holz-Erde-Mauer, die mit Ausnahme der Westseite – hier fand man nur einen Wassergraben – durch zwei Gräben geschützt war.

Auch zur Innenbebauung konnten Aussagen gemacht werden. Ursprünglich waren die Gebäude aus Fachwerk errichtet und mit Stroh oder Schilf gedeckt worden. Lediglich die wichtigen Gebäude – d. h. Verwaltungsgebäude und Quartiere der Offiziere – waren mit Dachziegeln eingedeckt gewesen. Aufgrund der Befunde geht man davon aus, dass ca. 320 Fußsoldaten und bis zu 120 Reiter hier stationiert waren. Im Zuge der Bürgerkriegswirren nach dem Tode Neros wurde das Kastell Obestimm wohl beschädigt oder, was ebenfalls nicht auszuschließen ist, durch die abziehenden Truppen z. T. zerstört. Nachdem in Rom die Ordnung wieder hergestellt war, erfuhr das Lager eine Wiederbelegung.

Die weitere Belegungsgeschichte ist nicht ganz unumstritten. Mit der Verlegung der Grenze über die Donau hinaus entstanden aus strategischen Gründen grenznahe Militärlager, sodass Oberstimm seine Truppen verloren haben könnte. Es gibt jedoch Belege dafür, dass unter Domitian (81–96 n. Chr.) im Lager Oberstimm umfassende Baumaßnahmen durchgeführt wurden, die etwa *principia* und *praetorium*, aber auch die Mannschaftsunterkünfte betrafen, in denen sogar Fußbodenheizungen eingebaut wurden.

Als man 1986 versuchte, durch Sondagen zu klären, ob an der Westseite des Lagers nicht doch ein zweiter Graben vorhanden gewesen war, stieß man am Rand des Barthelmarktgeländes, auf dem alljährlich ein im 14. Jh. entstandenes Volksfest stattfindet, auf ein Hafenbecken des antiken Brautlachlaufes. Die folgenden Untersuchungen erbrachten spektakuläre Funde: Neben den Eichenpfählen der Mole und der Uferbefestigung fand man nämlich zwei römische Schiffe (Abb. 53), die heute im „kelten römer museum“ in Manching ausgestellt sind. Im Zusammenhang mit der großen Ausstellung zur Varusschlacht 2009 nutzte man die Gelegenheit, eines der Schiffe nachzubauen und hinsichtlich der Einsatzfähigkeit zu testen.

Darüber hinaus konnten aufgrund der Holzfunde Aussagen zum Ende des Lagers gemacht werden. Der jüngste Holzfund ließ sich nämlich in das Jahr 150/151 n. Chr. datieren. Daher kann man davon ausgehen, dass Oberstimm mit Sicherheit noch in der zweiten Hälfte des 2. Jhs. n. Chr. in Betrieb gewesen war. Wann aber das Ende für Kastell und *vicus* kam, ließ sich bislang nicht genau erschließen.

Literatur

R. Asskamp – H. M. Günther – Ch. Schäfer, Projekt Römerschiff: Nachbau und Erprobung für die Ausstellung „Imperium, Konflikt, Mythos. 2000 Jahre Varusschlacht (2008); R. Bockius, Die römerzeitlichen Schiffsfunde von Oberstimm (Bayern). RGML-Monographien 20 (2002).

LANDESMUSEEN

Die Zusammenstellung berücksichtigt Museen, die einen übergeordneten Charakter aufweisen und über archäologische Sammlungen verfügen. In einigen Museen werden z. Zt. Baumaßnahmen durchgeführt oder vollständige Verlagerungen. Soweit bei Drucklegung keine konkreten Angaben vorlagen, sei auf die entsprechende Homepage verwiesen.

BONN
LVR-LandesMuseumBonn,
Rheinisches Landesmuseum für Archäologie, Kunst und Kulturgeschichte
Colmantstraße 14–16
53115 Bonn
Tel. 0228-2070-0
www.landesmuseum-bonn.lvr.de

BRANDENBURG
Archäologisches Landesmuseum Brandenburg im Paulikloster
Neustädtische Heidestraße 28
14776 Brandenburg an der Havel
Tel. 03381-4104112
www.paulikloster.de

BRAUNSCHWEIG
Braunschweigisches Landesmuseum
Burgplatz 1
38100 Braunschweig
Tel. 0531-12150
www.3landesmuseen.de

CHEMNITZ
Archäologisches Landesmuseum (Anfang 2014)

DARMSTADT
Hessisches Landesmuseum Darmstadt (HLMD)
Friedensplatz 1
64283 Darmstadt
Tel. 06151-165703
www.hlmd.de

DETMOLD
Lippisches Landesmuseum Detmold
Ameide 4
32756 Detmold
Tel. 05231-99250
www.lippisches-landesmuseum.de

DRESDEN
Landesmuseum für Vorgeschichte Dresden
Palaisplatz 11
01097 Dresden
www.archaeologie.sachsen.de

EMDEN
Ostfriesisches Landesmuseum Emden
Brückstraße 1
26725 Emden
Tel. 04921-872058
www.landesmuseum-emden.de

GREIFSWALD
Pommersches Landesmuseum
Rakower Str. 9
17489 Greifswald
Telefon: 03834-83120
www.pommersches-landesmuseum.de

HALLE
Landesmuseum für Vorgeschichte
Richard-Wagner-Straße 9
06114 Halle/Saale
Tel. 0345-5247-30
www.lda-lsa.de
www.himmelswege.de

HAMBURG
Helms-Museum (Landesmuseum für Archäologie)
Museumsplatz 2
21073 Hamburg
Tel. 040-428713609
www.hamburg.de/helms-museum

HANNOVER
Niedersächsisches Landesmuseum Hannover
Willy-Brandt-Allee 5
30169 Hannover
Tel. 0511-9807686
www.landesmuseum-hannover.niedersachsen.de

HECHINGEN
Hohenzollerisches Landesmuseum
Schloßplatz 5
72379 Hechingen
Tel. 07471-621847
www.hzl-museum.de

HERNE
LWL-Museum für Archäologie Westfälisches Landesmuseum
Europaplatz 1
44623 Herne
Tel. 02323-946 280
www.lwl-landesmuseum-herne.de

KARLSRUHE
Badisches Landesmuseum
Karlsruhe
Schloss
76131 Karlsruhe
Tel. 0721-9266514
www.landesmuseum.de

KASSEL
Hessisches Landesmuseum
Vor- und Frühgeschichte
z. Zt. nicht geöffnet
www.museum-kassel.de

KONSTANZ
Archäologisches
Landesmuseum
Baden-Württemberg
Benediktinerplatz 5
78467 Konstanz
Tel. 07531-98040
www.konstanz.alm-bw.de

MAINZ
Landesmuseum Mainz
Große Bleiche 49–51
55116 Mainz
Tel. 06131-28 57225 oder
06131-28 57190
www.landesmuseum-mainz.de

MÜNCHEN
Archäologische
Staatssammlung
Lerchenfeldstraße 2
80538 München
Tel. 089-2112402
www.archaeologie-bayern.de

OLDENBURG
Landesmuseum Natur
und Mensch
Damm 38-44
26135 Oldenburg
Tel. 0441-9244300
www.naturundmensch.de

SAARBRÜCKEN
Museum für Vor- und
Frühgeschichte
Schlossplatz 16
66119 Saarbrücken
Tel 0681-954050
www.vorgeschichte.de

SCHLESWIG
Schleswig-Holsteinische
Landesmuseen
Schloss Gottorf
Schloss Gottorf,
Schlossinsel 1
24837 Schleswig
Tel. 04621-813222
*www.schloss-gottorf.de/
archaeologisches-
landesmuseum*

SCHWERIN
Archäologisches Landesmuseum Mecklenburg-Vorpommern (vormals Museum für Ur- und Frühgeschichte Schwerin)
(Die Bestände sind magaziniert und das Museum befindet sich seit Jahren in Planung. Weitere Landesmuseen in Mecklenburg-Vorpommern s. Greifswald und Groß-Raden.)

STUTTGART
Landesmuseum
Württemberg
Altes Schloss
Schillerplatz 6
70173 Stuttgart
Tel. 0711-89535111
*www.landesmuseum-
stuttgart.de*

TRIER
Rheinisches Landesmuseum
Trier
Weimarer Allee 1
54290 Trier
Tel. 0651-9774-0
www.landesmuseum-trier.de

WEIMAR
Museum für Ur- und
Frühgeschichte Thüringen
Humboldtstraße 11
99423 Weimar
Tel. 03643-818330
*www.thueringen.de/denkmal-
pflege/tlad/museum*

WOLFENBÜTTEL
Archäologisches Museum
(Außenstelle des LM
Braunschweig)
Kanzleistraße 3
38300 Wolfenbüttel
Tel 05331-8586990
*www.3landesmuseen.de/
Archaeologisches-Museum-
Wolfenbuettel*

GLOSSAR

ALAMANNEN
Die Alamannen oder Alemannen waren zunächst eine Kampfgemeinschaft, bestehend aus unterschiedlichen Stämmen, die sich ab etwa 180 n. Chr. entwickelte; ab dem 3. Jh. n. Chr. griffen sie immer wieder römisches Reichsgebiet an und es entwickelte sich ein zusammenhängender Stamm

APODYTERIUM
Umkleideraum in römischen Thermen

BATAVERAUFSTAND
Der Bataveraufstand fällt in die Zeit der Bürgerkriegswirren nach dem Tod Neros (68 n. Chr.): 69 n. Chr. und September/Oktober 70 n. Chr.; die Unruhen werden u. a. ausgelöst durch Truppenaushebungen bei germanischen Stämmen am Niederrhein; es gelingt den Aufständischen unter der Führung des batavischen Adligen Julius Civilis, die römischen Truppen mehrfach zu schlagen und Teile des Römischen Reiches zu kontrollieren; schließlich konnten die römischen Verbände die Aufstände niederschlagen (s. Xanten, Mainz und Trier, S. 89ff., 106ff., 120ff.)

BURGUS
Ein Burgus ist eine spätantike Befestigung (s. Ladenburg, S. 175ff.)

CALDARIUM
Heißbaderaum in römischen Bädern

CARDO MAXIMUS
Mit dem Terminus wird hier die Hauptachse eines Straßennetzes in Nord-Süd-Richtung bezeichnet

CELLA
Innenraum eines antiken Tempels

DECUMANUS MAXIMUS
Der *decumanus maximus* ist die Hauptachse eines Straßennetzes in Ost-West-Richtung

DENDROCHRONOLOGIE
Die Dendrochronologie ist ein naturwissenschaftliches Verfahren zur Zeitbestimmung; dabei geht man von der Erkenntnis aus, dass je nach Wettergeschehen Bäume unterschiedliche Wachstumsringe (Jahresringe) aufweisen; durch den Vergleich von Wachstumskurven – wenn genug Jahresringe vorhanden sind – lässt sich ermitteln, wann ein Baum gefällt wurde; aber es kann daraus nicht abgelesen werden, wann dieses Holz verbaut wurde

FRIGIDARIUM
Kaltbad in römischen Bädern

FÜRSTENSITZ
Unter dem Begriff „Fürstensitz" versteht man eine frühkeltische Zentralsiedlung, die sich vor allem durch eine verkehrstechnisch günstige Lage und einen guten Schutz auszeichnet; ein weiteres Kennzeichen ist das Vorkommen von Importware (z. B. griechische Keramik) (s. Heuneburg in Herbertigen, S. 168ff., oder Breisach S. 154ff.)

GERMANEN
Der Name wurde durch keltische Vermittlung an die Römer weitergegeben und bezeichnet zunächst nur deren unmittelbare östliche Nachbarn, wird aber ab augusteischer Zeit als Name für alle Stämme genutzt

HALLSTATT
Die Hallstatt-Kultur ist nach dem Ort Hallstatt im Salzkammergut benannt; sie setzt um die Mitte des 8. Jhs. v. Chr. ein und reicht bis ca. 450 v. Chr.; die späte westliche Hallstattkultur wird mit den frühen Kelten in Verbindung gebracht, s. auch La Tène

KELTEN
Der Begriff stammt aus dem Griechischen und stellt eine übergeordnete Bezeichnung für verschiedene Stämme dar, die ihren Ursprung in der Hallstatt-Kultur haben und die Träger der Latène-Kultur sind; in der antiken Geschichtsschreibung treten sie vor allem als gefährliche Krieger auf, die auf ihren Zügen bis nach Italien oder auch Kleinasien vordringen

LA TÈNE
Die Latènezeit bzw. Latène-Kultur ist nach dem Fundort La Tène am Neuenburger See (Schweiz) benannt; sie wird mit den Kelten gleichgesetzt und fällt in die Zeit von ca. 450 v. Chr. bis in die Mitte des 1. Jhs. v. Chr. (Eroberung Galliens durch die Römer); in nicht eroberten Gebieten gibt es die Latène-Kultur noch bis in die Jahre um Christi Geburt

MUNICIPIUM
Rechtsform einer römischen Stadt

NORMANNEN
Unter Normannen versteht man Angehörige aus nordgermanischen Stämmen (Skandinavien), die ab dem 8. Jh. aufgrund ihrer Raubzüge in die Geschichte Mitteleuropas Eingang gefunden haben

OPPIDUM
Im Lateinischen bezeichnet *oppidum* eine stadtähnliche Siedlung ohne Rücksicht auf ihre rechtliche Stellung; Caesar übertrug den Begriff auf spätkeltische befestigte Großsiedlungen; diese Bezeichnung ist auch in der archäologischen Literatur übernommen worden (s. Manching, S. 198 ff.)

PALAESTRA
Sportplatz in Thermen oder im Gymnasium

PFALZ
Im Früh- und Hochmittelalter sind Pfalzen Wohnsitz oder Stützpunkt des Königs oder Kaisers; sie waren über das Reich verteilt, weil die Herrscher ihre Macht nicht von einer Hauptstadt aus ausübten, sondern durch ihre Territorien reisten (s. Ingelheim, S. 100 ff.)

PRAETORIUM
Bei den Römern verstand man unter *praetorium* zunächst das Zelt eines Feldherrn; dieser Begriff wurde dann auf den Wohnsitz des Kommandanten in einem Militärlager übertragen; schließlich fasste man darunter auch den Sitz eines Provinzstatthalters (s. Köln, S. 72 ff.)

PRINCIPIA
Die *principia* ist das Stabsgebäude eines römischen Kastells und zugleich dessen religiöses Zentrum (u. a. Fahnenheiligtum); sie liegt am Schnittpunkt der beiden Hauptstraßen des Lagers

SPOLIE
Der Begriff leitet sich vom lateinischen Wort *spoliare* (rauben/plündern u. Ä.) ab; in der Archäologie bezeichnet man mit Spolien Steine, die von anderen Gebäuden stammen und für neue Bauwerke verwendet wurden

SUDATORIUM
Schwitzbad in römischen Bädern

TEPIDARIUM
Baderaum mit mittlerer Temperatur

URNENFELDERKULTUR
Eine spätbronzezeitliche Kultur, die in Mitteleuropa weit verbreitet war und von ca. 1300–800 v. Chr. datiert wird; kennzeichnend sind Brandbestattungen und typische Keramikformen

VICUS
Unter *vicus* versteht man hier die Zivilsiedlung bei einem Militärlager

WIKINGER
Die Bezeichnung kann als Synonym für Normannen verwendet werden